高等学校"十三五"小学教育专业规划教材

小学生认知学习

主　编　吴晓冬　缪周芬
副主编　李红燕　林　玲

南京大学出版社

图书在版编目(CIP)数据

小学生认知学习 / 吴晓冬,缪周芬主编. — 南京 : 南京大学出版社,2017.8(2020.7 重印)

高等学校"十三五"小学教育专业规划教材

ISBN 978-7-305-19022-3

Ⅰ. ①小… Ⅱ. ①吴… ②缪… Ⅲ. ①小学教育—教学研究—高等学校—教材 Ⅳ. ①G622.0

中国版本图书馆 CIP 数据核字(2017)第 173123 号

出版发行 南京大学出版社
社　　址　南京市汉口路 22 号　　　　邮　编　210093
出 版 人　金鑫荣

丛 书 名　**高等学校"十三五"小学教育专业规划教材**
书　　名　**小学生认知学习**
主　　编　吴晓冬　缪周芬
责任编辑　钱梦菊　　　　　　　　编辑热线　025-83592146

照　　排　南京南琳图文制作有限公司
印　　刷　虎彩印艺股份有限公司
开　　本　787×960　1/16　印张 14.5　字数 270 千
版　　次　2017 年 8 月第 1 版　2020 年 7 月第 2 次印刷
ISBN 978-7-305-19022-3
定　　价　33.00 元

网址：http://www.njupco.com
官方微博：http://weibo.com/njupco
微信服务号：NJUyuexue
销售咨询热线：(025) 83594756

前　言

　　传统的师范教育(教师教育)课程设置中心理学课程和教育学课程是相互独立的两个系列,分属不同学科门类。心理学课程通常有普通心理学、儿童心理学(发展心理学)、教育心理学、社会心理学、小学生心理健康教育等。教育学课程通常有教育哲学(儿童教育哲学)、普通教育学(初等教育学)、课程与教学论、班级管理等。2011年教育部颁布了《教师教育课程标准(试行)》并下发了《教育部关于大力推进教师教育课程改革的意见》,对传统师范教育课程做了较大改变,其中较为突出的是将心理学与教育学课程内容做了一定程度的融合,对心理学课程体系进行了解构,不再出现带有"心理学"这样名称的课程。如将儿童心理学(发展心理学)更名为"儿童发展",又将发展心理学中有关认知发展的内容和教育心理学中一部分内容组织成"小学生认知与学习",教育心理学中另一部分内容与教育学中一部分内容合成为"小学生品德发展与道德教育",再一部分内容与教育学中相关内容一起组织成"教师职业道德"和"教师专业发展"两门课。

　　自新课程标准颁布后陆续出版了一些配套教材,但由于此课程标准只给出了建议开设的课程名称,并未有具体的指导意见,因此不同教材编写者出于自己对课程的理解而形成的教材体系呈现一定差异,主要体现在:第一,在发展与学习的关系处理上,有的严格按照课程名称将发展与学习做明显的均衡处理,即分为认知发展与学习两部分,如李俊的《小学生认知与学习》(中国人民大学出版社,2016),有的侧重学习,如王娜、孙霜的《小学生认知与学习》(山东人民出版社,2015),有的将发展与学习融合在一起,即每一章既有发展的内容,也有学习的内容,如尹可丽的《中小学生认知与学习》(高等教育出版社,2014)、陈威的《小学生认知与学习》(高等教育出版社,2013);第二,在认知发展的涵盖面上,有的扩大了认知概念,将社会认知包含进去,如李俊、陈威;第三,不同作者在传统的发展心理学与教育心理学基础上增加的内容各不相同,有的增加了有关心理健康教育的内容,有的增加学习困难学生心理与教育的内容,等等。总之,各种教材体系差别非常大。当然,作为课程改革的产物,"小学生认知与学习"反映了这个时代学科兼容与融合的特征,具有鲜明的指向性,应该允许各种尝试和探索。

我们对于这门课的理解是:它是阐释小学生认知发展与学习的一般现象与理论的课程,前者属于发展心理学,后者属于教育心理学。单从这一门课程来说其体系还是较为容易组织的,但由于本课程的先开课程有"儿童发展",而儿童发展包括认知发展和社会性发展,这就造成了这两门课在内容上存在重复。这种重复对于高校教学一线的教师而言较难处理。为避免这种重复,我们采用舍弃发展而侧重学习,而且侧重于学习中的认知学习部分的编写策略。这意味着我们将以小学生认知学习为出发点构建本课程内容体系,这样本课程名称实际上变成了"小学生认知学习"。从传统的视角看,这一内容实际上是教育心理学有关认知学习的部分。我们认为这种理解既有理论依据,也有操作意义。

认知学习可以追溯到布卢姆(Benjamin S. Bloom)、克拉斯沃尔(D. R. Krathwohl)等的教育目标分类学。这一理论将学生的学习分为认知(cognitive domain)、情感(affective domain)和动作技能(psychomotor domain)三大领域。每个领域的学习有其特定目标和自身特点,相对独立。从整个人类教育史、教育思想史和心理学史看,认知学习历来被放在十分重要的位置,甚至是首要位置。这在中国和西方教育家和心理学家的思想和实践中都能找到佐证。从理论的另一方面说,认知学习既是小学生学习的重要组成部分之一,也是小学生其他学习的基础。

从实践上说这种处理能够解决我们前面所说的问题,能够使教师明确本课程的学习目标、弄清本课程内容的内在逻辑联系,进而采用相应的教学方式和方法。

本教材以两个概念——认知和学习——为起点,引出"认知学习"的概念。在介绍了不同流派的学习理论之后分别展开认知学习领域的三个方面的学习,即知识学习、认知技能学习和认知策略学习,其中以知识学习为重点。上述内容也即传统意义上的学习心理学。在此基础上介绍教学心理学的部分知识,即认知学习的教学设计和认知学习的测量与评价。最后从宏观层面介绍影响认知学习的学习者因素、家庭因素和学校因素。

对于学习本教材的师范生而言,如何学好本课程是一个严肃又有趣的话题。我们一直强调一种理念:心理学是讲给具有强烈的自我意识的人听的。从更深层次说,它是一门向自己发问的学问。这意味着当我们学习心理学的时候,必须不断问自己:我是这样的吗? 我为什么会这样? 书上或老师的说法能解释我内心的活动吗? 只有唤起学习者内心的共鸣(这种共鸣是学习者反思的产物)心理学才能说发挥了作用。学习者应该带着这样一些问题:在这样的情形下我曾经有过怎样的心路历程、我当时的感受是什么、我现在正经历怎样的心理活动、我此时此刻的心情如何、我为什么会有这样的心理活动和心理感受、我的这些心理活动和感受对我产生了怎样的影响,等等。唯有如此才能有所长进,才能在心理学学习中享受到快乐。

具体到本教材的学习,我们的建议是:第一,要有普通心理学的基础,因为教材中涉及到一些普通心理学的概念和原理;第二,从整体上把握教材内容,形成有关小学生认知学习的知识框架;第三,积累有关小学生认知学习的感性经验,如利用见习听课的机会观察小学生课堂学习的行为表现,多观看小学课堂教学实录,多阅读小学课堂教学案例;第四,有选择地阅读教材后的参考文献,通过此项阅读加深对教材内容的理解;第五,注意记录和思考观察和阅读中产生的问题,通过对问题的探究形成教育与心理研究的意识以及初步的能力。

本教材由最初的讲义到现在的出版、发行经过了三、四年时间,其中进行了四、五轮的实际教学试验,不断修改、完善。这里面既有我们教师的辛勤工作,也有学生的积极配合、提供直接或间接的反馈信息,在此对参与教材编写和教学的老师、我们的各届学生表示谢意。同时对南京大学出版社钱梦菊编辑及其同事的工作表示感谢。本教材由吴晓冬提出整体思路和写作大纲,我院心理学教研室李红燕、林玲老师以及常州工学院的缪周芬老师共同编写,最后由吴晓冬统稿。具体分工如下:第一章(吴晓冬),第二章(缪周芬、李红燕、吴晓冬),第三、四、五章(吴晓冬),第六章(缪周芬、林玲),第七章(缪周芬、吴晓冬),第八章(李红燕、吴晓冬),第九章(缪周芬、吴晓冬、林玲)。由于作者水平有限,书中存在疏漏、错误和不足在所难免,希望能在今后的教学和修订中得以改正和进一步完善。

吴晓冬

南京晓庄学院教师教育学院

2017 年 7 月

目　录

微信扫一扫

✓课件申请

✓教学资源

教师服务入口

✓小学生认知学习拓展阅读

✓教师资格考试历年考点与真题

✓加入学习交流圈

学生服务入口

第一章　认知与学习

知性是自然的立法者。

——康德（Kant）

内容提要

本章阐述了认知、学习及认知学习的概念，揭示了认知与认知学习的特征，划分了学习的四个层次并说明了各个层次的特点，从不同角度对认知学习做了分类，阐释了认知学习的意义。

关键词

认知；学习；认知学习；人类学习；学生学习；课堂学习；认知学习种类

学习目标

1. 懂得认知与学习以及认知学习的关系，明了认知学习包含的三个方面。
2. 初步了解认知的特征以及有关这些特征知识中的专业术语。
3. 理解广义学习的含义，能判断什么是学习、什么不是学习。
4. 能分清四种不同层次的学习，找到它们之间的区别。
5. 理解学习的分类角度，能举例说明各种学习。
6. 能阐释认知学习的意义。

学习策略

本章是本课程的基始，涉及后面章节所包含的主要概念和基本原理，因此需要投入较多时间和精力努力弄懂本章的几个主要概念，并在头脑中初步形成本课程内容的基本构架。要懂得一个基本道理，即形成学科的基本构架对后面的学习起到定向、引导、提示与索引作用。理解是本课程学习的核心策略。对于那些较陌生和较抽象的概念,需要从加大课外阅读、深入思考、展开联想、提出问题和联系自身学习经历和经验几方面入手以获得理解,其中反复阅读和思考最为关键。

[课例]

　　教室四周摆着许多新鲜蔬菜:白菜、卷心菜、红白萝卜、红绿辣椒、茄子、南瓜、黄瓜、豆角。上课了,王老师问:"大家看四周有这么多蔬菜,你们想认识它们吗?"学生兴奋地齐声说:"想!""那好,一会儿同学们就下座位去看一看、摸一摸这些蔬菜,再读一读旁边的小卡片,试着记住它们的名字,可不要把它们的名字叫错了。"老师的话刚说完,学生们便奔向教室四周,看看这个,摸摸那个,有的还凑上去闻一闻,然后拿起旁边的小卡片读一读。同学们回到座位后,老师说:"下面,王老师看看你们是不是真的记住了这些蔬菜的名称。我拿出一种蔬菜,你们赶快把它的小卡片举起来,大声读。看谁找得快、读得准。"

　　王老师首先举起一个大南瓜,学生们迅速在许多张卡片中找出"南瓜"的卡片,抢着大声地读出来:"南瓜","南瓜"……"你们找得很快、很准,但要注意'南瓜'的'南'是鼻音'n',不是边音'l'。请大家再读一遍!"学生们齐读:"南瓜(nán guā)"。王老师又拿起了黄瓜、豆角、卷心菜、白菜,特别指出"白菜"的"白"读"bái",不能读成"béi"。老师最后拿出茄子,学生纷纷找出卡片。王老师听到有几个学生把"qiézi"读成"quézi",于是要求那几个学生多读几遍,读准"qiézi",然后全班齐读。老师问:"你们想把刚才读的生字读给大家听听吗?"学生纷纷举手。

　　数位学生读过之后,王老师说:"刚才认识了那么多的蔬菜,谁愿意说说你看到的、摸到的、感觉到的都是什么样的,愿意说哪个就说哪个!"学生纷纷发言:"我刚才认识了豆角,我觉得豆角又细又长又软,像一根鞭子。""我觉得更像一根绳子。""我刚才摸到了黄瓜身上有刺。""我知道了,南瓜是黄色的,是圆形的,它的皮很硬。""西红柿,红红的,软软的,我闻了闻,还有一股清香味呢!""我知道了卷心菜就是我们平时说的包菜。"……

　　在这一教学片段中,小学生既通过感觉器官看到、摸到、闻到了各种各样的蔬菜,还学习了这些蔬菜名称的读音。在这过程中,老师的作用显而易见:老师不仅要求学生将实物和卡片上的字词联系起来,而且特别强调和纠正学生字词发音,另外还要学生描述各种蔬菜的特点,加深学生对这些蔬菜的印象。短短的时间里学生经历了丰富的认知和学习过程。

第一节　认知与学习的含义与特征

一、认知的含义与特征

（一）认知的含义

"认知"是现在用得非常普遍的一个词。经常能够听到有人说："我的认知是……""我们有一个认知"……这里的认知大意指认识或看法、想法。相对于情感、动机、个性、信仰这种富于色彩的心理现象而言，认知（cognition）常与推理、思维、逻辑、智慧、演绎、概念、运算、决策等这类理性活动相联系。"在认知领域，众多的心理现象包括记忆、推理、计算、分类、决定等"[①]，"人类的活动范围包括：记忆、推理、分类、计划等，这些领域一直被认为属于一组心理过程，通常包含在'认知'的标签下"[②]。目前心理学家并未对"认知"这个概念形成确定的定义。《简明心理学词典》（黄希庭，2004）对"认知"的解释是：个体为弄清事物的性质和规律而进行的一系列获取知识和运用知识的心理过程。

我国心理学家一般将人的心理现象分为心理过程和个性心理，心理过程又分为认识过程、情感过程和意志过程，这里的认识过程也就是认知过程，包括感觉、知觉、记忆、思维、想象等。从"认识"到"认知"反映了我国当代心理学逐步从单一照搬苏联的心理学理论到开阔视野、融入国际心理学界的过程。20世纪80年代西方心理学理论和研究不断被引入中国，使人们了解到当代心理学的新发展及其趋势，其中认知科学（cognitive science）引起国内学者的兴趣并加以学习和研究，"认知"作为一个新的概念被广泛运用。尽管"认识"与"认知"仅一字之差，但"认识"一词更偏重于哲学领域，"认知"一词则作为有别于这种哲学意味且带有科学意味的概念运用于心理学领域。

当代认知心理学家倾向于从信息加工的角度解释认知，即将认知看作对信息的输入、编码、储存、提取和应用等。

我们将"认知"界定为：人以获得与应用知识、技能和策略为目的的心理活动。

对于这一定义本文做以下解释：

[①]　罗姆·哈瑞.魏屹东，译.认知科学哲学导论[M].上海科技教育出版社，2006：1.

[②]　罗姆·哈瑞.魏屹东，译.认知科学哲学导论[M].上海科技教育出版社，2006：3.

第一,认知表现为感知觉、记忆、思维、想象、问题解决、创造等心理活动,这是一种动态的、连续的且各种心理活动交织在一起的过程。我们借詹姆斯(W. James)的"意识流"(stream of consciousness)一词和华生(J. Watson)的"行为流"(stream of behaviors)一词,将认知的这一特性表达为"认知流"(stream of cognition),以说明上述各种活动之间的不可分割性。

第二,人通过认知活动获得的是知识、技能和策略,这些既是认知活动的目的,也是认知活动的内容。获得知识是认知活动的主要目的,也是人的心理活动的主要结果。认知获得的可以是表象或概念,也可以是原理或规则,还可以是思想或观念。认知可以对物,也可以对人,还可以对事。认知可以是浅层次的,也可以是深层次的。

技能是人的活动达到熟练化的表现,它由知识转化而来,是知识的操作化和对象化。技能分为动作技能和认知技能(也叫智慧技能或心智技能、智力技能),本教材中更多地用"认知技能"这个词。

策略更多地指对心理活动的组织和谋划,但人们在不同场合、不同情况下使用"策略"一词的含义可能有很大差别。

当然,心理学中的"认知"包含的范围很广,如对知识的认知、对社会和他人的认知、对自己的认知等。本教材的"认知"主要指对知识的认知,包括对那些作为技能和策略的基础的知识。

(二) 认知的特征

认知可以看作静态的状态或结构与动态的活动。从静态方面讲,认知具有系统性、层次性、表征性等特征。

一是系统性。认知是一个系统,这个系统从整体看等同于人们经常说的"认知结构",即人头脑中的知识结构。该系统构成成分之间存在直接或间接、线性或非线性、约束或反约束的关系。例如有人(王秀珍等,2014)认为儿童头脑中的数学认知结构是目前从记忆中提取出来的概念、命题、规则等构成的,是一个具有内部结构的整体效应。

二是层次性。认知系统中的知识分为不同层次。有人将其描述为金字塔结构,表现为较具体、形象、零散的知识处于下层,较概括、抽象、系统的知识处于上层。但这种层次性不是固定不变的。随着外部信息源源不断地涌入,得到加工,下层知识会很快转化为上层知识,而上层知识又相互融合、贯通,产生更高级的层次,并转化为更为固化的人格特征。

三是表征性。表征(也叫认知表征或知识表征)是认知研究中一个重要概念。表征原为计算机科学的概念,指对信息的编码方式。任何来自于认知系统以外的信息进入这个系统都必须以系统能够识别和加工的编码方式存在。凡不适合于系统已有编码方式的信息在系统中将以乱码方式存在。将表征概念引入心理学,意味着人头脑里的知识都是以一定的表征方式存在的。因此表征也就指知识经验在人头脑中的存在方式,也就是认知如何表示的问题。人的认知表征方式中最具代表性的是符号表征,这是其他动物所不具备的。

从动态方面讲,认知具有发展性、阶段性、序列性、约束性、建构性。

其一,发展性。从宏观过程看,认知随年龄增长而发展。发展心理学将人的年龄阶段分为婴儿期、幼儿期、童年期、少年期、青年期、成年期等。随着年龄阶段的上升,人的认知也在发展。著名心理学家皮亚杰(J. Piaget)将儿童的认知发展分为感觉—运动阶段、前运算阶段、具体运算阶段和形式运算阶段。

其二,阶段性。从微观过程看认知具有阶段性。最为经典的是信息加工理论将人对信息的加工分为感觉登记、短时记忆和长时记忆三个阶段。

其三,序列性。认知过程是有序和有逻辑的。这种逻辑性具有一定的先验性,又依靠后天的经验与教育实现确定化、模式化和精制化。

其四,约束性。认知过程总体上是一个收束的过程。认知加工无论从哪个起点开始,最终都将归结到某一较为确定的目标和结果。同时认知加工受一系列外部或内部因素制约,不存在真正意义上离散的加工方式。"话语的意义可以由有限的条件集所解释"(安军,杨烨阳,2012)。认知研究的一个很重要的任务就是找到影响认知加工的因子或变量以提高加工效率。

其五,建构性。虽然用计算机模拟人脑的工作已经取得了令人瞩目的成就,但目前存在的障碍就是难以达到人脑所具有的高度自主性(哲学术语叫作主体性)。近期有关人工智能(AI)的讨论都是有关这一话题的。这种自主性主要体现在两个方面:一是人对外部环境所呈现的刺激具有选择性;二是不同的人对于相同刺激所形成的表象或观念或赋予的意义有所不同,以至于最终在头脑中形成的知识有较大差异。这说明人的认知结构是由认知着的人自己建构起来的。

无论静态方面还是动态方面,不论从认知过程还是结果上看,人与人之间存在极大的差异性,这些差异在教师的教育教学中是不容忽视的。至于差异的成因我们将在"影响小学生认知学习的因素"一章做详细分析。

二、学习的含义与特征

(一) 学习的含义

心理学家对学习有过很多不同的界定,反映了不同学习理论流派的立场和基本的心理学观点。有人(施良方,1994)将不同心理学家对学习的解释分为三类:学习是刺激—反应之间联结的加强(行为主义);学习是认知结构的改变(认知学派);学习是自我概念的变化(人本主义)。当然,这只是大概的分类,不同学习理论流派之间并非泾渭分明。下面列举若干定义：

（1）学习是通过由经验产生的个体行为的适应性变化而表现出来的过程（Thorpe，1963）。

（2）学习是由强化练习引起的有关行为潜能的持久性变化（Kimble，1961）。

（3）学习是人的倾向或能力的变化，这种变化能够保持而且不能单纯归因于生长过程（Gagné，1965）。

（4）学习是描述那种与经验变化过程有关的一种术语。它是在理解、态度、知识、信息、能力以及经验技能方面学到的相对恒定变化的一种过程（Witrock，1977）。

（5）学习是由练习或经验引起的行为或知识的较持久的变化（Wingfield，1979）。

（6）学习是指一个主体在某种规定情境中的重复经验引起的、对那个情境的行为或行为潜能的变化（Bower & Hilgard，1981）。

（7）学习是人及动物在生活过程中获得个体的行为经验的过程（潘菽，1980）。

（8）学习是因经验而使个体行为或行为潜势产生改变且维持良久的历程（张春兴，1994）。

（9）学习是由于经验所引起的行为或思维的比较持久的变化（陈琦，1997）。

（10）学习是机体通过与其环境相互作用导致的能力或倾向相对稳定变化的过程（皮连生，1997）。

另外，J. E. Ormrod（2015）将"学习"定义为"经验所带来的心理表征或联结的长期变化"。

由上述定义我们可以看到不同心理学家所理解的学习含义的共同点和不同点。其共同点是都认为学习是一种变化，而且这种变化是较持久的；其不同点在于什么发生了变化以及如何变化。前者总括起来大致有：行为、行为潜能、能力、倾向、知识、思维、信息、态度、理解、表征等，后者大致有经验、强化、练习、有机体与环境的相互作用等。

本文对学习概念的界定是：学习指由经验造成的行为和心理的相对持久的变化。对这个定义，我们可以分解出以下要点并揭示出对我们所从事的教育工作的启示：

1. 学习是一种变化，这种变化既是一种过程，也是一种结果

学习前与学习后的差别就是变化。如由不知到知、由知之较少到知之较多、由不懂到懂、由不会操作到会操作再到熟练操作、由不会学习到会学习、由一种思想观念转变为另一种思想观念、由一种情感转变为另一种情感，等等。

但我们应该看到，由学习造成的变化可能是即时的，也可能是延时的。即时指这种变化是在学习之后短时间内发生的，如不会背的课文经过数次识记后会背了，不知道的事听别人说了之后知道了，不会做的事做了几次后会做了。延时指这种变化在学习之后没有立即发生，而过了一段时间后才有变化的表现。如一个孩子前一天晚上背唐诗，读了几遍后还是没背下来，后来就睡觉了。第二天一早醒来，忽然告诉爸爸妈妈自己能背下来了。这种情况在学习中时有发生。美国心理学家托尔曼（E. C. Tolman，1886—1959）称之为潜伏学习（latent learning）（见小资料）。因此有些心理学家特别强调学习造成的不仅是行为的变化，而且有行为潜能的变化，这说明学习具有迟效性。

这一点提示我们，教育和教学是一种长期性工作，其成效往往在若干年甚至更长时间之后才能显现。正如管仲所说："一年之计，莫如树谷；十年之计，莫如树木；终身之计，莫如树人。"（《管子·权修》）我们应认识到教育上的急功近利所带来的危害，切不可拔苗助长。

小资料

托尔曼的潜伏学习理论[①]

潜伏学习（latent learning）指未表现在外显行为上的学习，亦即有机体在学习过程中，每一步都在学习，只是某一阶段其学习效果并未明确显示，其学习效果处于潜伏状态。1930年，托尔曼等设计了一个实验，研究白鼠学习迷津过程中食物（强化物）对学习的作用。他们将白鼠分为三组：甲组为无食物奖励组，乙组为有食物奖励组，丙组为实验组，前10天不给食物，第11天开始给食物奖励。实验结果表明：由于乙组一开始就有食物奖励，减少错误的速度比甲、丙两组均快，但丙组自从第11天开始有食物奖励后，错误下降的速度比乙组更快。由此，托尔曼得出结论：丙组虽然在前10天没有得到食物强化，动物依然学习了迷津的"空间关系"，形成了认知地图，只不过未曾表现出来而已。从第11天起，食物的强化促使动物利用已有的认知地图，学习也就表现

---

① 叶浩生，郭丽萍. 心理学史[M]. 华东师范大学出版社，2009：168.

了出来。因此,它们比乙组开始尝试错误的时间更短。也就是说,丙组白鼠的学习是潜在的,一旦有了诱发条件,学习就会表现出来。托尔曼把这种现象称之为潜伏学习。

2. 学习造成的变化体现在行为上,更体现在心理上

人的行为是很复杂的,行为的复杂性是由心理的复杂性决定的。行为和心理之间具有广泛而深刻的联系。行为的变化,如学会轮滑、搭积木、跳高等能够观察到,而心理的变化,如对知识的理解,需要经过一系列分析、类比、推理、概括等心理过程,不容易观察到,这就增加了判断学生是否在学习以及学得怎么样的难度。但内隐的心理变化最终都应表现在外显行为上,没有外显行为的变化任何内隐的变化都没有实际意义。如知识的学习是为了使人产生适应环境、改造环境的行为,思维方法的学习使人表现出分析问题和解决问题的良好角度和合理程序,道德的学习是为了使人表现出道德的行为(一个仅有道德知识而没有道德行为的人不能称为品德高尚的人),内心的思考与冥想会通过对性格的改造而表现在言谈举止上。人的教养和修养要通过行为表现出来,才能说明教育的成效。从某种意义讲,不能改变行为的学习和教育是失败的学习和教育。当然,从内隐的变化到外显的变化需要经过相当长的时间。

另一方面,教师需要根据学生的行为表现,如上课发言、做作业、与教师的谈话、做手工等,了解学生的内心变化,这些表现是教师控制和调整教学进程的客观依据。教师要善于将学生内隐的过程引发为外显的行为,以提高师生互动的有效性。不过这种了解不是简单地通过"会没会""懂不懂"这样的问话能够做到的,因此教师应注意鉴别学生外显行为的效度和信度。

3. 人的行为和心理的变化由很多因素造成

很多因素,如酒精、药物、毒品、身体发育、健康状况等都会造成人的变化,但这些因素造成的变化与由学习造成的变化相比相对短暂。如一个平常沉默寡言的人喝多了酒之后可能会变成话痨,有些药物会使人变得兴奋,生病的时候人的行为反应可能会变得比较迟缓,但这些变化都是比较短暂的。当酒劲、药效过后,健康恢复之后,沉闷的人可能还是沉闷,抑郁的人可能还在抑郁,反应敏捷的人可能依旧敏捷。学习造成的心理和行为的变化会保持得比较持久。我们从小学习的语言能保持终身,某些动作技能和智力技能也能保持较长久的时间,小时候记忆过的很多唐诗宋词到大了仍能背诵。当然,这并不是说学习造成的变化都能保持长久,这与所学习的材料的性质、长度与难度、可应用性及应用频率等有关。

4. 学习是经验的过程,即学习者与学习对象的相互作用过程

首先学习必须有学习的对象,这个对象可以是具象实在的事物,也可以是较为抽象的语言文字,还可以是别人的行为。其次,学习不是学习者与学习对象表面的接触。学生坐在课堂上,手里拿着书,眼睛盯着老师,这些行为并不一定表明他正在学习。学习是学习者对由学习对象传达的信息进行加工的过程,需要学习者调动心理资源、付出心理能量,需要学习者产生问题并试图解决问题。学习是学习者有所思有所想有所记忆的活动。在学习活动中学习者不是像键盘那样被动地敲打出文字,而是充分表现出自己的选择性和理解性,从而建构起自己的认知结构。

(二) 学习的层次

学习之所以难以形成一个统一的定义,关键在于学习现象广泛存在于人和动物之中,一些学习与另一些学习可能展现出极为不同的过程和特征。本文将学习按其主体范围和空间特征分为以下若干层次:

1. 广义的学习

这是人和动物都具有的学习,表现出由经验或练习造成的行为和心理的相对持久变化。

2. 狭义的学习

即人类的学习。人类学习与动物的学习相比具有以下特点:

第一,以获得间接经验即他人经验为主。人学到的知识大部分来自于别人和前人的探索,属于他人和前人的经验。这无疑给学习者节省了大量的时间和精力,为学习者在短时间内获得成长提供了可能。动物学习的大部分是经由自己探索获得的直接经验,即个体经验。尽管动物可以通过观察和模仿获取别的同类的行为样式,但动物一般缺少通过语言文字交流而产生的间接经验。

第二,人之所以能够获得间接经验的重要条件就是人类发明了语言文字系统,这是动物所不具备的。人类经数千年所获得的经验大部分浓缩在书本之中,而书本一般都以文字为表征形式。人的很多经验来自口耳相传,而这种相传也是以语言为载体的。无法使用正常语言进行交流的聋哑人也是依靠一种特殊的语言"手语"而维持他们之间的信息沟通。

正因如此,人类个体的学习以掌握语言文字为前提。无论从发展心理学的视角还是从文化心理学的视角看,人的学习的第一步都是学习语言文字,然后才能掌握语言文字所蕴含的文化知识,这在幼儿和学龄初期儿童的学习上得到充分表现。随着各个国家和民族间交往频率的增加,"国际化"、"地球村"已成为人们非常熟悉的字眼。人们除了学习由本民族语言文字记载的知识外,还要学习

各门外语，然后以所掌握的语言学习相应的其他国家和民族的文化。因此现在各个国家都将外语学习放在非常重要的位置。

第三，学习是人一生中的专门活动。与动物不同的是，人类个体早期主要从事的就是学习活动。人类有一个漫长的学龄期，这个时期专门用于学习各种知识和技能，而且这个时期随着人类发展而逐步延长。人类个体除了前二十几年必须度过的学习时期外，成人之后还需要花很多时间去更新已有知识和技能或学习新的知识和技术，或接受专门的思想教育，如每个人走上工作岗位后无一例外地要参加各种培训、进修、研习等。这说明人类的学习真如庄子所说"吾生也有涯，而知也无涯"的道理。

3. 学生的学习

学生通常指走上社会之前在校学习的人，包括学龄期和青年前期。学生学习有着不同于其他学习的特点：

第一，学生学习的是人类文化的精华。人类数万年文明史积累了丰富的文化成果，而学生在有限的十几、二十年时间里不可能掌握所有这些成果，因此选择和精炼这些文化成果成为一个国家和民族文化教育建设的一件大事。所有国家都会根据本国及全球发展的经济要求、意识形态、政治倾向、价值观念、社会需求等对教给学生的文化内容（知识、技能、方法、思想、道德等）进行严格的筛选和审查，这也使得学生的学习内容受当时的政治、经济、文化等因素影响。也可以说，任何学生都是在一个有限的文化空间里汲取人类的经验。

第二，学生在教师指导下学习。学生和教师构成了学校的主体结构。没有教师也就无所谓学生。教师的指导可以使学生能够在较短时间掌握学习内容，避免走许多弯路，而缺乏教师指导的学习往往事倍功半，甚至根本无法掌握所学习的知识。

第三，学生在学生集体环境中学习。"独学而无友，则孤陋而寡闻"。在集体环境中学生除了向教师学习文化知识，还从同学那里获得很多经验，特别是如何学习的经验。现在小学经常开展的合作性学习、自主探究活动都是在集体中进行的。小学生在各种有组织的集体活动中获得社会性的发展，学生在交往中所获得的经验对于他们融入社会、参与社会活动具有积极作用。实际上，这种交往本身就是学生学习的重要组成部分。

4. 课堂学习

小学生在校学习的形式多种多样，而课堂教学是他们学习的主要形式。小学生在校期间，上课占据了大多数时间。课堂学习的主要特点是以认知活动为主，如感知活动、理解活动、记忆活动、问题解决活动等。课堂学习中学生承受着大量的信息负荷、经历着忙碌的信息加工过程、从事着各种信息加工活动,因此容易产生身心疲劳及情绪倦怠。这就要求学校科学设置和安排课程,同时教师要做好学生生理和心理的调节工作。

第二节 认知学习的含义与种类

一、认知学习的含义

人的学习是一个广域的谱系:经验的获得、知识系统的建立、技能技巧的熟练化、情感的产生、品德与态度的形成与改变等都是学习的结果。布卢姆(B. S. Bloom)等(1956,1964,1972,2001)将教学要实现的整体目标分为三个领域:认知领域(cognition domain)、情感领域(affective domain)和动作技能领域(psychomotor domain)。认知领域的学习统称为认知学习。

认知学习是以获得知识、形成认知技能和认知策略为目的的学习,其中知识学习是最基本的学习,也是几乎所有学习的主线。认知学习的主要特征是智力性和过程性。

所谓智力性即所有智力因素(知识、经验、语言、智力、策略等)都参与其中;所谓过程性指认知学习是智力活动,这种活动包括两个过程:一是内化的过程,即将外在于学生的知识经验转化为学生认知结构的一部分;二是外化的过程,即学生运用已有的知识经验解决问题或完成智力活动。

二、认知学习的种类

1. 按学习任务的复杂程度分

美国心理学家奥苏伯尔(D. P. Ausubel,1918—2008)按学习任务的复杂程度将学习分为代表性学习(又称符号表征学习)、概念学习、命题学习、概念与命题的运用、解决问题与创造。

代表性学习(representational learning)指建立符号的外部形式(形和音)与其所代表的事物之间的联系,即知道符号的形和音指的是什么。这类学习在小学阶段和外语学习中属于基础性学习,如小学语文中的识字教学、小学数学中学生认识各种数字与运算符号等。

概念学习(concept learning)指掌握一类事物的共同特征或掌握"词"的含义。这类学习是学生学习的主要部分,无论哪门学科都将概念的形成和厘清作为教学重点。

命题学习(propositional learning)指理解语句的含义,也就是理解词与词之间的关系。此类学习是学生知识积累和形成的标志。学生头脑中的系统知识,特别是各种原理和理论的掌握都是以命题作为基本单位存在的。

概念与命题的运用(application of concept and proposition)指能够用概念和命题表达意义。人们在认识和描述周围事物、表达自己的想法和感情、与他人交流时都需要用到概念与命题并以此为基础组织自己的语言。

解决问题与创造(problem solving and creation)指用已有知识和经验形成某种常规性策略、策略组合或从未有过的策略以达到既定目标。

2. 按习得结果分

美国心理学家加涅(R. M. Gagné,1916—2002)按学习结果将学习分为言语信息、智慧技能、认知策略、动作技能和态度。这五种学习中言语信息、智慧技能和认知策略统归为认知学习。

言语信息(verbal information)实际上就是我们后面要重点介绍的狭义的知识即陈述性知识,它是有关事实、因果关系与预测的陈述。知识是人类通过探索活动而获得的以语言文字为主要表征形式的认识成果,是学生学习的主要内容。智慧技能(intelligence skill)表现为系列化与熟练化了的智力活动。加涅认为它是运用符号与环境打交道的技能,通俗地说就是动脑筋的技能,如计算、解题、作文、设计实验、构思班会活动方案、发表演说等。认知策略(cognitive strategy)指用来控制和调节自身认知活动的知识和方法,也就是与自己的内心打交道的策略。

由此可见,奥苏伯尔与加涅的这两种分类存在交叉关系。

3. 按学习内容的学科性分

学生在校学习的内容可以分为学科内容和非学科内容。学科内容指的是学科课程要求学生学习和掌握的内容,学科课程以外的学习内容统称为非学科内容。与此相应的学习就分为学科学习和非学科学习。两者的区别体现在学习内容上:学科内容相对系统,非学科内容相对零散;学科内容是国家要求学生必须掌握的、关系到学生基本科学素养与人文素养的内容,非学科内容往往作为学科内容的延伸、用以满足学生不同兴趣和发展需要。

4. 按习得结果的来源分

奥苏伯尔根据学生习得知识的来源将学习分成发现学习和接受学习。发现学习(discovery learning)指学生学到的东西是自己探索和总结出来的,接受学习(reception learning)指学生学到的东西是经由别人传授或从他人、书本、媒体等渠道得到的。

　　发现学习是人类与人类个体最早获得经验的方式。由于交流工具的限制，原始人的经验基本属于个体经验，无法成为公共知识。随着经验的积累、人与人之间合作需要的增长，特别是交流和传播工具的发展，人与人之间的交流越来越成为个体经验的主要来源。这种交流和传播由横向与纵向两方面构成：横向指同时代人之间的交流，纵向指代际之间的传承。时至今日，人类个体的绝大多数知识经验都来自于他人，属于自身原创的知识经验相对较少。

　　5. 按学习水平分

　　奥苏伯尔按学生是否理解所学内容将学习分为机械学习和有意义学习。机械学习（rote learning）即学生掌握的是学习材料，特别是语言文字材料的表面意义，或单纯模仿别人的行为却并不理解行为的意义。有意义学习（meaningful learning）又称理解学习，即学生不仅掌握学习材料的表面联系，而且能理解材料内在的逻辑联系和含义。通俗地说，机械学习的特点是只知其然而不知其所以然，而有意义学习的特点是不仅知其然而且知其所以然。因此这两种学习存在加工水平的差异。

　　如果将奥苏伯尔两种维度上的分类加以合并，就产生了四种学习（见图1-1）：

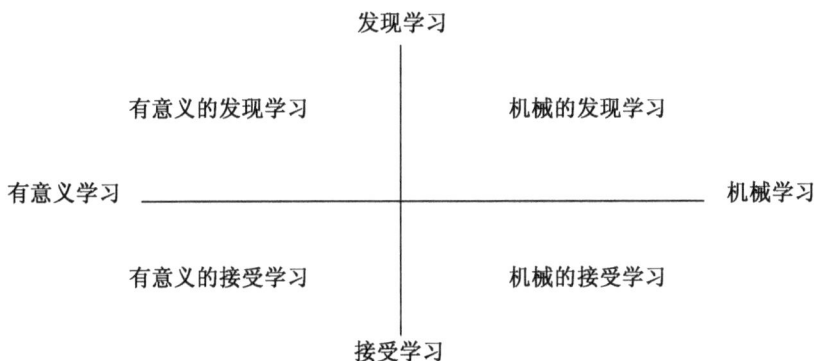

　　　　　　　　　　　　发现学习

　　有意义的发现学习　　　　　　　　机械的发现学习

有意义学习 ——————————————————— 机械学习

　　有意义的接受学习　　　　　　　　机械的接受学习

　　　　　　　　　　　　接受学习

图 1-1　奥苏伯尔的学习分类

　　这四种学习各有特点：机械的发现学习指学生获得的经验是通过自己的探索而来的，但学生并未从这种探索中总结出规律；有意义的发现学习则是学生获得的经验是通过自己的探索而来的，而且学生从这种探索中总结出了规律；有意义的接受学习指学生获得的是从别人那里而来的经验或知识，而且学生理解了这些经验和知识；机械的接受学习则是学生获得的是别人那里而来的经验或知识，但学生并没有弄懂这些经验和知识。在奥苏伯尔看来，学生最理想的学习方式是有意义的接受学习，因为这种学习效率高、收益大。

第三节　认知学习的意义

一、认知学习是小学生其他方面学习的基础和条件

认知是所有心理现象中最不可或缺的成分,也是所有心理活动中最基本的过程。安德森(J. R. Anderson,2012)认为:"认知心理学是所有其他社会科学的基础,就如同物理学是其他自然科学的基础。"认知的重要性可见一斑。从某种意义说,学习就是以认知为主线的心理活动,其中知识是技能、态度、品德等学习的基础。

认知学习本身就是以知识学习为主的活动。日常生活中人们一提到学习往往指学习知识、看书、读书,一提到上学往往就是指学习书本知识。无论从广义知识还是狭义知识说,都离不开对事物的认识、了解、领会和记忆,而这些正是知识学习的主要过程和特征。

技能(包括动作技能和认知技能)学习的初期任务是获得有关技能的程序性知识,如学习写作之初需要获得如何写作的知识,这种知识一方面来自老师的教授,另一方面来自学生在阅读过程中对作品的分析、理解和概括。

态度是人对事物的某种倾向性反应,这种反应也以对事物的了解为基础。如对做班级值日的态度与学生对班级值日的认识——如班级值日的价值和意义、自己对班级的责任、学生的角色等——分不开。不同的认识产生不同的反应。

品德是人在道德情境中、在一定道德标准控制和调节之下表现出的较为稳定的行为倾向。品德的心理成分中道德认识是核心成分,它决定了情感体验的性质、行为的价值取向以及行为的评判标准。

二、认知技能是小学生适应和创造环境的重要手段

人仅有知识还不足以适应和改造环境,人还需要与环境相互作用的技能,特别是认知技能。认知技能保证人在遇到常规问题时能够比较快地找到解决方案。

人每天都会遇到很多问题,而且需要解决这些问题。如果缺乏相应的认知技能,人在问题面前就会束手无策,带来很多困扰。

就小学生而言,学习和掌握认知技能除了具有完成学习任务的直接和实际

功效之外,还能在这种学习过程中逐步形成他们逻辑的、规范的思维方式和思维习惯,从而提高他们的思维能力。加涅(E. D. Gagné)①正是从这个角度将认知技能分为特殊领域的认知技能和一般领域的认知技能。我们所说的那种直接和实际功效就是指特殊领域的认知技能,而思维方式和思维习惯就是指一般领域的认知技能。

特殊领域的认知技能具有实用性,而且这种技能应用的频率越高,保持的效果就越好。反之,这种技能应用的频率越低,保持的效果就越差,直至被遗忘。例如我们从小学到大学系统学习过算术、代数、三角函数、解析几何、平面几何和立体几何、高等数学等,但如果我们所从事的工作与数学无直接关联,这些数学技能很可能多数被遗忘,最后只剩下加减乘除等基本运算技能。但是我们不能由于这些特殊的认知技能的遗忘而否定学习数学的价值,因为我们在学习数学过程中除了获得了这些特殊的认知技能外还获得了一般的认知技能,那就是数学思维,即用数学的方式和方法思考和解决问题。这种学习的意义往往是潜在的,但又是本质性的。

一般领域的认知技能具有更高的概括性(generality)和更广的可迁移性(transferability)。从长远的角度看,这种技能是人适应环境的基础。素质教育中的"素质"一词引发过声势浩大的讨论,在我们看来,从认知的方面说,素质的本质就是这种具有高度概括性和可迁移性的认知技能。由此可见,认知技能的学习对于学生未来生活具有深远意义。

？ ［讨论］

背景资料:

奥数是小学生,特别是城市小学生参加得比较多的校外辅导项目,因为很多初中择优条件中比较看重学生是否在奥数竞赛中获过奖。对小学生参加奥数辅导班社会上有许多不同的议论和评价,有的反对,有的赞成,有人持两分观点。反对者认为奥数并不能解决学生在校学习中遇到的问题,反而增加了学生的学习负担、影响课内学习,而且家长送孩子学奥数本身就具有很大的功利性。赞成者认为奥数能训练学生思维,为将来打基础。持两分观点的人认为要从学生自身情况和条件出发评价奥数的利弊:如果学生自己感兴趣,学有余力,那是有好处的;如果学生自己没兴趣,也学不下去,那么就没有必要学。

讨论:你认为小学生有没有必要学习"奥数"？为什么？

---

① 加涅(R. M. Gagné)的女儿。

三、学会学习是小学生学习的核心目标

知识与获得知识的方法哪个更重要？也许在若干年以前很多人会选择前者，但现在连小学生都知道"授之以渔"与"授之以鱼"之间的区别，可见人们愈发认识到获得知识的方法比获得知识本身更重要。著名教育家叶圣陶曾说过："凡为教，目的在达到不需要教。"后来人们将这句话改成：教是为了不教。那么在什么样的情况下学生可以不用老师教？那就是学生已经掌握了学习的方法、能够脱离教师而独立学习。形成自学能力应该是教师对学生接受教育后在认知发展上的重要期待。

联合国教科文组织《学会生存》一书中提出的"教育的四大支柱"的观点，即要教育学生学会做人、学会做事、学会学习和学会与他人合作，其中学会学习成为学校教育的核心目标。

学会学习就是懂得学习策略并能合理地应用这些策略。很多研究表明，优秀学生之所以优秀就是因为他们有一套适合于自己的学习方法。教育工作者经常使用"学习的有效性"这个词来评价学生的学习。有效的学习就是以相对较小的代价（时间、精力、体力、社会资源、资金等）获得较大的学习成果。可以想象，学习可以分为有效学习和无效学习，而有效学习又可以分为高效学习和低效学习，其中的差别不言而喻。

本章小结

认知学习是学生三大领域学习中的基础和支柱，也是课堂教学环境中较能直接观察到的活动。它以师生互动和信息加工的样态呈现出来，复杂而生动，我们从认知学习繁多的种类中可窥一斑。认知学习包含知识学习、认知技能学习和认知策略学习，这些学习我们将在后面几章中逐一介绍。

人物介绍

奥苏伯尔（D. P. AuSubel, 1918—2008）　美国教育心理学家、现代认知理论的代表人物。生于1918年，1939年获宾夕法尼亚大学学士学位，1940年获哥伦比亚大学心理学硕士学位，1943年获布兰迪斯大学医学博士学位，1950年获哥伦比亚大学哲学博士学位。1950—1974年在伊利诺斯大学教育研究院任教授，1975年任纽约市立大学研究生院教授，1978年退休，被授予荣誉教授。以后开设自己的心理诊所，从事心理咨询和治疗工作。1976年获美国教育心理学分会颁发的桑代克奖。其代表作有：《教育心理学：一种认知观》（*Educational*

Psychology：A Cognitive View)(1968)、《学校学习：教育心理学导论》(*School Learning：An Introduction to Educational Psychology*)(1969)、《有意义言语学习心理学》(*The Psychology of Meaningful Verbal Learning*)(1963—1986)、《自我发展与人格失调》(*Ego Development and the Personality Disorders*)(1952)、《青年发展的理论与问题》(*Theory and Problems of Adolescent Development*)(1954)、《儿童发展的理论与问题》(*Theory and Problems of Child Development*)(1958)等。发表有大量论文。奥苏伯尔在学术上的主要贡献是提出有意义学习理论,以认知观点和同化理论解释有意义学习和保持的一般过程及其心理机制。

加涅(R. M. Gagné, 1916—2002)　生于 1916 年。1937 年毕业于耶鲁大学实验心理学专业,1940 年获布朗大学哲学博士学位。二次世界大战期间以心理学家身份在几处军事机关服务。先后在美国几所主要大学任教。曾任美国心理学会军事心理学和教育心理学分会主席、美国教育研究会主席,担任过"教育心理学杂志"、"教育科学"、"人类学习"等学术刊物的编辑或顾问。1974 年获美国教育心理学分会颁发的桑代克奖,1986 年获美国心理学会授予的应用心理学杰出科学奖。其代表作为《学习的条件》(*The Conditions of Learning*)(1965—1985),该书使其享誉全球。其他著作有《教学设计的原理》(*Principles of Instructional Design*)(与人合作)(1974—1992)、《心理学与人的操作》(与弗莱希曼合作)(1959)、《教学的学习要旨》(*Essentials of Learning for Instruction*)(又译为"教学的学习要素")(1974)等著作。发表有大量论文。

资料来源：

1. 高觉敷,叶浩生主编.西方教育心理学发展史(第 2 版)[M].福州:福建教育出版社,2005.

2. 施良方著.学习论:学习心理学的理论与原理[M].北京:人民教育出版社,1994.

思考与训练

一、思考题

1. 什么是认知？认知具有哪些特征？

2. 举例说明广义学习的含义。

3. 学习的四个层次的主要区别在哪里？

4. 举例说明加涅认知学习的种类。

5. 为什么说知识的学习是人的其他学习的基础和条件？

二、教育案例分析

背景资料

浙江海盐县袁鸿林博士给5岁的女儿制订了快速成才计划,他打算在家里用超常规的方式把女儿培养成"反应敏捷的同声翻译或掌握多种语言的全球性信息情报类高级研究者"。袁鸿林说他曾把女儿送进幼儿园,但女儿总是不肯上学,老师也认为她太小,无法和其他小朋友正常沟通。由此他和妻子得出结论:女儿不适合学校教育。去年6月,夫妇俩就把女儿带回家,开始自己教育。他专门为女儿制订了每天的课程表:英语两小时,日语、汉语、小提琴、绘画、各科知识(含算术、讲故事)各半小时,文化娱乐一个半小时,户外游戏及体育活动3小时。他还为女儿准备了一些必学教材,如《剑桥少儿英语》《新日本语基础教程》《法语》、《三字经》《论语》等。因为女儿太小,他还免费招了几个同龄孩子陪伴女儿读书。

袁鸿林说:"我不想让女儿成为现行教育体制流水线上的一个标准件。"他把自己的早教方案叫作"超前五至十年的教育方案"。按照他的计划,女儿9岁小学毕业,13岁高中毕业,16岁大学毕业,19岁硕士毕业,21岁可博士毕业。①

请问:像这样在家"上学"的孩子得到了什么、失去了什么?

三、实训题

下面是小学语文课本中的一篇课文。你认为这篇课文的知识点有哪些?最核心的认知目标是什么?学生应掌握哪些认知技能?

小白兔和小灰兔

(人教版小学语文一年级下册第七单元第26课)

老山羊在地里收白菜,小白兔和小灰兔来帮忙。

收完白菜,老山羊把一车白菜送给小灰兔。小灰兔收下了,说:"谢谢您!"

老山羊又把一车白菜送给小白兔。小白兔说:"我不要白菜,请您给我一些菜籽吧。"老山羊送给小白兔一包菜籽。

小白兔回到家里,把地翻松了,种上菜籽。

过了几天,白菜长出来了。小白兔常常给白菜浇水,施肥,拔草,捉虫。白菜很快就长大了。

小灰兔把一车白菜拉回家里。他不干活了,饿了就吃老山羊送的白菜。

过了些日子,小灰兔把白菜吃完了,又到老山羊家里去要白菜。

这时候,他看见小白兔挑着一担白菜,给老山羊送来了。小灰兔很奇怪,问道:"小白兔,你的菜是哪儿来的?"

小白兔说:"是我自己种的。只有自己种,才有吃不完的菜。"

---

① 转自 http://www.hbrc.com,2014年03月28日。

第二章　学习理论及其流派

I forget what I was taught，I only remember what I've learnt.

—Patrick White

内容提要

本章阐释了三个主要的学习理论流派的基本思想和其代表人物的主要理论。刺激—反应学说认为学习就是建立刺激—反应之间的联结，而这一联结能否保持与刺激特征和强化密不可分。认知学派则认为学习是学习者认知结构的重组，强调学习者内部因素(已有知识经验、认知方式、动机等)对学习结果的影响。建构主义认为学习是学习者以及学习者群体主动建构的过程，重视个人理解和学习者之间的交流对学习的影响。

关键词

S−R联结;经典条件反射;操作性条件反射;强化;正强化;负强化;惩罚;认知结构;发现学习;有意义学习;意义建构

学习目标

1. 能够熟悉和理解各个学习理论的出发点、基本立场和基本思想。
2. 能够用自己的语言解释基本且重要的概念。
3. 能够较完整地阐释各学习理论所包含的基本原理。
4. 能举例说明各学习理论中的基本原理在现实学习中的表现及意义。

学习策略

本章几乎是整个现代心理学思想史的浓缩版，反映出心理学这一学科内部的复杂关系与理论纠结,是本课程概念繁多、难度较大的一部分内容。学习本章需要相当的心理学史知识、认识论基础和理解能力。因此要求查找和阅读相关的资料以补充基础知识。学习中应联系自己学习的经历,通过想象、自我提问和举例去理解概念。要具有一定的批判态度。

[课例]

一位教师是这样教学生区别"买"和"卖"两个字的字形的:"多了就卖,少了就买。"学生很快记住了这两个字。有的学生把"干燥"写成"干躁",把"急躁"写成"急燥",老师就教学生记住:"干燥防失火,急躁必跺足。"从此以后,学生对这两个字再也不会混淆了。

在第一章我们了解了学习的基本含义,特别强调学习是一种变化(这是得到心理学界公认的),但对什么发生了变化、如何变化以及什么因素使其变化等问题心理学界存在很大分歧和对立。本课例中学生为什么能够学会这些字?他们怎么学会的、经历了怎样的心理历程?如何知道他们学会了?不同心理学家有不同的解释。心理学家由于哲学观点、研究角度和方法不同而形成了众多流派。在西方,学习理论主要有两大学派:刺激—反应学说和认知学派。另外较有影响的有建构主义学习理论和人本主义心理学理论。

第一节 刺激—反应学说

一、刺激—反应学说概述

刺激—反应学说包括早期的联结主义与行为学派,后面很多地方我们会用行为学派或行为主义心理学这样的术语代表这一学说。针对本章导言所涉及的几个有分歧的问题,刺激—反应学说的观点是:学习是行为的变化,而行为的变化就是建立新的刺激(stimulus)和反应(response)之间的联结(S-R联结)。在造成行为变化的因素中,刺激—反应学说是站在环境这一边的,即认为有什么样的刺激就有什么样的反应,换言之,一定的刺激要求一定的反应。人学习的目的和过程就是逐步形成适当的反应而摒弃不适当的反应。人只有做出适当反应才能在自然的压力下保护自己,也才能在社会环境中和谐相处。

在S-R联结形成过程中,强化是一个不可或缺的因素。所谓强化泛指对S-R联结起增强作用的所有刺激。从本质上说,强化也是一种刺激,这种刺激与直接引起反应的刺激或与反应结果相联系,它对S-R的形成起导向和调控作用。从行为学派角度说,行为受强化控制。

当一种刺激—反应联结被反复使用并被强化,这一联结就会成为习惯(habit)。习惯是在最低限度的意识水平下的反应,即一有刺激就做出反应,而且这种反应能给行为者带来满意的感受。古语有"少成若天性,习惯成自然"一说,说明习惯具有似本能的特点。

学生在学校接受专门教育。从刺激—反应学说的角度看,学校教育的方式和目的简单地说就是:第一,创设学校环境,如教学环境、集体环境、活动环境、校园环境等,向学生提供各种刺激和做出适当反应的条件;第二,对学生做出的各种给予强化或惩罚,使之形成对各种刺激的适当反应。"教学则是安排各种情境,以便导致理想的联结并感到满意"(桑代克,1913)。

二、桑代克的试误说

桑代克(E. L. Thorndike,1874—1949)是一位极有声望的心理学家、联结主义学派的代表人物,被称为"教育心理学之父"。他首创心理学上的动物学习实验并通过这些实验总结出动物学习的定律,提出了刺激—反应学习理论。

(一) 迷箱实验与试误说的提出

桑代克以多种动物作为实验被试,饿猫逃离"迷箱(puzzle box)"是他的经典实验之一。

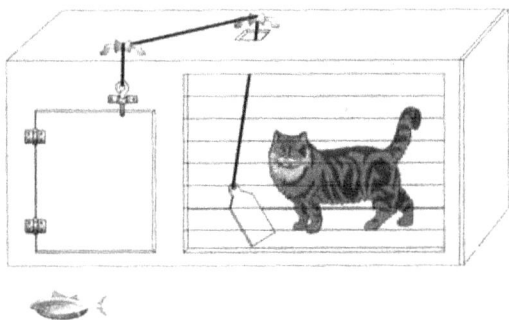

图2-1　桑代克实验用的迷箱

(根据 Thorndike,1898 资料绘制)

如图2-1所示:把饥饿的猫关进"迷箱"里,箱子外放着食物。箱子门用插销拴着,插销上连着绳子通到箱内,绳子的另一头是一个踏板。压住踏板,插销就会被拔开,门就被打开。实验中猫第一次被放入迷箱时,乱抓乱跑,试图逃出迷箱。终于,它偶然碰到踏板,逃出箱外,吃到了食物。之后经过多次实验(各次实验间隔约 2~3 天),猫在迷箱里的无效动作越来越少,直到最后猫一入迷箱就会立即去踩踏板打开门。桑代克记录下猫每次在迷箱里尝试的次数,发现从总的趋势上次数越来越少(见图 2-2)。

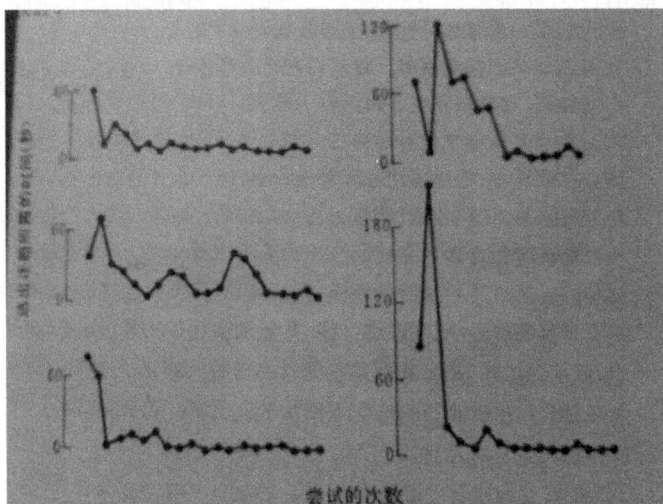

图 2-2　猫在"迷箱"中尝试次数的变化

无疑,猫一进迷箱就去踩踏板,这是刺激—反应活动。桑代克把猫不断尝试、不断排除错误,最终学会开门的过程称为尝试错误学习(trial-and-error learning),并提出了"尝试—错误学说(试误说)"。他认为,动物在每次尝试的过程中,都试图建立起正确的刺激—反应的联结,也即能够达到目的的联结。那些能够导致成功的反应被保留,而那些无效的反应则会逐渐被排除。所以,动物学习就是从各种刺激—反应中挑选那些导致成功的刺激—反应联结。学习的实质就在于形成正确的刺激—反应联结。

(二)学习三大定律

桑代克根据其动物学习实验研究,发现和提出了许多有关学习的定律,其中主要有三条定律。

1. 准备律(law of readiness)

学习者是否会对某种刺激做出反应,与它是否已做好准备有关。此准备不是指学习前的知识准备或成熟方面的准备,而是指学习者在学习开始时的预备定势(setting)。"对学习的解释必须包括某种动机原则"(施良方,1994)。如果迷箱里的猫不是饥饿的而是已经吃饱了,它可能就会睡觉,而不是学习逃出迷箱。

联结的增强和减弱取决于学习者的心理调节和心理准备。如果学习者有准备,并按其准备去做,学习者就会产生满足感;如果有准备而没有按其准备去做,就会产生烦恼;如果没有准备而强制其活动,就会产生厌恶。此定律强调了学习开始前预备定势的作用。

按桑代克本人的看法,"准备"本身也是可以习得的。他认为,人类大部分操作都包括"习得"的准备。也就是说,人在学习之前有想学会的动机要比没有这样的动机更容易学会。

● 一家之言

学习的准备不仅包括动机,而且包括某种反应方式。动机提供了做出反应的动力,但动力不等于反应。想做出反应和想做出何种反应是不同的。比如某学生有"强烈的学习愿望",但这种愿望可能是针对一般学习的,并没有特指对象,也没有具体的行动方案。那么这种情况下刺激—反应联结并不一定比缺少动机的学生更容易形成。如果学生既有想学的愿望,又有做出某种反应的准备,而结果证明这种反应是正确、恰当的,那么在这种刺激条件下做出这种反应的联结则更容易形成。例如某学生课前预习产生了某个问题,他思考了答案。上课的时候老师解答了这个问题,并且答案与该学生的预想一致,那么这个学生对这个问题答案的记忆和理解就会比产生了同样的问题但没有试图解答的学生要好。

2. 练习律(law of exercise)

桑代克认为,练习次数的多少影响刺激和反应之间联结的牢固程度。练习律又分为使用律和失用律。使用律指一个联结的使用(练习)会增加这个联结的力量,失用律指一个联结的失用(不练习)会减弱这个联结的力量,导致遗忘。俗话说:"拳不离手曲不离口",就是指一种技能学会之后要经常练习,才能保持长久。

3. 效果律(law of effect)

桑代克认为只有当反应产生某种符合需要的效果时,学习才会发生。在某一情境所做的若干反应中,在其他条件相等的情况下,如果反应的结果是令人愉快的,那么学习就会发生;如果反应的结果是令人烦恼的,那么这种反应就会削弱,直至对这种刺激不做反应,也就是联结消退。譬如,同桌的笔掉地上了,某学生帮他捡起来,老师表扬了这位同学,那么这个学生帮同学捡笔的反应就会保留下来。再如某学生上课没举手就发言,结果挨了老师批评,受批评是学生不想得到的结果,因此某学生就不会不举手就发言了。效果律表明一种联结的习得总是与这种联结对环境的适应性相联系。

三、经典条件反射与操作性条件反射理论

刺激—反应联结后来渐渐被"条件反射"一词取代,这是由于俄国生理学家、诺贝尔奖获得者巴甫洛夫所做的经典实验。这个实验之所以有如此大的影响就在于发现了条件反射(conditioned response,CR)现象。继巴甫洛夫的实验以及在这些实验基础上形成的条件反射学说被引入心理学之后,心理学家纷纷以他的学说解释学习心理现象,行为主义学派更是将这一学说作为自己的理论基石。行为主义学派创始人华生(J. Watson)就曾做过"小阿尔伯特实验",这在发展心理学、教育心理学、心理治疗等领域经常被提到。而后行为主义学派的顶尖人物斯金纳(B. F. Skinner)发现了操作条件反射,并将条件反射分为经典条件反射和操作条件反射。

(一)经典条件反射理论

1. 条件反射实验及其性质

巴甫洛夫及其助手在研究狗的消化腺功能时偶然发现狗听到铃声会分泌唾液,于是对此做了专门的研究(如图 2-3 所示)。

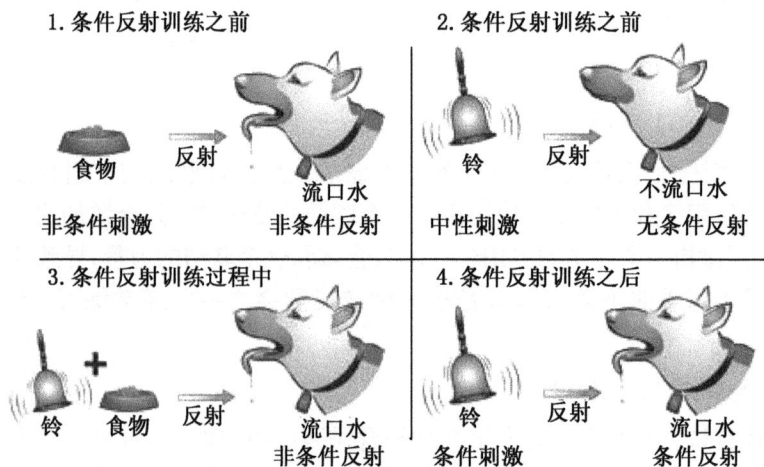

1. 条件反射训练之前

食物 → 反射 → 流口水
非条件刺激　　　非条件反射

2. 条件反射训练之前

铃 → 反射 → 不流口水
中性刺激　　　无条件反射

3. 条件反射训练过程中

铃 + 食物 → 反射 → 流口水
　　　　　　　　　非条件反射

4. 条件反射训练之后

铃 → 反射 → 流口水
条件刺激　　　条件反射

图 2-3　经典条件反射的形成过程

他先让狗听到铃声,然后出示食物,狗能够分泌唾液。连续数次之后,他摇铃但不出示食物,狗依然能够分泌唾液,而在实验之前,狗对于铃声没有唾液分泌反应。他由此推论,狗经过了连续几次实验后,将铃声视作"进食"的信号,因此引发了"进食"会产生的流口水现象。他把这种现象称为条件反射。

在整个过程中,本来就能引起狗的唾液分泌的刺激(食物)叫无条件刺激(UCS),由此引起狗的唾液分泌这一反射叫无条件反射(UCR)。另一种刺激(铃声)开始是中性刺激(neutral stimulus,NS),因为它与唾液分泌无关,不参与到这一反射过程中。但中性刺激多次与无条件刺激即食物结合之后,单独呈现中性刺激也能引起唾液分泌,中性刺激变成条件刺激(CS)。条件反射之所以叫条件反射就是因为中性刺激能够引起唾液分泌是有条件的,即要与无条件刺激相结合。没有无条件刺激的伴随,任何中性刺激都不可能成为条件刺激。中性刺激与无条件刺激在时间上的结合称为强化。强化的次数越多,条件反射就越牢固。

中性刺激成为条件刺激的本质是前者在无条件刺激物强化下逐步成为无条件刺激的信号,它代表了无条件刺激,并替代了无条件刺激引起同样的反应。因此条件反射实际上应叫作信号反射,即对代表无条件刺激的信号起反应。原本不能引起反应的刺激成为能引起反应的刺激的信号。巴甫洛夫实验中,铃声本来是无意义的,但因无条件刺激的存在而被赋予意义。

信号是某一刺激物的代表而不是这一刺激物本身,它具有指征作用。人们生活和学习中很多反射都属于信号反射。例如行人走在路上,听到身后"嘀嘀"声而往路边让,"嘀嘀"声就是汽车的信号。人听到"汪汪"叫声知道是狗叫,这是因为人看到过狗叫,当只听到叫声的时候就会将此叫声与狗的形象联系起来,叫声代了"狗"这一动物整体。这种联系的建立就是经典条件反射。"一朝被蛇咬,十年怕井绳"中,"绳"与蛇有很大相似之处,看到与蛇相似的绳就引起对被蛇咬的恐惧反应,这就是经典条件反射。听到一个人的名字就浮现出这个人的形象、看到一个英文单词就能想起它的中文意思、听到上课铃声就停止说话,等等,都属于经典条件反射。

从这个角度讲,经典条件反射建立的本质就是联想,即由一刺激替代另一刺激而产生相同的反应,所以也叫替代性反射。

巴甫洛夫认为学习是大脑皮层暂时神经联系的形成、巩固与恢复的过程。"所有的学习都是联系的形成,而联系的形成就是思想、思维、知识"。他所说的联系就是指暂时神经联系。他说:"显然,我们的一切培育、学习和训练,一切可能的习惯都是很长系列的条件的反射。"

● 一家之言————————

从巴甫洛夫的实验中我们可以看到一个事实,即起强化作用的无条件刺激是伴随着无关刺激而出现的,我们称为伴随性强化。实验中狗之所以能对条件刺激做出反应就是因为它能够对做出的反应产生预期,它知道反应之后会得到什么。在人的学习中这意味着如果一种刺激能够引起学习者对反应的预期(知道反应结果),这样的反射就是经典条件反射。

例如小明的爸爸妈妈临出门时对他说:"你抓紧时间做作业。如果我们回来看到你做完作业了,就带你去吃肯德基。"小明果然赶紧做作业了。小明之所以能够把作业做完,就是因为他做作业之前就知道结果,而这个结果是他想得到的。从这个意义说,经典条件反射也是一种目的性行为,或者叫刺激—预期反应。比如暑假即将结束,学生会拼命赶作业,其原因就是他们知道完不成作业将带来的结果,而他们不愿意承受这样的结果。

2. 经典条件反射中的几种现象

(1) 条件反射的消退

当呈现条件刺激后不再呈现无条件刺激,即不予强化,已形成的条件反射会趋于消失,表现在反应时增加、出现一定的无关的干扰性反应或错误反应、不再做出反应等。如能够对铃声产生唾液分泌的狗,在一段时间听到铃声而不喂食之后,可能对铃声不再产生唾液分泌反应。这意味着铃声已经失去了信号意义。学习中出现的很多遗忘现象就是条件反射的消退。当然条件反射的消退有永久消退和暂时性消退。不过一种消退究竟是永久消退还是暂时性消退,有时很难判断。

(2) 条件反射的泛化

某种条件反射建立后,那些与原来刺激相似的新刺激也可能引起相同反应。如用 500 赫频率的铃声与进食相结合来建立唾液分泌条件反射。反射建立之后,许多相近频率的铃声也能引起这一反射。学习中也有很多泛化现象,例如学生对与某一字形相似的字读同样的音,接触了几个非洲人是黑人就认为所有非洲人都是黑人,一提起老外就认为老外都是白人。由此看出,泛化实际上就是将一种刺激的特性扩大到其他相似的刺激上去。

泛化现象中有一种条件反射叫概括化,即形成对一类相似刺激的共同反应。如小孩看到桃红叫红色,看到橘红叫红色,看到紫红叫红色,这说明他建立了有关红色的概念。

（3）条件反射的分化

分化是与概括化相反的过程。分化指能够对引起概括化的刺激做分类反应。再以前例为例：当儿童将桃红、橘红、紫红都叫作"红"之后，教师分别呈现这三种颜色的物品，告诉儿童它们分别叫什么颜色，将这些物品颜色和这种颜色的读音多次结合，以后儿童在看到这些物品时就能说出这种物品的颜色，这说明儿童对相似的刺激实现了分化。分化现象在分辨学习中表现特别明显。如教学生分辨"未"和"末"两个字时，老师将两个字的不同之处标注出来，并要求学生看着字形读准字音，反复结合之后，学生就能将两个字区别开。

（4）多级条件反射

如前所述，条件刺激又叫信号刺激，而信号分为两类：一级信号和二级信号。一级信号指具象信号（刺激），如各种声响、色彩、气味、图像图形等。由这些信号伴随强化形成的条件反射叫作一级条件反射。如人口渴的时候看到梅子会分泌唾液，梅子是形象具体的东西，对它所起的反应就是一级条件反射。

二级信号指抽象信号（刺激），即主要以符号为代表的信号，如语言文字等。由这些信号伴随强化形成的条件反射叫作二级条件反射。如士兵听到曹操说"前方有一片梅林"，立马流口水。曹操说的"梅林"属于语言，对语言的反应就是二级条件反射。人具有广泛的对符号做反应的能力。

人还可以形成更高级的反射。如阅读英文的时候，将其翻译成中文，将方言"翻译"成普通话，这些都是在对语言做反应的基础上形成新的语言反应。只有人类能够达到这种层次。

（二）操作性条件反射理论

操作条件反射也叫操作性行为（operant behavior），指有机体为满足自身需要主动发起的行为。操作条件反射的刺激是内在需要，反应则由多种反应方式逐步向某种反应方式收敛，最后形成最适合的反应并稳定下来。其中对某种反应的强化决定了刺激—反应联结的形成和巩固。这种条件反射与桑代克的尝试—错误学习很相似。

1. 操作性条件反射实验

斯金纳把一只饥饿的白鼠放进他专门设计的"斯金纳箱"（如图2-4所示），让它自己自由地在箱子里摸索。白鼠在一阵无目的的自由尝试中偶然碰压了杠杆，一粒食物丸掉进了盘子，于是白鼠获得了食物。在这样的若干次偶然反应之后，白鼠放弃了之前那些无效的反应，而有意识地去按压杠杆来满足需要。当白鼠一被放进箱子里就去压杠杆，则说明它形成了操作条件反射。

由此看出，操作条件反射形成的关键是压杠杆的反应得到了强化，因为只有

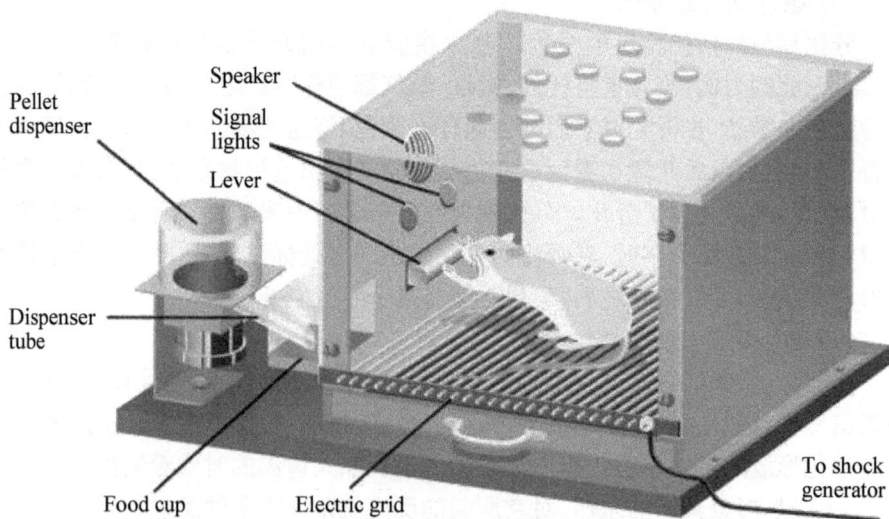

图 2 - 4　斯金纳箱

这种反应能够满足白鼠的需要,而其他的反应由于不能满足需要而逐步被放弃。

2. 操作性条件反射现象及其原理

像桑代克、巴甫洛夫实验所揭示的那样,在斯金纳的实验中动物也表现出诸如条件反射的消退、分化等现象,不过这些现象发生的机制与前者有所不同。例如巴甫洛夫实验中消退现象是因为在中性刺激呈现后没有伴随无条件刺激,而斯金纳实验中的消退现象是因为做出反应后没有得到强化。

再如分化现象,斯金纳采用了根据白鼠按压力量实现分化的设计。当白鼠习得了通过压杆(使用任何力度)获得食物这一行为后,斯金纳设置了按压力量等级,只有达到某一力度压杆才能得到食物,低于此力量压杆则得不到食物。多次实验后白鼠选择了某种力度以上的压杆行为,而放弃此力度以下的压杆行为。这就意味着白鼠从先前各种泛化的行为中学会了某一特定的行为,行为变得精细化,这就是操作条件反射的分化。

3. 操作条件反射中的强化

"强化"是操作条件反射理论的核心概念,可以说没有强化,就没有操作性条件反射理论。斯金纳在其一生中致力于行为强化的研究,形成了系统的强化理论并将这一理论运用到教育、工程、心理治疗乃至社会改造各个方面。

强化(reinforcement)指能够提高反应发生概率的刺激。斯金纳将强化分为正强化(positive reinforce)与负强化(negative reinforce)。正强化指行为者做出某种反应后给予一个令其满意的刺激,此刺激具有提高以后此反应概率的作用,它类似于奖励。人类学习中奖励包括物质奖励(食物、物品等)、社会地位奖励(一定的身份、权力等)、精神奖励(赞扬、认可、表示敬佩、授予荣誉称号等)。

负强化指学习者做出适当反应后撤销一个令其不满意的刺激而使以后的反应概率提高。如斯金纳将白鼠放进"斯金纳箱"并给予一定程度的电击,直到白鼠按压杠杆时电击才停止。一旦白鼠停止按压杠杆,则电击又开始。经过几次这样的过程之后,白鼠学会了通过压杆反应来逃避电击。在这里,电击是令小白鼠不满意的刺激。在人类学习中较为典型的负强化就是给予表现较好的犯人减刑,给处在处分期的学生降低或撤销处分,等等。不过负强化产生作用的前提是这一刺激必须是学习者不满意的刺激。比如小明上课答出了别的同学都答不出的难题,老师说小明可以不做今天的家庭作业。如果小明很厌恶做家庭作业,那么老师的这一做法就能使小明下次上课更倾向于回答难题,但如果小明很喜欢做家庭作业,那么老师的这一做法就起不到作用。

4. 两种实验之比较

斯金纳的实验与巴甫洛夫的实验主要的不同点在于:① 在斯金纳箱中的动物可相对自由地活动,而巴甫洛夫实验中的动物则被固定在装置上,等待刺激的来临;② 斯金纳实验中的动物反应由内在动机推动、刺激—反应联结由反应结果控制,巴甫洛夫实验中的动物反应由伴随信号刺激的另一种刺激控制;③ 巴甫洛夫实验中动物的反应只有一个,而斯金纳实验中动物的反应有多个;④ 巴甫洛夫实验中的强化与中性刺激相结合,斯金纳实验中的强化与适当反应相结合,这种强化叫作跟随性强化。跟随性强化指强化发生在反应之后,由反应决定能否得到强化。受到强化的反应在以后实验中发生的概率会提高,没有受到强化的反应在以后实验中发生的概率会降低。马戏团训练动物采用的就是这样的强化。就像斯金纳所说:"如果一个操作发生后,接着给予一个强化刺激,那么其强度就增加。"

综上所述,刺激—反应学说其实不能算认知学习理论,因为这一学说否定和绕开"认知"过程,只看刺激与反应的关系。这一学说没有认知的位置,也就没有我们通常理解的学习的位置。用桑代克的话说,即意识概念是一个"累赘"。尽管一些认知取向的行为主义心理学家关注甚至强调内部因素对于学习的作用,但他们采用的仍然是行为主义的研究范式,而真正将学习和认知联系在一起的是认知学派。

第二节　认知学派

一、认知学派概述

刺激—反应学说认为刺激决定反应,有什么刺激就会有什么反应,强化可以促进刺激—反应联结的形成和巩固。但事实上不同的人面对同一种刺激会做出不同的反应,哪怕同一种刺激加上同一种强化也不一定产生相同的反应。显然,反应的差异不是由刺激而是由不同的人内在的差异造成的,后者包括已有的知识经验、动机、态度、认知方式、智力等,这些统称为机体变量或中介变量。同一种刺激经过中介变量的折射造成了反应的不同。在这些变量中最为心理学家注重的是认知变量,即知识经验或认知结构。

欧美自古希腊开始就有着认知主义传统,一直将"知"的问题作为哲学研究的最高目标。在哲学领域有关"知"的思想分为经验主义和理性主义,前者强调经由感觉获得的经验对于人的认识来说是必不可少的,而后者认为感觉是不可靠的,只有理性才能接近真理。20世纪二三十年代皮亚杰在认知的基本理论与儿童认知发展方面进行了一系列开创性研究,对这一领域做出了重大贡献。20世纪三、四十年代兴起的信息科学、认知科学为心理学研究带来了新的思路和技术支持。无论心理学还是其他学科都证明对学习的研究不可能绕过大脑内部的因素,特别是认知因素。

认知学派秉持传统的哲学思维,将学习视为个体主动加工外部信息、形成和改变自己的认知结构的过程。认知学派在理论上有两个倾向:一是将"知"看作人的其他心理活动的基础,心理活动中出现的问题都是"知"的问题。如学习动机要解决目标、自我概念、归因的问题,情感的产生与认识有关,技能需要程序性知识的支撑;二是重视知识学习中已有知识经验的作用,甚至将其视为知识学习和知识教学成败的决定因素。

二、早期认知学派

(一) 格式塔学派

格式塔学派出自德国,其代表人物有魏特海默(M. Wertheimer, 1880—1943)、考夫卡(K. Kaffka, 1886—1941)、苛勒(W. Kohler, 1887—1967)、勒温(K. Lewin, 1990—1947)等。所谓格式塔(Gestalt),是德语中"整体"、"完形"的

意思,因此格式塔学派又叫作完形学派。该学派的研究从知觉开始,通过一系列实验,提出了著名的知觉理论。现今普通心理学中有关知觉的原理,如选择性、整体性、理解性、恒常性等,基本上继承了格式塔学派的理论。

1. 知觉理论

所谓知觉就是将环境中的"物"①识别出来,回答"这是什么"或"这像什么"的问题。格式塔学派的知觉理论中最基本的假设是:人是以头脑中的知觉经验(格式塔)去知觉事物的。人之所以能将"物"识别出来是因为人头脑中存有这类"物"的完整的"形"。人在觉察到对象某些特征后会将其与头脑中已有的"形"加以比对,如果相符则形成知觉;如果没有相匹配的"形",人也会尽量地把这一"物"看作"像什么"。从人的本能上说,人不允许头脑中模棱两可的东西即"语义真空"(朱跃,语义论,2006)存在。事实上人所接触到的环境刺激往往是不确定的、模糊不清的或有残缺的,但人为什么能将某物视作此物而非彼物?关键在于人能够主动地将眼前的"物"归属于头脑中的某个"形",使其得到识别和解释。

格式塔学派的观点是针对构造主义(或元素主义)提出的。后者认为知觉的产生是建立在对"物"的具体特征即元素的一一分析之上的,如人脸是由鼻子、嘴巴、眼睛、眉毛构成的,如果上述这些"元素"都具备了,人就会产生"人脸"的知觉。但格式塔学派认为人识别"人脸"并不需要将人脸的所有元素都认出来,只要人能觉察到人脸的主要元素,就能判断为"人脸"。而且即使鼻子、嘴巴、眼睛、眉毛都齐全,人也不一定能识别为"人脸",这取决于这些器官的相对位置是否符合"人脸"的特征。换言之,格式塔学派认为知觉的产生不决定于元素的数量,而决定于元素的关系。格式塔学派的名言是:整体不等于部分之和。整体是关系,人头脑中储存的不仅是元素,还包括元素之间的关系。同时一个"物"被判定为"此物"而不是"彼物"还与其背景有关。相似或相同的东西在不同背景下会被看作不同的东西。

因此知觉不单纯是认出某样东西,知觉常常与记忆、想象、思维相伴随。因此在格式塔学派的词语中,知觉、认知、学习被视为一体,是同一种心理活动。

2. 顿悟说

顿悟说是苛勒于1913年至1917年期间在特内里费岛上进行黑猩猩实验研究后提出的,1917年苛勒出版了《人猿的智慧》一书。他设置了很多问题情境,观察黑猩猩如何解决问题。这些问题情境通常是呈现黑猩猩喜欢吃的香蕉,但黑猩猩不能直接得到香蕉,必须想出一种或几种办法才能得到(如图2-5所示)。

①　这里的"物"泛指所有客观存在,包括物体、人、动物、植物等。

图 2-5　苛勒的顿悟实验

　　在实验中苛勒发现黑猩猩并没有表现出像桑代克描述的那种反复尝试、乱打乱撞的行为,而是观察和静思,然后采取行动去解决问题(如图 2-6 所示)。苛勒把黑猩猩的这种表现称为"顿悟"(insight)。"悟"就是想出了办法,"顿悟"就是一下子想到了办法。在苛勒看来,所谓想出了办法就是对问题情境中各种事物间关系的理解,具体地说就是对目的与手段、可以看得到的手段与隐蔽的手段的洞察和知晓,苛勒将此叫作知觉重组。显然,这是一个学习的过程、一种在头脑中进行的领悟过程。这种领悟是在假设—验证之中获得的。从行为上看,黑猩猩似乎是突然得到了灵感而想出了办法,但这中间黑猩猩应该在头脑中想象过这种办法是否可行,这意味着黑猩猩具有一定的推理能力。由此看出,黑猩

图 2-6　顿悟学习的过程

猩表现出比猫更高的智力水平。当然,办法是否真的管用,还需要通过行动去验证。因此无论是表现在行动上的探索还是在头脑中的推理都有尝试的成分。从这个角度说,试误说和顿悟说其实是不矛盾的。这两种学说都说明,只有置身于问题之中,思维才能解锁。

"通常认为,顿悟学习有四个特征:① 从没有解决到解决的过渡是突然的、完全的;② 以由顿悟获得的解决办法为基础的表现通常是流畅的,没有错误;③ 由顿悟获得的对某一问题的解决办法能保持相当长的时间;④ 由顿悟所获得的原理很容易应用于其他问题"(Hergenhahn & Olson,2001)。

(二) 符号学习理论

符号学习理论(sign learning theory)由托尔曼提出。托尔曼(E. C. Tolman,1886—1959),立场和方法上的行为主义,课题和思想上的认知主义,被称为认知行为主义者(cognitive behaviorist)。

托尔曼赞同对心理的研究要从行为入手,但反对将行为归结为简单的 S-R 模式。他认为人类的任何行为都是一个整体,不可分为个别单元。行为具有三个特征:目的性、选择性和遵循最小努力原则。任何行为,从刺激到反应都经由一系列内部变量(O)的作用。他将内部变量分为三类(1951):需要系统(need system)、行为空间(behavior space)和信念价值动机(belief-value motivation)[①]。这些内部变量充满认知的色彩,如对需要和目的的认知和期待、对行为空间的认知、对达到目的的方式的坚信,等。因此他将 S-R 改为 S-O-R。

托尔曼的白鼠跑迷宫实验是他的理论的来源。该实验装置如图 2-7 所示。

根据这一实验,托尔曼认为:① 学习是有目的的行为;② 学习并非简单的刺激—反应的习得,而是在头脑中形成"认知地图"(cognitive map),这个"地图"包含了"目标"、"对象"和"手段"等认知成分。从本质上讲,学习就是学习"达到目的的符号"及其所代表的意义。这里的"符号"即认知地图,也就是说,白鼠在头脑中形成了对迷宫的表征[②],这个表征既包括迷宫本身的表象,还包括在迷宫里的跑动线路,更包

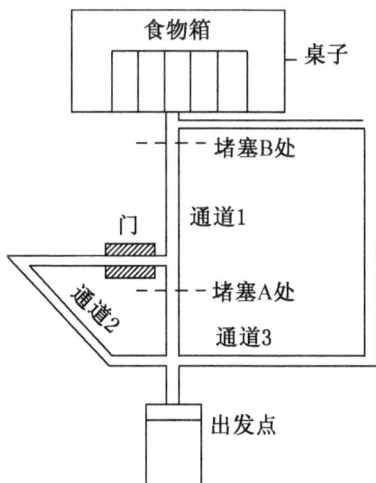

图 2-7 白鼠学习方位的迷宫图

---

① 叶浩生. 心理学史[M]. 上海:华东师范大学出版社,2009:166-167.
② "表征"的概念将在第三章详细介绍。

括这些路线对于达到目标的价值与效率评估。实验表明，白鼠在三个通道都开放的情况下会选择更简单、直接的路线。在托尔曼看来，无论表象还是路线都属于"符号"范畴，具有符号意义。

托尔曼等人（1930）还提出了"潜伏学习"的概念，我们在第一章已有所了解。

三、现当代认知学派

现当代认知学派的代表人物有 J. 皮亚杰、J. S. 布鲁纳、奥苏伯尔等。皮亚杰集中研究儿童认知发展阶段及其心理机制，布鲁纳着力研究学习者认知结构的特征和形成过程，以及教学与认知结构建构之间的关系，奥苏伯尔提出了有意义学习的概念并揭示了有意义学习的基本原理及对教学的要求。

由于皮亚杰儿童认知发展阶段理论在儿童发展、儿童发展心理学、发展心理学等课程中已有详细论述，而奥苏伯尔的学习理论将在第四章做介绍，这里只简述布鲁纳（Jerome S. Bruner）的认知发现学说。

布鲁纳认为，学习是认知结构的变化，这种变化不是被动产生，而是学生主动形成的。学生主动对信息进行选择、转换、存储和应用，而这种主动性是在原有认知结构的基础上产生的。

原有认知结构如何使学生产生认知的主动性？

第一，学生只有在意识到自己的认知结构存在缺陷或不足时才能产生认知的动力。古语说："学，然后知不足；教，然后知困。"当学生发现以自己现有的知识难以解释周围事物带给自己的困惑时，他们就会努力寻求知识以获得自己的认知结构与环境之间的平衡。自满的学生或一无所知的学生往往缺乏学习的动力。

第二，学生用自己已有的经验去理解环境和新知识。这种理解性一方面反映了一个人在其自己的世界中的主角身份以及其不可替代的认知主体性质，没有人能让别人代替自己学习；另一方面反映了人努力获得对这个世界意义的理解的倾向，而这种理解只能在自己的经验和能力所及范围之内。

那么学生认知结构的这个"结构"从哪里来？这个"结构"除了受人天生具有的思维形式制约之外，最重要的是通过所接受的学校教育。学校教育教给学生结构化、系统化的知识并对学生进行系统的认知训练。通过接受学校教育，学生形成了知识之间的联系，学会了以逻辑的方式建构知识，掌握了分析和解决问题的科学思路和方法。通过接受学校教育，学生将日常生活中获得的经验加以整理，使之变得清晰而有条理，同时澄清那些错误的、含糊的概念。通过接受学校教育，学生学会用科学的眼光看待各种自然现象和人文现象，从而提高了逻辑的抽象思维能力。学生思维的逻辑性和抽象性是在学校教学的点点滴滴过程中逐步发展起来的。接受与没有接受过正规的学校教育的人在思维上存在显著差别。

因此布鲁纳非常重视课程的设置和教材建设。他认为，教材编写必须突出学科的基本结构，也即学科的基本概念和基本原理，这些基本概念和基本原理能够反映事物之间的普遍联系，具有广泛和一般的解释力，这样对于学生认知结构的优化和实现知识的迁移大有裨益。

这种结构化思想贯穿教学与学习的全过程和全方位。学科知识的结构制约教学结构，而教学结构影响学生的认知结构。

虽然布鲁纳强调基础知识的学习，但他并不认为这种学习需要采用灌输式的方法，相反，他提倡发现学习。他认为学生通过发现学习所获得的对学科基本结构的理解具有保持长久、易于产生兴趣和自信、更有利于应用、更有利于提高智力水平的特征。有关发现学习我们将在第五章介绍。

第三节　建构主义学习理论

尽管持认知观点的心理学家强调人的内在特征、内在过程和人的主动性是学习的本质，但从哲学决定论的角度说，认知心理学仍"坚持表征论或摹写论，认为'符号'与'世界'是映像关系，即反映与被反映的关系"（李炳全、叶浩生，2005）。这一立场受到建构主义心理学的批判。

建构主义（constructivism）又称结构主义，是20世纪初产生的一个哲学流派。这一流派的思想影响面非常广，形成了政治建构主义、数学建构主义、语言结构主义、艺术建构主义等许多分支。同时建构主义内部由于立场、着眼点的不同又分为若干流派，这些流派的观点存在较大差异。

心理学中的建构主义与维果斯基、皮亚杰和布鲁纳等人的思想有着密不可分的联系。对于个体知识和人类知识的产生机制而言，他们都强调知识的建构性。何谓建构？我们可以将知识看作一座大厦，这座大厦的建设主体是人。人从大厦的设计到大厦的建设这全部过程中灌注了自己对"大厦"这一概念的理解，进而显示出人的意向性①。知识大厦的建设过程中人的精神始终在场，从未缺席。任何知识都是人精神活动的产物，任何知识的字里行间都有人的精神的

---

① "意向性"是哲学心理学的重要概念，在欧洲从中世纪宗教哲学家阿奎那到近代的布伦塔诺、胡塞尔一直到当代哲学家都将意向性视为人的心理的主要特征。

影子。从什么角度获得知识、获得的是什么样的知识都与人有关。

从心理学史的角度说，建构主义并不能算真正的心理学流派。鉴于此，加上建构主义理论的复杂性，我们只从知识观方面对其主要且有共性的观点做一介绍和解释。

一、知识观

知识观即关于知识的性质、起源、种类、范围、获得等问题的总的看法。知识观涉及以下问题：知识从其性质上说是对客观世界纯粹的"摹写"还是带有主观性的构造？一种认识成为知识之后是否被赋予了独立性和永恒性？

为方便理解，我们将客观主义知识观与建构主义知识观进行对比。

1. 客观主义知识观

客观主义知识观认为，世界独立于人的意志而存在，人对世界的认识不随个人的主观意志和时间推移而变化。一旦人的认识成为知识，它就是真理（truth）。知识具有独断性[①]，具有超越个人意识境界的纯粹性和不可怀疑性。既然知识就是真理，就存在判断一种观点对与错、是与非的衡量标准：凡符合已成"定论"的就是正确的，否则就是错误的。

2. 建构主义知识观

建构主义认为，知识首先以个体知识的形式存在，个体知识是个人主动建构的产物。由于每个人生命与生活空间的有限性、人认识世界的角度和需要、所依据的知识经验以及方法都不尽相同，因此每个人眼中的世界是不一样的，每个人对世界的认识存在局限性和相对性，每个人都不可能认识到一个完整的、本质的世界。

从哲学的角度说，世界呈现给人的只是现象而不是其本体，其本体隐匿于现象之中，不可感知，只能推论。对现象的认识不等于对本质的认识。显然，从有限的世界和经验出发形成的对世界整体与本质的推论只能是概率事件，而不是事实。因此建构主义坚持认为知识只不过是人对世界的假设，是人根据自己的能力和经验对这个世界所做的解释。

个体知识通过人们的交流、讨论和协商达成共识转化为人类知识（公共知识），进而传播给别人和传授给下一代。但是，经由协商产生的人类知识、大多数人认同的知识并不意味着就是真理。人只能无限接近真理，而不能达到真理的彼岸。人只能获得更合理的解释，而不是最正确的解释。人类发展的历史证明

[①] 独断性是康德时期及其之前的一种知识观点，认为知识独立于人的精神而存在。

了这一点：知识处在不断变化与变革之中。过去认为对的现在不一定对，过去认为不对的现在可能成为对的。

根据建构主义的基本观点，我们可以很概括地描述知识的产生和建构过程：首先知识的原创者在产生发现、发明和创造（即产生个体知识）的过程中不可避免地带有个人的主观色彩，这叫一级建构。个体知识拿到公众场合经由讨论、辨析、协商之后形成公共知识。公共知识一般都是可以拿来教给学生的知识。教师在学习公共知识和将这些知识教给学生的准备过程也是教师本人的知识建构过程，教师对这些公共知识有自己的选择和理解，这叫二级建构。教师将加入自己理解的知识传授给学生，学生对这些知识也会有自己的理解，从而有选择地建立和改变自己的认知结构，这叫三级建构。由此可以看出，从个体知识到公共知识再到教师个人的知识直到学生头脑中的知识经过了一系列的建构过程。学生最终获得的知识很可能与原创知识有很大不同。

二、两种知识观产生的缘由

任何思想和观念都有其产生的原因。客观主义知识观，特别是对教师课堂教授给学生的知识的认识与社会科技和资讯水平不发达有关。在这样的社会里，学生获得知识的途径比较单一，主要来自课本和教师。学生难以验证教师所传授的知识的真伪对错，也就难以具有批判性，其知识建构能力受到限制。教师对于学生来讲处于知识的垄断地位，成为"知识的权威"。在学生看来，老师课堂上讲授的知识就是真理，具有不容置疑的神圣性。客观主义知识观由此产生。

然而人类进入信息化和"知识爆炸"时代之后，知识更新越来越快，知识创新与突破已成为时代的潮流。在知识浪潮中各种知识发生冲撞，也发生着各种矛盾，这就使得人们对知识不再盲信，知识的神圣地位受到动摇。在这一时代，人们不仅渴求知识，而且必须学会选择和辨析知识，这成为一种能力。学生也是这样：现在的学生获得知识和信息的途径和手段越来越多样化，他们的知识来源已不局限于课堂和学校。学生不仅可以随时查验老师所教知识的真伪，而且在知识的总量上可能已超过老师。在这种情势下教师已不能充当"知识权威"的角色。

三、两种知识观对教学的影响

现代社会的教育多元化和教育民主化的浪潮冲击着传统的知识价值观、教育价值观及师生关系观，改革成为当今各个国家教育的迫切要求。2001 年我国开始新一轮的基础教育改革，其基本理念就深受建构主义知识观的影响。同样教师也有自己的知识观。教师的知识观影响教师对教育的种种看法和做法。

1. 对师生关系的影响

客观主义知识观下，教师扮演着"知识权威"的角色，教师说的就是"真理"，学生总是"无知者"。教学过程是知识由处在高位的教师一端向处在低位的学生一端单向流动，实现的是"真理"的转移，因而教师和学生天然地形成不对等关系，形成"教师中心"的教学。

建构主义知识观下，教师不能也不需要以"知识权威"的身份出现，师生双方是平等、合作的关系。教师和学生组成学习共同体，共同发现、探索和研究各种现象、获得知识。教师成为学生学习的引导者、帮助者，学生成为知识的发现者、解释者和建构者。

2. 对教学内容的影响

客观主义知识观下，教师讲授既定的课程知识，知识本身成为教学和学生学习的主要内容，形成"知识中心"的教学，进而导致"课本中心"和"课堂中心"。

建构主义知识观下，知识本身已不那么重要，重要的是学习获得知识的方法。在知识爆炸时代，每个人每天获得的信息和知识流量难以计数，如何选择这些信息和知识，以及如何判别其真伪，成为摆在每个人面前的重大任务。"问题"成为教学的中心。人在无数的信息与知识冲击下保持清醒的头脑，不至于"醉知"成为当务之急。

3. 对教学方法的影响

客观主义知识观下，因为学生处在知识流的下端，充当知识的"容器"和"蓄水池"，对他们来说最简便、经济的学习方式就是接受和记忆，他们无权也无法去质疑知识和独立思考，更谈不上创造知识。在此背景下，教师讲、学生听和练被视为教学常态和基本方法。

建构主义知识观下，以获得方法为主要目标、以问题为中心的教学显然不能够用讲听的传统教学方式进行，而应以学生的探究活动为主。这里的"探究"不仅指学生个体的探究，而且指小组的合作性探究，后者在现在的课堂教学中表现得较为普遍。"如何学习"这个问题涉及更多的个人因素，带有明显的个人特征，因此统一的集体教学难以达到目标。

4. 对学习评价的影响

客观主义知识观下，知识的明确性、问题答案的唯一性决定了评价方式的单一性和评分标准的统一性，形成了"考试中心"和"分数中心"的教学特征。因为知识具有不可怀疑性，使得学生的学习质量以输入—输出这一直线式方式即可考量。教师讲了多少，学生考出多少，这其中的差便是学生学习效果的证据。也因为教学的知识中心，学生的学习单从知识掌握量便可衡量。学生学习情况随着老师的"√"与"✕"而得以简化，一目了然。这种简单化的教学评价使教学变成大机器生产。

在建构主义知识观下，学生学习是一个极为复杂且极具个体化的生态，这就要求教师对学生采取多元化评价和成长性评价，而不能仅凭分数判断和评价学生的学习水平和学业成就。多元化评价强调评价的多角度、多层面。多角度即要求教师不仅从知识方面，而且要从学生的能力、学习风格、学习动机等方面进行评价，将学生看作一个完整的人。成长性评价则要求教师的评价具有诊断功能、动力功能和前瞻性，将评价视为学生成长的一部分，成为促进学生成长的营养物质。

本章小结

本章介绍了学习的三大理论流派。这些流派以自己的方式描述和揭示了学习的某些方面的现象和特征，展示了学习现象的广阔的视野，都提出了有益的教育导向。但理论流派由于其自身性质决定了任何理论本身都有其固有的缺陷，否则不能称作为理论流派。焦尔当认为"任何从一种内部视角出发——即从某个学科自身的视角出发——提出的模型都只描述了一个有限的方面，它们不可能为教育或文化提供一种具有足够操作性的整体模型"[①]。我们从理论中获得的不是理论本身，而是理性思维。理性思维能使人保持客观而冷静的态度，在教育工作中显得尤为可贵和重要。

思考与训练

一、思考题

1. 举例说明桑代克学习的三大定律。
2. 什么是条件反射的泛化、分化、层级现象？
3. 举例说明正强化、负强化、阳性惩罚与阴性惩罚。
4. 经典条件反射与操作条件反射有什么不同？
5. 举例说明经典条件反射与操作条件反射在实际学习中的表现。
6. 联结与行为学派和认知学派的观点区别在哪里？
7. 认知结构有哪些特点？
8. 你如何理解人的格式塔倾向？

---

① 安德烈·焦尔当.杭零,译.学习的本质[M].上海:华东师范大学出版社,2015:7.

9. 谈谈理论知识对人的认知发展的意义。

10. 谈谈你对建构主义知识观的理解。

11. 建构主义知识观对当代教学有哪些影响？

二、教育案例分析

以本章课例为例，试用刺激—反应学说、认知学派的观点和建构主义理论分别解释学生学会区别"买"和"卖"、"燥"与"躁"的原理。

延伸阅读

关于强化与惩罚

起先心理学家认为强化和惩罚都是外部给予行为者的一种诱导性刺激，目的是为了增强或减弱某种行为动力。

强化的目的是增加未来某一反应发生的概率，而惩罚的目的是降低未来某一反应发生的概率。由此可以看出无论强化还是惩罚其目的表现在反应发生的概率上。为什么是概率而不是必然？这反映了心理学家审慎的态度和思维方式，也就是说，强化或惩罚并不必然导致行为发生或不发生。我们只能说通过强化或惩罚行为者的反应可能增强也可能减弱，但不是一定增强或减弱，因为影响行为者反应的因素很多。我们只能从总的趋势上看强化或惩罚带来的反应变化，而后者从来不是直线式的。其次，正强化是给予一个满意刺激，负强化是撤销一个不满意刺激，而惩罚也分为两种：一是给予令动物不满意的刺激（有人叫作阳性惩罚），如斯金纳实验中的电击，人的现实生活中的批评、打骂、罚跪、罚站等，这是一种直接惩罚；二是撤销一个令动物满意的刺激（有人叫作阴性惩罚）。在人类生活中的做法就是不打不骂，但剥夺人正在享受的满意刺激，如剥夺食物和玩具、减少零花钱等。

随着对强化现象研究的进展，有人（班杜拉，1977）发现强化有直接强化和间接强化之分。他将强化分为直接强化、替代性强化和自我强化。直接强化就是直接作用于当事人的强化，自我强化就是自己对自己的强化，即一个人既是强化的施加者，又是强化的接受者。比如一个人做成了某件事，自己犒劳自己一顿美餐。

替代性强化是班杜拉首次使用的概念，这一概念是其观察学习理论的核心概念。观察学习即从观察中获得经验并表现出模仿行为，而模仿行为之所以能够发生就是因为观察对象的行为受到强化。强化施加于观察对象，观察者未受到直接强化，却也能产生强化效果，即看到别人受强化，自己也受到强化。班杜拉将观察者受到的强化称为替代性强化。"替代性强化"概念的提出深化了强化的内涵,扩大了对人类学习机制的理解。

人物介绍

布鲁纳(Jerome S. Bruner, 1915—2016)

1915年生于纽约,1937年获杜克大学学士学位,1938年转哈佛大学主修心理学,1941年获哲学博士学位,二次大战期间应征到埃森豪威尔总司令部担任心理福利事务工作。1945年返回哈佛大学。1952年任心理学教授。50年代积极参加美国教育改革的领导和指导工作。1960年协助建立哈佛大学认知研究中心并任主任。1965年当选APA主席。1972—1980年任英国牛津大学瓦茨实验心理学教授。1980年任纽约大学人文学科新学院院长。

布鲁纳于20世纪60年代在美国发起了一场他称之为"回到基础"的教育改革,这一改革充分体现了他的基本思想。这一改革的背景颇有意味:1957年苏联发射了人类第一颗人造地球卫星,这一事件引起全球震动,也促使美国人深感自己科技水平的落后和高科技人才的缺乏。通过检讨美国的基础教育,美国人发现美国中小学生基础知识极为薄弱,很多初中生连四则混合运算都不会。这与美国20世纪20至50年代由杜威倡导的实用主义教育哲学有非常大的关系。实用主义教育强调学生的学习必须与他们的生活相联系,鼓吹"生活教育"和"做中学"(learning by doing),认为学校即社会、教育即生活。这使得学生的认知结构变得支离破碎,导致知识经验化、经验生活化。表面上学生通过这样的教育形成了解决实际问题的能力,实际上削弱了学生抽象思维能力的发展,而抽象思维能力的低下导致学生难以解决高端科学问题,无法洞察事物的本质。布鲁纳领导的一个委员会向国会提交了一份关于美国教育的报告并提出了改革的思想,国会则授权布鲁纳领导美国的教育改革。所谓"回到基础"就是回到基本概念和基本原理的教学,强调基础知识的重要性。根据当时世界科技发展状况,提出"新三艺"的概念,即重视科学、数学和外语的学习。布鲁纳领导的改革轰轰烈烈一阵子之后搁浅,被认为是失败。布鲁纳晚年对自己的心理学思想和理论有过深刻反思,也做了很大修改。

主要著作:

思维之研究(*A Study of Think*)(1956,与人合作)

教育过程(*The Process of Education*)(1960)

论认识(*On Knowing*)(1964)

教学理论探讨(*Toward A Theory of Instruction*)(1966)

认知生长之研究(*Studies In Cognitive Growth*)(1966,与人合作)

教育的适合性(*The Relevance of Education*)(1971)

超越所给的信息(*Beyond the Information Given*)(1973)

儿童的谈话:学会使用语言(*Child's Talk：Learning to Use Language*)(1983)

心的探索(*In Search of Mind*)(1984)

第三章 知识与表征

> 我的言语高高飞起，我的思想滞留地下；没有思想的言语永远不会上升天界。
>
> ——莎士比亚

内容提要

学生学习的是知识，知识是人对这个世界的认识，而这些认识必须用一定的方式表示，这样才能保存、交流和传播。表示知识的方式叫作表征。知识分为陈述性知识和程序性知识，这两种知识都可以用动作表征、表象表征和符号表征。符号表征的知识又称语义性知识。心理学家认为语义性知识通常用命题、命题网络、图式、脚本等表征。

关 键 词

知识；陈述性知识；程序性知识；策略性知识；动作表征；表象表征；符号表征；命题；命题网络；图式；脚本

学习目标

1. 结合第二章有关知识观的内容加深对知识含义的理解。
2. 能用自己的话阐释认知结构的特征。
3. 能举例说明陈述性知识、程序性知识和策略性知识。
4. 能举例说明动作表征、表象表征和符号表征以及综合性表征。
5. 能通过阅读资料加深对知识表征意义的理解，形成有关知识表征的图式。
6. 能进行命题分析和建立图式。
7. 能区分命题、图式和脚本。

学习策略

本章内容较为简练,难度不大,较易理解,但对于有些概念须多加辨析。本章增加了若干技能训练,如命题分析、建立图式等,这些训练建立在对相应概念的理解基础上。

知识学习是学生学习的主要方面,也是其他学习的基础。当教师将大量知识教给学生的时候应清醒地把握知识的本质,思考自己教给学生的究竟是什么?学生学习之后得到的是什么? 学了之后有什么用? 这样才能使教学过程精制化,从而提高教学效率。同时通过这样的思考和工作能够提高教师的专业层次和水平。

[课例]

6、7 的加法和减法(节录)

师:小朋友,你们看,小白兔站在自己的菜地里多高兴呀! 你看到了什么呢?

生:我看到了 1 个白萝卜和 5 个红萝卜。

师:哦,你观察得可真仔细。看到这幅图,你能提出一个数学问题吗?

生:一共有几个萝卜呢?

师:要解答这个问题,你会列式吗?

生:1+5=6。

师:说说你是怎样想的?

生:1 个白萝卜和 5 个红萝卜合起来是 6 个萝卜。

师:哦,你是这样想的呀,真是个爱动脑筋的孩子!

生 1:1 和 5 组成 6。

生 2:5 个添上 1 个是 6 个。

师:你们可真会算。一个白萝卜和 5 个红萝卜,求一共有多少个萝卜,可以列成算式 1+5=6。那么,根据这幅图,我们还可以列出不同的算式吗?

生:5+1=6。

师:你又是怎样算的呢?

生:5 和 1 组成 6,5 个添上一个就是 6 了。

师:谁有和他不同的算法?

生:看到 1+5=6,想到 5+1=6。

师:这个算法又快又好,你真聪明! 求一共有多少个萝卜? 即可以用白萝卜的个数加上红萝卜的个数,也可以用红萝卜的个数加上白萝卜的个数,结果是一样的。

学生不仅要认识这个世界,而且要学会用各种方式去表示这个世界以及这个世界中各种事物之间的关系,以获得意义。本课例中小学生将题目中具体的数量关系用较抽象的数量概念表示出来,虽然这只是一节课中小小的一步,却是他们思维迈出的大大的一步。这一步的重要性无论如何都不应低估。本章所阐释的知识与知识表征的含义是我们打开知识理解大门的一把钥匙。

第一节　知识的含义与种类

一、知识的含义

(一) 认识论层面的含义

很多人都记得培根(F. Bacon)的名言:Knowledge is power。这句话曾经激励很多青年人奋发读书,改变文化沙漠的面貌。知识确实是人们渴求的一种神圣的东西。人对知识的渴求是与生俱来的,这种渴求超越种族和民族、性别、宗教信仰、年龄、地域的界限。知识是许多哲学家、思想家、文学家、科学家歌颂的对象,也是人们天天接触和运用的东西,但什么是知识? 哪些是知识、哪些不是知识? 这些问题可能一时半会儿说不清楚。

我们可以从认识论、方法论层面上谈论知识,也可以从心理学、教育学、文化学甚至人类学层面上谈论知识。

人类在认识论层面上对知识的探索已有千百年的历史,形成了不同的知识观。知识,用我们惯常的说法就是"客观事物的属性和内在联系在人脑中的主观反映"①。但这一界定带来的问题是,知识是不是都反映了客观事物的规律? 如果都是,这就意味着知识都是正确的。这无疑是客观主义的知识观,而这种知识观是建构主义明确反对的。

《墨经》明确提出:"知,接也","知,知也者,以其知过物而能貌之"。这些话

---

① 张大均.教育心理学[M].北京:人民教育出版社,1999:102.

所蕴含的认识论意义就是：人总是以已经知道的去认识尚未知道的。当尚未知道的被认识后不可避免地打上已经知道的那些知识的烙印。因此人对于世界的认识兼有主观与客观的两面性，就像一张纸都有其两面一样。从这个层次和角度讲，知识是人对世界各种现象及其内在联系的认识与解释。其中"认识"主要指对事物的了解，它偏重于对事物表现出的现象的描述和刻画，相对而言，它具有客观性；而"解释"则偏重于对现象背后的本质或原因的推论和理解，相对而言，它更具有主观性。

(二) 心理学层面的含义

认识论层面的知识界定并不能满足心理学研究的需要。知识的心理形式远不是用"反映"一词就能说明的，因此需要选择更具有心理学意义的解释。

我国学者比较认同的是以下的定义：知识是人与环境相互作用所获得的信息及其组织。我们借助这个定义阐释我们对知识的理解：

1. 知识是信息，但不是所有的信息都是知识

人每天都在感觉各种事物发出的信息。从客观上讲这些信息是杂乱无章的，但人可以凭借自己的理性和知识经验将这些信息组织成有序的整体，发现这些信息之间的内在关系。当这些发现能够填补人已有知识中的缺口，能够回答人意识到的或没有意识到的疑难问题，这种发现便成为知识，或具有了知识的意义。这意味着所谓"知识"，就个人而言，必须是具有主观功用的东西，也就是说，对个人有认知意义和价值的东西才具有知识的属性和特征。知识的功用体现在能帮助人回答问题、解释问题、解决问题、完成任务，这也意味着知识应该是充满"活性"的东西，仅仅是机械死板地储存在大脑某个部位的信息不能叫作"知识"。知识的"活性"不是填塞或灌注进人的大脑里去的，而是需要通过学生一系列的思维活动生成和存活的。可以说，知识的活性与人的活性相统一。因此说信息不会自然成为人的知识，知识是经过人加工过的信息。

在现实的教学中，我们可以认为老师教给学生知识，但是，这一知识摆在学生面前时，对学生来说未必能够叫作"知识"。这意味着，如果从一个较极端的方面说，教给学生的"知识"能否成为"知识"必须由学生认定。

2. 知识存在于人心理之外叫人类知识，存在于人心理之内叫个体知识

无论人类知识还是个体知识都是有组织的一个系统。人类知识是按一定的逻辑组织起来的，人类知识的组织性我们可以从各种著作、文章的条目或段落看到，但个体知识的组织性及其组织尚处在脑科学的探索阶段。从皮亚杰的"图式"到布鲁纳的"认知结构"，这些有关个体知识的术语都说明个体知识是一个系统。自布鲁纳的"认知结构"概念提出后，现在已经成为通用概念，用以说明人头

脑中的知识。不过上述概念都是假设性概念,因为个体知识存在于人的大脑中,不可观察,我们只能假设和推测其存在特征。

认知结构可以被想象为一种金字塔结构,它具有静态和动态两方面特征(见图3-1)。

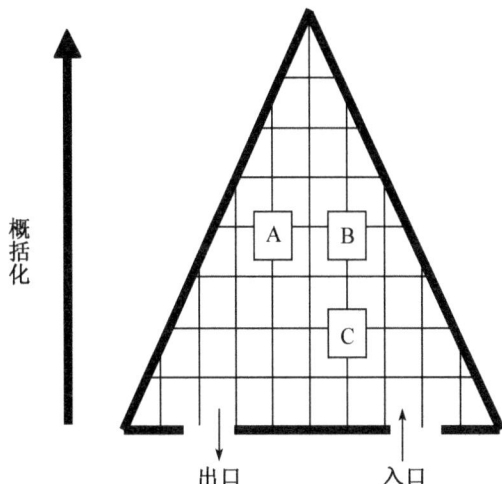

图 3-1　认知结构假设图

认知结构的静态特征指认知结构的层次性,即知识越往上层越抽象、越概括、越一般、越系统,知识越往下层越形象、越具体、越特殊、越零散。按照奥苏伯尔的观点,知识与知识之间的关系分为两种:上下位关系和并列结合关系。设两种知识为 B 和 C,B 相对于 C 来说更概括、更一般,B 包含 C,C 相对于 B 来说更具体、更特殊,C 被 B 包含,那么 B 对于 C 而言是上位知识,C 对于 B 而言是下位知识。两者构成了上下位关系。但知识上下位是相对的,如"哺乳动物"概念相对于"猫科动物"概念而言处在上位,但相对于"脊椎动物"这一概念又处在下位。并列结合关系指 A、B 两种知识在层级上是并列的,不存在谁包含谁的关系,如哺乳动物与爬行动物就是在知识的同一个层面上,但 A 与 B 两种知识可以进行类比或类推。

如果对并列结合关系做进一步分析,可以看到它又可以分为并列关系和结合关系。上面的那种可以进行类比或类推的关系就是并列关系,它们之间是整体与整体的关系。结合关系则是一个整体分为若干部分,即 A 知识由 a、b、c 和 d 四部分组成,那么 A 与 a、b、c、d 就是结合关系。结合关系不等于上下位关系,后者为类属关系,前者为部分与整体关系。

认知结构的动态特征指人具有将信息概括化的倾向。例如在和一个人接触之后总是会不自觉地形成一个概括的认识,如这个人比较好打扮、乐于助人、热情等。去过一座城市后总是会对这座城市有一个一般的印象,如比较干净、生活节奏慢等。看过一部电影后,在我们头脑中留下的是这部电影的大概情节以及几个比较有震撼力的具体场景,很多细节都会遗忘。

这种概括化倾向具有积极的进化意义。

试思考:为什么我们乘公交车,上车后司机总是要求我们往车厢后面走?为什么我们买了糖或盐,将它们倒满罐子里后要摇一摇?

正如我们在讲静态特征时所了解的,认知结构中一般的知识处在上位、具体的知识处在下位,而我们从外界获得的原始信息都是具体信息。这些具体信息需要立刻得到加工,变成一般信息,然后移至上位,这样才能将下位的空间腾出来,以获取新的信息,否则信息的入口就被堵塞,信息加工就无法继续进行(参见图3-1)。这就像使罐子里面的糖或盐结构更紧密,好多放一点进去。

3. 知识是主客观相互作用的产物

这意味着知识既不是纯客观的东西,也不是纯主观的东西。仅有存在于人的感官之外的信息或仅有寻求信息的主观愿望都不能使人获得知识。只有当信息与人的心理在活动中相结合才能产生知识。知识是通过学生一系列的思维活动生成的。

二、知识的种类

对于知识我们首先应该区分外在知识和内在知识。外在知识指相对于学习者而言的知识,即学习者要学习的知识。内在知识指学习者已经有的知识,即存在于学习者头脑中的知识。外在知识是学习者学习的对象,但它们也来自于人们的学习过程,是人们学习的结果。内在知识来源比较复杂,既有来自他人的、书本的知识,也有学习者自己探索获得的。

(一) 个体知识和人类知识

知识按其存在位置分为个体知识和人类知识。

1. 个体知识

个体知识(individual knowledge)存在于个体头脑之中。每个人都拥有属于自己的个体知识,这是个体在个人生活经历中获得的,是个人原创的知识。人类知识从其起源说都是个体知识。由于个体经历的有限性,这种知识没有经过他人验证,也没有被大众传播。

2. 人类知识

当个体知识被他人接受并通过社会认可的载体和媒体保存与传播,就产生了人类知识（human knowledge）。人类知识又称为公共知识（common knowledge），它是人类文化的集中体现，是人类实现横向传播和纵向传递的核心材料。萧伯纳说过："你有一只苹果，我有一只苹果，我俩交换之后每人还是一只苹果；你有一种思想，我有一种思想，我俩交换之后每人就有了两种思想。"人类知识是个体交流之后的产物，具有强大的衍生性。当然，人类知识在被传播和传递过程中总要经过一定的价值甄别和选择，这说明人类知识受政治及其他因素的影响和控制。

（二）经验性知识和理论性知识

知识按其抽象程度分为经验性知识和理论性知识。

1．经验性知识

经验性知识（empirical knowledge）产生于具体问题和情境，往往是人们通过独自探索的方式获得的。这种知识对个体来说比较鲜活生动，但较零散，不易形成逻辑上的联系，其通用性比较狭窄。

2．理论性知识

理论性知识（theoretical knowledge）是对经验的概括或由其他的理论知识推演而来。理论性知识具有抽象性和系统性，反映了事物的普遍联系，有较广的应用范围。但理论性知识缺少了像经验性知识那样的鲜活生动，学习起来较为枯燥乏味，也有一定难度。

（三）陈述性知识、程序性知识和策略性知识

知识按其作用分为陈述性知识、程序性知识和策略性知识。

1．陈述性知识

陈述性知识（declarative knowledge）又叫描述性知识或事实性知识，指对事物的命名、外形、性质、结构、特点、用途、与其他事物间的关系等的介绍、解释与判断。主要用来回答关于"什么"、"为什么"和"怎么样"的问题，带有实然性。这类知识相当于加涅所说的言语信息。

2．程序性知识

程序性知识（procedural knowledge）又叫操作性知识，指行动的知识，即有关做法的知识，包括指导人与自然打交道、与人打交道以及与自己打交道。主要用来回答"怎么做"的问题，带有应然性。

3．策略性知识

程序性知识有广义与狭义之分，我们上面所说的为广义的程序性知识，而狭义的程序性知识指与外界打交道的知识，即与自然、与人打交道的知识，这类知识相当于加涅所说的智慧技能。而与自己打交道的知识则叫作策略性知识（strategic knowledge），指专门用于控制和调节人的心理活动，特别是学习过程中的心理活动的知识，如如何提高自己的学习能力、如何控制自己的注意力和情绪、如何制订学习计划和检查计划落实情况、如何改善自己的记忆等。这类知识相当于加涅所说的认知策略。

这种知识分类是目前认可程度较高、应用较广的分类，本教材后面的内容将按这种分类展开。不过这仅仅是理论上的分类，在实际学习中很难将这几种知识分离。关于这几种知识的关系参见本章延伸阅读。

第二节 表 征

一、表征的含义与意义

（一）表征的含义

表征最早属于哲学问题，这是一个关于人对于事物的认识何以在头脑中存在的问题。但"表征"这个词却是从计算机科学而来，原指信息在计算机（也包括类似密码机之类机器）中的表示方式。认知心理学中"表征"指知识在头脑中的记载和表示方式，但也可以泛指一切信息（包括知识）在头脑及头脑以外的存在方式。

某一信息能否判定为有意义的信息，因人而异。同样一种信息，有的人判定为有意义，有的人不判定其有意义，有的人还会误判其意义，这随人的主观特性和状态而定。信息进入大脑后需要将这种主观状态以一定的形式固定下来以进行加工，这就是表征。就哲学的层面而言，如果说知识是人对事物的反映内容，表征则是反映的形式。知识指反映的是什么，而表征则指如何反映、用什么反映。

知识是人对事物的认识，这种认识属于观念的范畴，是将客观的外在事物观念化。但观念本身是流动的，不可能一直停留在人的心理过程之中，这就需要将观念以某种方式在头脑中加以记载和保存，这是知识的表征。

很多时候我们需要将头脑里的知识或观念转移出来，要么用于交流，要么用其他载体或媒体进行储存，这就需要将这些知识或观念用一定方式表示出来。比如给别人指路，就要将自己知道的路线的知识变成语言或文字，也可以转变为图画，这里的语言文字或图画都是头脑里知识的外在表征。

表征既是知识的存在方式，也是使知识存在的心理过程。这意味着表征既是一种静态的状态，也是一种动态的活动。通过表征活动知识得以表征，这与认知结构的两个特征颇为相似。

（二）表征的意义

"表征意味着用语言向他人就这个世界说出某种有意义的话来，或有意义地表述这个世界"①。认知科学提出"人们是通过在心理表征之上运行心理程序（mental procedure）而产生思维和行动"②，"对思维最恰当的理解是将其视为心智中的表征结构以及在这些结构上进行操作的计算程序"③。

人对事物的认识首先要以一定的表征方式存在。我们看见一座山，不可能把这座山搬进我们的大脑，我们对这座山的认识是这座山留在我们大脑的影像，或我们用语言对这座山的描述。影像或语言描述就是我们在大脑中存在的有关这座山的"心理对应物"（mental counterpart）④。"心理对应物"保证这种认识能够在头脑中保存下来并成为人的认知结构中的一部分。有时我们头脑中闪现某种想法或念头，但如果没有及时记录下来，则稍纵即逝，留给我们遗憾。由此可见及时地将某种想法用一定方式保存是很重要的。

表征的过程也是我们将思维清晰化、条理化的过程。通过表征头脑中那些比较凌乱的意念、意象、想象、情绪、想法等会变得较为理性。表征是使大脑冷静下来的过程。俄国作家车尔尼雪夫斯基说过：表达含糊不清，说明思想混乱不堪。法国作家沃夫纳格也说过类似的话：一个想法含糊、仅用简单的方式表达不清楚，那就说明这个想法应该抛弃。由此看出，表征活动能使跳跃的思想变得沉静而明确，能使人更加清楚自己想的到底是什么，从而提高思维的意识性和效率。

我们经常说某些人说话不动脑子，实际上是说他们的话说得不合适，没有将他们的意思或意愿以有利于沟通和交流的方式表达出来。这说明他们说话没有经过审慎的表征过程。因此学会恰当地表征是人际交往的重要技巧。

二、表征的种类

（一）向内的表征与向外的表征

向内的表征指将客观存在的事物在头脑中用一定方式表示出来。这些方式

---

① ［英］斯图尔特·霍尔，编.表征——文化表象与意指实践［M］.北京：商务印书馆，2003：16.
② ［加］P.萨伽德.朱菁，译.认知科学导论［M］.合肥：中国科学技术大学出版社，1999：3.
③ ［加］P.萨伽德.朱菁，译.认知科学导论［M］.合肥：中国科学技术大学出版社，1999：8.
④ 罗姆·哈瑞.魏屹东，译.认知科学哲学导论［M］.上海科技教育出版社，2006：81.

可以是表象、线性排列、语言甚至是情绪体验。例如阅读小说的过程一直伴随着读者对小说内容的表征：读者一边在头脑中浮现出小说所描述的情节的画面，一边由情节的变化产生出各种情绪和生理反应，读者还可能在头脑中为故事配乐或在内心为之舞蹈。这些画面、情绪、音乐和舞蹈就是读者对小说内容的表征。

向外的表征指将头脑中的知识、意义、思想或情感用一定方式表示出来。还是以阅读小说为例：读者读了小说之后将自己的想法写出来，将小说的文字内容画成连环画或编成剧本、音乐剧或舞剧，导演将文字转化为音乐或动作，由演员表演出来，这些都是向外的表征。

向内的表征和向外的表征是相互贯通的，形成了人与外界的信息环流。认知科学哲学家 Mark Rowlands 曾说："认知过程是个混血儿，兼具内部和外部操作两种特性。"

(二) 动作表征、表象表征和符号表征

布鲁纳将表征分为动作表征、表象表征和符号表征。

1. 动作表征

动作表征（enactive representation）即用动作表示某种信息或知识及其意义。动作表征表示的可以是陈述性知识，也可以是程序性知识。交警指挥交通的手势、乐队指挥的手势、海军的旗语、聋哑人使用的手语、哑剧、舞蹈、人说话时打的手势、肢体语言等都是动作表征。动作表征是人类最古老的表征方式，但这种表征的表现力和表达力有限，很多较抽象的事物难以用这种方式表征。比如手语是我们常见的一种交流方式，但它在意义准确性和通达性上有很多不足。

教学中经常能够看到动作表征。如一位老师教"颠簸"一词。她让一个学生坐在椅子上，她坐在他身后，抓住靠背左晃右晃，然后告诉学生：这就叫颠簸！这就是用动作来表示一个词的意义。数学课上老师叫学生上来表示什么叫相向而行，语文课上老师叫学生上台把课文内容表演出来，科学课上老师讲了实验步骤和要求后学生动手做实验，美术课上学生按照老师教的国画画法作画，等等，这都属于动作表征。

2. 表象表征

表象表征（iconic representation）也叫形象表征或映像表征，即用形象化方式或形象材料进行表征。表象表征可分为视觉性的表象表征和听觉性的表象表征。前者用于表征的材料是可视性材料，如图画、模型、雕塑、照片、沙盘、地图、统计图、三维图、平面图、坐标图、剪纸、刺绣、盆景、根雕、手工作品、动作分解图、线段图、电路图、分子模型等。后者用于表征的材料是可听性材料，如乐

曲、歌曲、口技、拟音等。很多家用电器的说明书都配有的示意图是表象表征的范例。

表象表征介于动作表征和符号表征之间，一般是对现实事物的形象模拟，给人以直观印象，利于表达用动作或语言文字难以表达的意义，利于理解和记忆。艺术形式通常属于表象表征。就像英国小说家乔·爱略特所赞美的："这些宝石之中蕴藏着生命：它们的色彩能够说出语言难以表达的意思。"

教学中教师为了使学生理解，很多情况下都会用到表象表征。如数学教学中做线段图，中国传统的计算工具——算盘，中学生学习的解析几何就是用几何的方式表示数量关系，语文课文中的插图，教师朗读课文时的配乐，等等。在数量概念表征上常用的、也是学者研究较深入的是"心理数字线"（mental number line），小学生很多数量运算，特别是心算都是以这一空间表征的形式进行的。

3. 符号表征

符号表征（symbolic representation）即用语言文字等符号进行表征。人类绝大多数知识，特别是学生学习的书本知识以这种方式表征。人类发明了各种符号并形成各种较为完善的符号体系用以记录自己对自然、对社会、对自身的观察、体会和思考。符号超越了具体事物和形象的具象性而具有抽象性。"人创建符号世界指代现实世界，通过符号与世界相互作用"（李炳全，2006）。

表象表征是对其表征事物的模拟，不是本体但肖似本体，而符号与其所指代的事物之间的联系是被指定的，如用"∵"表示"因为"，用"∴"表示"所以"，用"apple"表示苹果，等等。这种联系本身就需要学习（奥苏伯尔的代表性学习就是这种学习），通过学习学生建立起符号表征系统并用来表征事物。

以上三种表征方式都可以用于表征陈述性知识和程序性知识。表 3-1 中列举了用这三种方式表征的陈述性知识和程序性知识。

表 3-1　陈述性知识与程序性知识的三种表征

	动作表征	表象表征	符号表征
陈述性知识	伸出食指表示"1"	人物肖像表示一个人的样子	讲故事
程序性知识	电视里厨师教如何做菜	拼装玩具说明书中的图解	关于制作 PPT 的文字说明

在实际的学习和生活中这三种表征方式常常综合起来运用。比如人们边说话边做手势和表情，边唱边跳，看了电影后把头脑中记住的情节用语言告诉别人，老师一边画图一边讲解，学生表演课本剧，教学课件通常集文字、图片和音乐为一体形成多种表征方式，等等。事实上不存在单一的知识表征形式。

第三节　语义性知识的表征

语义性知识指用符号表征的知识。语义性知识的表征问题是认知心理学家研究得比较深入而广泛的课题。心理学认为人头脑中的陈述性知识以命题、命题网络、图式和脚本等形式表征，程序性知识以产生式和产生式系统的形式表征。我们这里仅介绍陈述性语义性知识的表征，程序性语义性知识的表征将在"认知技能"一章中介绍。

一、命题与命题网络

(一) 命题

1. 命题的含义

语义性知识包括语和义。"语"即知识的外在形式，"义"即知识的内在含义。认知心理学认为，人头脑中的语义性知识不是以"语"的形式而是以"义"的形式存在，也就是说，人记住的不是知识的"原字原话"而是其意思。

意义的基本单位叫命题，换言之，命题就是表示意义的基本单位。如当我们听到天气预报说"今夜有大到暴雨"时，我们头脑中可能浮现大雨与暴雨的画面，这个画面与这句话本身的意义是基本等值的。这意味着我们理解了这句话的意思。如果别人问我们今天天气如何时，我们可能首先说："夜里有雨"，再补充道："大到暴雨。"这说明我们对这则天气预报是理解的。这种理解体现在我们能将这则预报所包含的意思分解出来并用自己的方式表达出来。这些分解出来的一个个意思（"夜里有雨"，"雨量大到暴雨"）就是一个个命题。因此命题是意义的最小单位，即只表达一个意思，不可再分。

2. 命题分析

命题分析即将一个语句所包含的命题分解出来。命题分析一般出现在不太熟悉的语言语句和知识中。例如学生阅读英文中的长句（复杂句），往往需要将句子中各个成分（词组、短语或从句）进行分解，先了解各成分的意思，再将这些意思联合起来形成完整的意义。

用以表示分解出来的命题（命题用 p 表示）的方式有两种：语句形式和图示。

［例］　碧蓝碧蓝的夜空挂着一轮明月。

学生如果要理解这句话需要做命题分析。该句包含下面几层意思：P_1 天空是夜晚的天空;P₂ 天空是碧蓝碧蓝的;P₃ 天空挂着一轮月亮;P₄ 月亮是明亮的。

命题分析的图示如图 3-2:

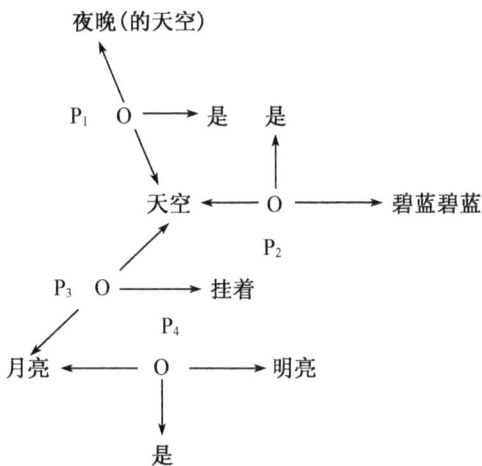

图 3-2　命题分析

命题分析是学生运用已有的语法知识、相关的语义性知识和感性经验分析出语句所包含的意义的过程。通过命题分析可以提高学生的语言理解能力(文本解读能力),更好地将新学知识融入已有认知结构之中。

● 一家之言

关于小学语文教学的"以读代讲"方式的看法

20 多年前小学语文教学开始流行"以读代讲"的方式,即提倡学生的读,反复地读。这种做法旨在使学生在"读"中体会、在"读"中"悟"。这种方式有两个背景:一是当时很多教师在分析课文时喜欢细抠词句,用有的人的说法就是"嚼烂了喂给学生",导致课堂节奏缓慢,效率较低,而且学生缺少对课文整体的把握,独立阅读能力较差;二是我国古代"书读百遍其义自见"的理念。目前的情况是:语文教学中很难看到教师带领学生分析课文,遇到难点时教师就叫学生读一读,有时一堂课学生要读七八遍,甚至过 10 遍以上。

我们认为,过去那种分析过细的教法确实存在问题,但现在这种不分课文内容、不分年级、不分目的的每课必读、每段必读、每字必读的方式也不可取。诗歌、散文类言情状物的课文可以多读,科普、应用文之类的课文就不适合读,而且该分析的还是要分析。从实际教学看,有很多教师停留于单纯的读,缺少关于如何读的指导,对学生读得好或读得不好的地方也缺少专业性评价,放弃了对朗读意境的营造和追求,这使得"读"流于形式。"读"真的能带动或产生"悟"吗？学生读的过程中能有多余的心理资源去悟吗？什么样的读才能产生"悟"？读和不读到底差别在哪里？这些问题似乎没有进行深入的研究。其实学生在朗读过程中很难进行思考,即使学生能够在读的过程中展开想象并以此调动出感情,但无论思考、想象还是情感都是在学生具有一定的感性经验的基础上产生的。缺乏感性经验的"读"是悟不出东西的。所以教师还是应该在语文阅读教学中有重点地进行分析,即过去常说的"精讲"。我们这里提出命题分析技术正是从这方面考虑。

3. 命题的种类与结构

命题一般由论题和关系词构成。论题指命题所揭示的意义的主体,回答"谁的意义"的问题。关系词指主体的意义,回答"什么意义"的问题。

命题分为单论题命题和多论题命题。单论题命题只包含一个论题,这种命题揭示的是主体本身的外形、性质、特点或状态。命题意义的真假还决定于一定的条件。如"珠穆朗玛峰海拔 8 848 米"就是一个单论题命题,这个命题揭示了珠穆朗玛峰的高度特征,而这个高度是从海拔角度说的,"海拔"是该命题成立的条件。再如,水是透明的,这里的"水"指的是纯水而不是别的水,这就是条件。

多论题命题包含两个以上论题,这种命题揭示的是两个或两个以上主体间的关系。同单论题命题一样,多论题命题的真假也决定于一定的条件。如,在标准大气压下,水的温度达到 100 ℃时转变为气体。这里揭示了液体与气体的关系,即水能转化为气,同时说明这种关系的成立是相对于标准大气压而言,而且液体必须达到 100 ℃。

(二) 命题网络

语义性知识的一个语句往往包含若干命题,而且语句之间存在逻辑联系,这种逻辑联系实际上是命题间的联系,也即意义的联系,这种联系就构成了命题网络(如图 3-3 所示)。实际上,当我们进行命题分析时就已经在建立命题网络,这个网络反映了这个语句复杂的命题关系。

命题网络提供了人们理解语

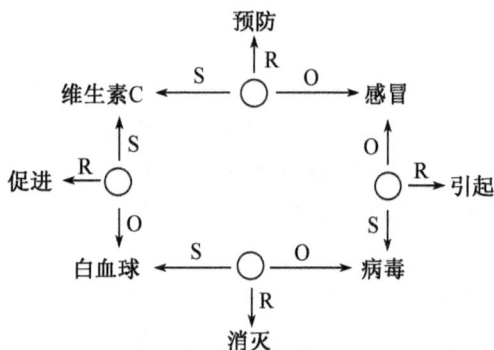

图 3-3 命题网络

注:图中 S 表示命题中的主体,O 表示命题中的客体,R 表示主体与客体间关系

义的语言环境,而一个词、一个命题只有在这样的语境中才能获得意义。就像弗雷格(1884)所说:"决不孤立地询问一个词的意义,而只在一个命题的语境中询问词的意义。"命题网络的存在为我们对认知结构的理解提供了工具。

二、图式与脚本

1. 图式

命题与命题网络表征的是小型知识,而对于大型的集合性知识(aggregative knowledge)或综合性知识(comprehensive knowledge)通常以图式(schema)进行表征。不过在心理学中图式是一个含义非常广泛的术语,不同心理学家赋予了不同的意义。

最早提出图式概念的是德国哲学家康德(Kant,1781),他将图式界定为一种概念的感性结构方式和原则。皮亚杰(J. Piaget,1952)认为图式就是具有整体性的、具有自我调节功能的、由若干转换规则组成的系统。当代认知心理学家将图式看作人在特定领域中存在的有组织的记忆结构。

本教材所说的图式与上述及其他心理学家的界定有很大不同,它是指在一定任务情境下主体所能意识到的所有知识。这一界定基于以下假设:

第一,人头脑中的知识一般处在意识阈限以下,只有在一定话题、问题或任务刺激之下才能被激活,即被意识到。

第二,人头脑中的知识联结不是固定的,而是随当前任务或问题而变化。

第三,被激活的知识在任务或话语或问题情境中围绕话题、问题或任务而逐步展开,渐次形成一个有联系的系统。这意味着图式会随着任务或问题的延伸而扩大,这有点像池塘里的波纹。人头脑中知识的这些联系可能是暂时性联系,当任务完成、问题解决之后这些知识又回到原来的位置;但图式也可能因其在完成或解决此类任务或问题中功效显著而被人有意识地加工为固定联系,这些知识就获得了新的"落脚点",以后在解决同样或相似问题时会较快地被提取。

日常生活中人所遇到的问题往往具有综合性,人们在解决这些问题时需要动用各方面的知识。当人将各方面知识聚集并指向于某一问题(主题)时便形成了图式。譬如解决问题 A 需要 a、b、c、d、e 几种知识,解决问题 B 需要 a、b、c、f、g 几种知识。那么围绕问题 A 的知识就构成了图式 A,围绕问题 B 的知识就构成了图式 B(如图 3 - 4 所示)。

$$问题A\begin{cases}a & ① \\ b & ② \\ c & ③ \\ d & ④ \\ e & ⑤\end{cases} \qquad\qquad 问题B\begin{cases}a & ① \\ b & ② \\ c & ③ \\ f & ④ \\ g & ⑤\end{cases}$$

图式A   图式B

图3-4　图式的形成

图3-4中的数字表示人头脑中的知识被提取的次序,以表明知识被逐步提取。住集体宿舍的人都会想起晚上的"卧谈会"。在聊一话题时参与者都会尽其所能将能想起来的知识都应用到谈话中,而且随着聊天的进程,在其他情境下想不起来的事或人往往都能慢慢地逐步地想起来。这就反映了情境与任务对图式激发和形成的作用。

因此可以说图式是在一定任务情境下关于某一主题的所有能提取或显现于意识层面的知识。

图式一般由主题、槽及其值构成。主题(theme)即图式围绕其组织起来的那个中心,槽(slots)又称属性(attributes)或特征,即关于主题知识的各个维度或方面,值(values)指某一槽中的具体内容变量。

例如,如果要求你谈谈有关小学教师的话题,你可能会形成下面的图式:

主题:小学教师

槽	值
性质	职业
工作对象	小学生
入职条件	获得"小学教师资格证书",接受过专科以上教师教育,无传染疾病和严重身体缺陷
工作年限	20~60(男),20~55(女)
素质要求	……
小学教师发展的历史	……

……

应特别注意:图式是针对陈述性知识的表征,表示的是事物的形象、构造、性质、特点等,不能将其与程序性知识相混淆。

2. 脚本

脚本(scripts)是图式的一种,又叫事件图式,指对有一定活动性或情节性的事件的表征方式。如讲故事、写传记、新闻报道中的事件报道、导游介绍旅游行程，等等。图式表征的是静态的知识组，往往针对物、人或现象，具有描述性质，而脚本表征的是动态的知识组，针对的是事，具有叙述性质。脚本以时间为参照系，强调时间节点和顺序。当然作为表征的脚本和实际上叙述出来的顺序很可能不同。例如记叙文有顺叙、倒叙和插叙，这是写作方法，是艺术化的处理方式，但写作者头脑中仍需保持事件真实而符合逻辑的顺序。很多电影也是这样：情节看起来凌乱不堪，而观众需要在头脑中不断寻找各种事件之间的关系，这实际上就是在头脑中努力形成有关这部电影的脚本。

以上所介绍的命题、命题网络、图式和脚本都是指陈述性知识的表征。由于学习和生活中陈述性知识和程序性知识较难区分，因此对于这两种知识的表征容易产生混淆，这一点学习者应特别注意。

本章小结

知识与表征是认知学习的核心概念。知识对于学生来说是具有意义的信息，这些信息可以用多种方式表征。知识分为陈述性知识和程序性知识，这些知识可以用动作、表象和符号表征。用符号表征的知识称作语义性知识，它的表征方式有命题、命题网络、图式和脚本。

思考与训练

一、思考题

1. 认知结构的特点是什么？
2. 陈述性知识与程序性知识有什么不同？
3. 知识表征有哪些意义？
4. 分别举例说明用动作、表象和符号表征的陈述性知识和程序性知识。
5. 举例说明图式的概念。

二、实训题

1. 请对下面的语句进行命题分析：

① 一匹制成标本的马很有可能具有一种相对确切的意义。

② 科曼彻代表着那些为国捐躯者的荣耀以及国家对于印第安人的胜利的羞愧和愤怒。

③ 意义依赖于我们思想中形成的可以代表或表征世界，使我们能够指称我们头脑内部和外部两种事物的各个概念和形象的系统。

2. 请分别写出雕塑和文具的图式。

陈述性知识与程序性知识的比较

学习中学生经常混淆这两种知识,事实上陈述性知识和程序性知识确有难以分离的特性。例如心理学书中常用"去饭店"作为脚本例子:进入饭店、坐在桌子旁、看菜单、叫服务员点餐等。这种知识既可以看作一个事实(实然的陈述性知识),也可以看作一个行为(应然的程序性知识),关键看其所起的作用。陈述性知识一般用于讲述,程序性知识一般用于指导行为。还是以"去饭店"为例:如果一个人告诉别人自己昨晚去饭店的经历,那就是陈述性知识;如果一个人告诉别人如何去那家饭店以及预订的包间,那就是程序性知识。

陈述性知识中叙述者往往可以多种视角:叙述者既可以是话语的主体,也可以是话语的客体,他还可以跳出语境之外;而程序性知识中视角往往比较固定,说谁应该怎么样怎么样,这个"谁"是比较固定的,整个知识的逻辑线路比较清楚而单一。

陈述性知识和程序性知识在实际应用中是镶套关系:一方面,陈述性知识隐含着程序性知识,比如听了某人的经商经历之后人们获得了启发,"经历"属于陈述性知识,即这个人是怎么样经商的,而"启发"属于程序性知识,即听的人产生了"我应该怎么样"的想法。另一方面,程序性知识内含陈述性知识,没有陈述性知识的填充,程序性知识也就没有存在意义。这就像输送油气的管道:管道相当于程序性知识,油气的走向、输送量全由管道和阀门控制,但管道里如果没有油气,那么管道也就失去了存在的必要性。在本章课例中同样可以看到这种知识间的镶套关系:

师:看到这幅图,你能提出一个数学问题吗?

(提出数学问题既需要陈述性知识,也需要程序性知识。从陈述性知识说,学生要知道数学中加法的式子结构包括两个以上加数求和;从程序性知识说,学生要能找出图中告诉我们几个加数,由这几个加数能推理出几种关系,如多几个、少几个、共有几个,等等。)

生:一共有几个萝卜呢?

师:要解答这个问题,你会列式吗?

生:$1+5=6$。

(显然,列式需要程序性知识,即先写什么、再写什么,要用什么运算符号等。)

师:说说你是怎样想的?

生:1 个白萝卜和 5 个红萝卜合起来是 6 个萝卜。

（学生的回答既可以看作陈述性知识,又可以看作程序性知识。之所以看作陈述性知识,是因为这个结果是可以通过知觉直接观察到的,不需要经过演算。当然对一年级学生来说,还是有可能经过演算过程的,这样这个结果的得出就是运用了程序性知识。)

由此可以看出,陈述性知识和程序性知识只是相对而言的,在实际应用中这两种知识很难分离。

第四章　知识学习的过程

真理这样对我说："你的上帝既非苍天和大地，也非任何有形的物体。"它们的真实本性就是这样告诉我们的。

——圣·奥古斯丁

内容提要

本章所说的知识指陈述性知识。陈述性知识的学习分为获得过程、保持过程和应用过程。知识的获得又分为知识的感知和知识的理解两个环节。知识感知获得的是知识的物理形式及其在大脑中的编码，教师教学中应根据心理学原理呈现知识。知识理解获得的是个人对知识的表征。从这个角度讲，学习就是学会表征。奥苏伯尔系统研究了有意义学习的心理机制，提出知识同化理论。知识的保持主要指将获得的知识进行识记以储存进长时记忆系统。知识的应用指将知识提取出来以帮助学习者解决当前问题或更好地进行下一步的学习。

陈述性知识主要由概念和原理构成。概念指人对一类事物本质特征的认识，原理指人对事物（概念）之间关系的认识。概念包括名称、特征、定义和例证。概念学习分概念形成和概念同化，原理学习分发现学习和接受学习。

关键词

知识感知；知识呈现；编码；语音感知；文字感知；知识理解；意义等值；同化；上位学习；下位学习；并列结合学习；痕迹消退说；干扰说；线索说；动机说；概念；定式；直观教学；概念形成；概念同化；原理；发现学习；接受学习

学习目标

1. 能用自己的话概括知识学习的全过程。
2. 能针对具体例子说明知识呈现的心理学原理。

3. 能结合例子说明知识理解的表现并能证明"学习就是学会表征"的道理。

4. 能简要说明奥苏伯尔知识同化原理并能举例说明三种同化方式。

5. 能举例说明课堂学习中的信息加工过程,进而加深对信息加工流程的理解。

6. 能简要说明四种遗忘理论并懂得它们对于教师教学的意义。

7. 能理解陈述性知识的应用方式与表现。

8. 懂得概念的含义及结构,知道三种直观方式的特征,能用概念形成和概念同化的方式设计教学。

9. 懂得原理的含义并能用发现学习和接受学习的方式设计教学。

学习策略

本章是本课程中内容最为丰富的一章,对教学有较强的指导性。理解是本章学习的关键。学习中应注意联系通过见习或实习获得的小学教学实例,形成既有理论又有表象的综合性的认知结构;应能够找到实例中与理论相对应的表现并能用理论加以说明。建议先阅读本章"知识理解"这部分的内容。本章提出了简单的教学设计任务,主要集中在概念学习和原理学习部分。我们提出这一任务仅仅为考查学生对这两部分内容(概念和原理)的理解情况。学生只要提出基本思路即可,不需要形成完整而严谨的教学设计。

[课例]①

课前学生组成三个学习小组,分别收集不同地区、不同时期、不同类型学校的文字与图片,课上各组派代表上台汇报。

第一组展示不同地区的学校的资料:"北京师大附小,该校占地……""渝北区鸳鸯镇中心小学。这是老师办公室,设施很陈旧;教室,桌椅都很破旧了;这是……""这是我妈妈曾经去过的新疆的一所少数民族小学。从图上我们可以看出,少数民族小朋友也能在崭新的教学楼里读书了"……

第二组介绍不同时期的学校:由几位同学表演的古代学校,由几位同学表演现在的学校,一位同学展示几个人共同设计的未来学校。

老师通过多媒体展示本校过去的照片、现在的照片。

第三组通过文字、图片展示不同类型的学校:这是重庆市巴蜀小学,这是江西的一所中学,这是北京大学,这是美容学校,这是医学院校,这是厨师学校……

---

① 资料来源:人教版品德与社会"我们的学校",www.xxjxsj.cn。

师：其实，医学院、厨师学校、美容学校等这些培养专门职业人才的学校，我们称为职业学校。

师：（课件展示一张聋哑孩子正在学习的照片）同学们，在我们身边还有一些小伙伴不能和我们一起学习。他们在什么学校学习呢？

生：聋哑学校。

师：对，这些就是特殊教育的学校。

（课件展示从事不同职业的人物，以及与其相应的学校图片）

师：你知道从事这些职业的人们，又曾经读过哪些类型的学校吗？

生：演员——艺术学校；解放军——军事学校……

生：老师，我想做个飞行员，那我要读什么学校呢？

师：谁来帮助他？

生：培养飞行员的学校。

师：航空学院。

……

这一课例呈现给我们的是各种学校的知识：不同地区、不同时期、不同类型学校的样子、历史、性质等，这些知识属于陈述性知识。此课例中既有学生给出的特定学校的文字、图片资料，也有老师归纳并给出的概念，如职业学校、特殊教育学校。陈述性知识的学习内容由这些知识构成。

第一节　知识的获得

知识既是无形的又是有形的。知识的无形在于它是人对事物的认识，这属于观念的存在，知识的有形在于它在被人保存和传播时必须借助一定的载体和媒介。从外在的知识到学生头脑中的知识是一个知识传授和学习的过程，学生必须通过一系列的心理活动才能完成。

一、知识感知

（一）知识呈现与知识感知

1. 知识呈现与知识感知的含义

教师将知识传递给学生需要将载体中的知识导出并通过一定的媒体或媒介

作用于学生的感觉器官。知识的载体有书籍、电子介质等，教师本身也是知识的载体。

知识的呈现就是教师将知识以一定的物理或化学的形式作用于学生的感觉器官。教师呈现给学生的可以是较为抽象的语言文字，也可以是较为直观的实物实景或模型图画。它们的呈现方式各不相同，但都需要以一定的物理或化学形式作用于学生的感觉器官。如书面语言、图画、实景实物或模型、多媒体投影等都要借助一定的光波作用于学生的视觉器官，引起视觉细胞的反应；教师通过口头语言传播的知识以一定的声波形式作用于学生的听觉器官，引起听觉细胞的反应；某种植物或药品的气味以化学形式作用于学生的嗅觉器官，引起嗅觉细胞的反应。这些都说明学生获得知识首先是获得知识的外部的物理或化学形式。

感觉细胞的反应引起传入神经的电活动，这些电活动负载的是经过编码（encode）的电信号，然后一直抵达大脑的相关部位。人需要对这些信号进行解码（decode），以获得这些信号的意义。解码就是对信号的解释，这需要动用人已有的知识经验。

如果说知识以刺激的方式作用于学生的感觉器官是一个物理过程和化学过程、从感觉细胞活动再通过传入神经到大脑是生理过程的话，大脑进行的解码活动则是心理过程。因此知识的学习要经历这一系列的信息转换，而转换效能如何，即学生能否获得清晰的感知与知识呈现有密切关系。

2. 知识呈现的心理学原理

要使学生获得清晰感知，教师应注意以下几点：

第一，强度，即提供给学生的信息的物理强度或化学强度影响学生对信息的接收效果。如教师说话的音量关系到学生能否听到教师所说的话，教室的光线过暗会影响学生看清书本、黑板和幕布上的字，某种气味浓度过淡的话学生就闻不出来，教师板书不能过小，给学生看的图或一些实物、模型也不能太小。当然，刺激强度应该在适宜的程度，过强或过弱都会妨碍学生对刺激的感知。

第二，可辨别性。可辨别性又叫辨识度，即刺激之间以及感知对象与背景之间的可区分程度。可辨别性影响学生对刺激感知的准确性和精确性。如教师要注意呈现在投影幕布上的文字的字间距与行间距，不能过密，同时要注意字的颜色与背景的对比。课件中的图片呈现也要注意色差与色度，要使学生看得清楚。教师说话时的"字正腔圆"更属于教师的基本功。教师说话咬字要准确，吐字要清楚，应该控制语速。如果教师发音含含糊糊或语速过快，势必影响学生对教师言语的感知。

第三，吸引程度。教师应根据学生的兴趣、审美爱好、知识经验水平等呈现知识,以吸引学生注意。小学生容易注意色彩丰富、活动的、活泼形象的刺激。这就要求教师制作的 PPT 画面生动、图画有趣,可以插入一些 flash 动画,这样能够有利于学生注意的保持,提高感知度。

第四,引导和指导。教师在教学中还应注意对学生的感知活动加以引导和指导,以提高学生感知的目的性和策略性。如知识呈现之前或呈现之中提示学生先看(听)什么再看(听)什么、看或听的重点在哪里、如何看或如何听,等等。

(二) 语音感知

1. 语音与汉语音感知的性质

教学多以言语活动的方式进行。教师的言语负载着知识,学生通过感知教师的言语而感知知识。教师课上发出的具有知识意义的声音就是语音。语音感知是关于"说的是什么"的问题。

语音是人发出的具有特定符号意义的声音。"每种符号都有其内在的意义,离开了符号的意义,符号也就没有存在的价值和必要"(李炳全,2006)。人能发出丰富的语音,因为人具有其他动物所不具有的发音器官和语音神经中枢,但具有灵巧的发音器官并不意味着就能发出标准、准确、动听的语音,后者需要经过长时间的训练。

汉语音的特点是一字一个音节。汉语音节由声母、韵母和声调构成。汉语拼音方案列出了普通话的 21 个声母、35 个韵母和 4 个声调。当然,在实际使用过程中会出现各种变音。对于非汉语民族而言,汉语音节相对比较容易掌握,但汉语声调是个学习的难点。中国地域辽阔,人口聚居比较分散,在长期的语言演变过程中形成了许多方言区,甚至方言区里还有若干地方口音。中国南方方言种类多于北方,有人认为这是由于南方多山,居住地较封闭,人与人之间交往比较困难,易于形成方言,而北方平原较多,人际交往较为方便,语音也比较容易统一。

正由于汉语语音构成比较简单,因此汉语中的同音字较多,在言语交往中特别需要结合话语语境来辨识语音意义。

小资料

汉语方言一般分为七大类型:

(1) 北方方言。它是汉语普通话的基础,使用人口约占汉族总人口的70%。北方方言又分为华北东北方言、西北方言、西南方言和江淮方言。

(2) 吴方言。分布在上海、江苏的长江以南、镇江以东和浙江大部分地区,以苏州话为代表。

　　（3）湘方言。分布在湖南省大部分地区，以长沙话为代表。

　　（4）赣方言。分布在江西省大部分地区，以南昌话为代表。

　　（5）客家方言。主要分布在广东东部、福建西部、江西东南和广西北部，以广东梅县话为代表。

　　（6）闽方言。分布在福建省大部分地区、广东省东北部和浙江南部部分地区，以及台湾省大部分汉人居住区。

　　（7）粤方言。主要分布在广东省中部、南部和广西的东部、南部以及港澳地区，以广东话为代表。

　　汉语各方言虽然语音分歧相当大，但声母、韵母和声调的基本结构是一致的。方言之间的语音分歧主要表现在声母、韵母和声调的数目和内容不同。苏州话有 26 个声母（不包括零声母，下同），45 个韵母，7 个声调；福州话有 15 个声母，43 个韵母，7 个声调；广州话有 20 个声母，53 个韵母，9 个声调；南昌话有 19 个声母，65 个韵母，6 个声调；烟台话有 21 个声母，37 个韵母，3 个声调。

　　语音统一是一个国家统一的标志之一，所以国家要求推广普通话。所谓普通话（Standard Chinese）指以北方话为基础方言、以北京语音为标准音、以典范的现代白话文作品为语法规范的口头语言。推广普通话有利于人们的交流，但随着普通话推广力度的增大，曾经的方言渐渐淡出口语舞台。可以想象不需要太长的时间我国的方言种类将大幅下降，这对于地方文化、民间文化（特别是地方的一些艺术形式）的传承与发展将造成极大影响。因此有些地方为保护方言实行了地方话等级考试。在实际教学中普通话也会影响学生对具有地方特色的语言的理解。所以要从两方面看待推广普通话问题。

　　汉语语音学习是小学生语文学习听说读写四大任务中的基础部分，汉字的掌握标志之一就是掌握语音。汉语音学习学的是普通话。普通话的学习对北方方言区的学生来说相对比较容易，对南方方言区的学生来说比较困难，因为南方方言与普通话发音差异较大，而且南方地区学生语音环境不利于学习普通话。当然，并不是说北方学生普通话就一定说得标准。

　　2. 影响小学生学习汉语音的因素

　　学习普通话首先要学会拼音，即学习普通话的基础和标准发音。小学生学习汉语拼音受以下因素影响：

　　第一，小学生语音学习的感觉和能力。应该承认每个人学习语音的天赋条件，如对语音的敏感性、对语音的记忆能力、对发音的模仿能力等，是不一样的，这会影响学生学习语音的效果。

　　第二，教师的普通话水平以及对学生的指导能力。教师的语音能力，包括教师自己的普通话水平、对学生发音的分辨能力、对学生发音的矫正能力等，也有高低之分，这对学生学习语音产生很大影响。不同教师教出的拼音差别很大。

第三，学生已经掌握的方言或第二语言对他们学习普通话的影响。如前所述，有的方言比较有利于学习普通话，而有的方言不利于学普通话，学生学习的结果自然会有所不同。比如，有的方言中 n 与 l、en 与 eng、an 与 ang 不分，有的地方平舌音和翘舌音不分，这些地方的学生学习拼音就会存在问题。

此外，现在不少小学生很小就学习外语，而外语（例如英语）的发音和普通话的发音有较大区别，这样两种语言的学习相互间会产生一定干扰。

因此，小学教师应该说好普通话，这样才能给学生提供良好的示范。语文教师还应懂得语音学知识、心理语言学知识，掌握语音学习和矫正的技巧，这样才能更好地教学生学好普通话。

教学中学生不断感知着教师的言语，这就要求教师能够从学生的心理需要出发，用心理学原理设计自己的教学语言，提高自己言语的标准性、准确性和各种技巧，使学生清楚地感知自己的言语。小学教师最好接受一些专业的发声训练，使自己的发音吐字更具有艺术性和感染力。

（三）文字感知

1. 汉字的特点

学生所学知识大多以文字表征。学生学习这些知识首先得认识文字。文字感知就是能认出是什么字。文字感知比语音感知更加复杂，因为文字的掌握包括会读、会写、知道意思和会用。

汉字（Chinese characters）是世界上历史最为悠久的以表意为主的文字。汉字字形分为三个层次：笔画—部件—字。笔画是构成各种字形的点和线，是汉字结构的最小单位。笔画构成部件。部件可以是独立成形的字，也可以是非独立的形。不同部件组合成字。

汉字的构字方式大约有六种：象形、会意、指事、形声、转注和假借。现代常用汉字大约 3 500 个，大多属于形声字。汉字有一定构字规律。以形声字为例：形声字由表音部件与表意部件结合而成，其形式有上形下声、上声下形、左形右声、右形左声、内形外声、外形内声等。长期流行的"凡字念半边"的说法就是针对形声字。但随着时间的推移，很多字读音已经改变，这种说法也就不那么可靠。

汉字可分为独体字和合体字。独体字是结构上不可再分的字（再分则不成字，也就没有意义），合体字是结构上可以再分的字。合体字往往由独体字合成。

2. 汉字的感知

汉字感知建立在汉字储存和汉字知识基础上。学生根据自己已经掌握的汉字对眼前的汉字进行识别和辨认，或根据汉字构字规律进行推理，进而把字认出来，这就是汉字的感知。

文字是学生获得知识的工具。汉字的学习是将字形、字音和字义结合为一个整体的过程。但由于汉字是一种表意文字，从字形上不能直接推出字音，反过来，也不能从字音上直接推出字形，所以很多字形需要单独记忆。不过汉字构字有一定规律，掌握汉字的构字规律有助于记忆字形，因此教师在教授学生汉字时应注意教给学生一定的汉字造字法，使学生能够从字的形成与演变中来加深对字形的印象，这样的话学生也能较快地感知字形。

热点话题

近年来有学者提出要恢复繁体字，主张学生要学繁体字、写繁体字，认为繁体字才是真正的汉字，从繁体字中才能领略到汉字的精髓和其构字造字的精妙。这些学者的出发点有可取之处，但在操作上存在很大问题。另外学习繁体字固然有助于学生理解汉字的字形与字义之间的关联性，但同时加重了学生的记忆负担。实际上心理学研究表明：中国人对汉字的识别与字的笔画数有联系，即笔画数越多，识别时间越长（这称为笔画数效应）。这说明当初实行简化字有其道理。不过教学中教师如果能花一定时间教给学生某些字的字源知识（这些知识很多是很形象、也很有趣的），并且向学生说明这些字的演变，使学生既能了解这些字的来历，又能理解这些字的构成道理，这对学生掌握这些汉字会很有帮助。但学生不一定非要写繁体字。很多小学语文教师在教学中已经这样做了。不少出版社出版了小学生用的《说文解字》之类的工具书，著名诗人流沙河近年也编写了《白鱼解字》一书，非常有趣地解读了汉字的源流与演变。

教学中学生对汉字的感知遵循知觉的一般规律。例如要求学生特别注意的字形、字与字的区别、容易写错的笔画或字等地方要和其他部分形成对比，等等；在制作多媒体课件时，有的教师会将需要学生特别注意的字的部件或笔画设计成动画形式，这样就能吸引学生的注意。这些做法符合知觉的选择性原理。

成人能够辨认变体字、比较潦草的字、不完整的字，这是经验在起作用，表现出知觉的理解性。据研究，汉字（特别是笔画多的汉字）上半部分比下半部分更能反映该字的意义，这也意味着一个字缺损部位不同，对学生识别该字的影响也不同。这种与被构字有语义联系的部件称作义符。有人（王娟、张积家，2016）研究了汉字义符的作用，发现义符的存在减少了汉字字形与语义联系的任意性，借助义符推测整字语义，正确率可以达到60％以上。当然义符的作用也与字频有关。一般来说学生熟悉的字更容易被认出来，冷僻的字不容易被识别。由于小学生识别字体能力比较弱，所以教师应注意板书、评语等的书写要规范、完整。

教学生学习其他符号时也应该遵循知觉规律。例如教幼儿学习阿拉伯数字时，教师通常采用形象记忆法帮助幼儿学习，比如"1"像小棒，"2"像鸭子，"3"像耳朵，"4"像旗子等。这种方法对于儿童学习是有益的。

二、知识理解

（一）知识理解的表现及其实质

1. 知识理解的表现

知识知觉是关于"这是什么"的问题，知识理解是关于"这是什么意思"的问题。在学习语言文字材料时，知道"这是什么字"或"说的是什么"属于知觉，而知道"这个字是什么意思"或"这句话是什么意思"属于理解。

理解既是心理活动过程，也是心理活动结果。对教师来说，学生的理解过程是看不到的，只能从他们的表现中去推测。

学生的理解表现在很多方面，而且不同学科学习的理解表现也不尽相同。一般而言，学生的理解有以下表现：

第一，能够用自己的话解释。用自己的话解释说明学生能够将语言文字表达的意义转化为自己理解的意义并表达出来。应注意：学生表达出来的话必须与原话在意义上等值，这样才能说明他们是理解的。

第二，能够举例。例子是知识的具体化，从举例恰当与否能够看出学生对知识是否理解。造句、根据公式编题目等都属于举例。如果学生造句正确、题目编得合理，说明学生对概念或公式是理解的。

第三，能够展开想象。想象是对文字性知识或其他知识的表象化表征。由文字或其他材料展开恰当想象说明学生对文字材料或其他材料是理解的。比如学生能够根据课文的描述想象出相应的情景，能够根据文字题做线段图，听乐曲的同时在头脑中浮现出一定的画面，等等，这些都表现出理解。

第四，能够概括、扩充或续写。概括指对原来的文字材料内容加以简缩并精制出意义，如简述内容、概括中心思想和写作特点、概括操作步骤或要领等。

扩充指对原有材料内容加以扩大和补充，这是以对原材料意义理解为前提的。比如语文课文往往会留下一些空白，老师会要求学生想象这些没有写的地方会是怎样的情形。语文练习中也常有这样的练习：给学生几句话，让他们扩展为数百字的短文。

续写也是检验对原材料理解的一种方式。比如高鹗续写《红楼梦》建立在他对前80回的人物形象与特征、情节及内在思想的深刻理解基础上。

第五，将知识转化为操作。对于有些知识不需要语言文字上的解释，只要将这种知识变成操作就能看出学生是否理解了知识。语文学习中的很多动词、副词都可以用行为或操作表现出来。

2. 知识理解的实质

从上述理解的表现可以看出，理解就是知识表征方式的转换。书本和老师讲授的知识总是以一定的表征方式作用于学生的心理，学生对这些知识的理解就是换别的方式来表征，而这些表征所包含的意义不变。表征方式的转换可以是语言文字上的变化，可以是语言文字与形象（如图画、音乐等）或者与动作的转化，还可以是形象与动作的转化。如演员只有理解角色的内心才能把戏演好，这种理解通过他的表演表现出来。

知识可以用多种方式表征，而学生在学习某一种知识时，这一知识的表征形式是既定的。当学生利用自己已有的知识经验对这一知识进行理解后，所得到的并不是这一知识原有表征本身，而是这一知识的意义，即可以用不同表征形式加以说明的对事物的认识。换言之，学生获得理解之后的表现必须不同于这一知识原有的表征形式，这才能证明自己确实是理解了。

因此，如果学生学习的首要目标是理解知识，那么理解知识就是学会用自己的方式表征知识。简单地说，什么是学习？学习就是学会表征。

（二）知识同化理论

1. 知识同化的性质、过程与条件

对于理解的心理机制的探讨，比较著名的是奥苏伯尔的有意义言语学习理论，这一理论的核心概念是知识同化。

同化（assimilation）原本是生物学概念，指生物体从外界环境获取营养物质，将其转变为自身组成物质，并且储存能量的变化过程。皮亚杰将生物学上的"同化"移植到心理学上，用以说明人的已有图式与环境相互作用的过程及其结果。"同化就是把外界元素整合于一个机体的正在形成中或已完全形成的结构内"。其实早在19世纪初德国教育家赫尔巴特就曾用"统觉"一词表示新旧知识相互作用的心理状态，实验心理学创始人冯特也非常重视统觉现象。实际上统觉和同化的意义非常接近。比较系统地用同化原理解释学生理解学习过程的是奥苏伯尔，他集中分析和阐述了心理学同化的意义、过程、条件和种类。

奥苏伯尔对于有意义学习有个先设前提:任何学习都是建立在学习者已有的知识经验基础上。显然,这个前提意味着有意义学习既少不了新知识,更少不了旧知识,有意义学习是新旧知识的相互作用。换言之,就是学生用已有的知识经验进行着有意义学习。

那么什么是有意义言语学习? 奥苏伯尔下了一个近似操作定义的定义:学生所学的新知识与其已有的知识经验(简称"旧知识")之间建立起了实质性的和非人为的联系。也就是说,如果要判定学生的学习是否属于有意义(理解)学习,就要看新知识与旧知识之间是否建立起实质性和非人为的联系。如果是,那就是有意义学习;如果两者之间建立的是表面的和人为的联系,那么就不属于有意义学习。

什么是实质性和非人为的联系? 实质性的联系是相对于表面的或字面的联系而言的,也即实质性联系是内在意义上的联系。学生通过查字典知道了一个词的含义,如果他用自己已经学过的知识并且经过自己的加工能用自己的话去解释这个词的含义,而且意思是正确的,这就说明字典上的解释和他的解释之间建立了实质性的联系。小学生学习成语"一针见血",如果单单从字面上理解这个词,即扎一针就见血,这不算真正的理解。只有领会了这个成语的引申义,即指人说话直接揭示事物的本质,这才是真正的理解。

所谓非人为的联系指新知识与学生已有知识经验之间的联系是自然的、合乎逻辑的,而不是生搬硬套、牵强附会的。例如学生用谐音的方式记圆周率 $\pi=3.14159$(山巅一寺一壶酒)就不属于理解学习,因为 3.14159 在意义上不等于"山巅一寺一壶酒",两者之间不存逻辑上的必然性。而学生如果能够从周长与直径之比中推出圆周率等于 3.14159 这个结果,那就说明他理解了圆周率。这一理解的知识基础就是学生已经懂得周长、直径以及圆周率的概念。

奥苏伯尔用公式概括说明了知识同化的过程:

$$A+a=A'a'$$

A 代表学生原有的知识结构,a 代表新知识,+ 指新旧知识的相互作用,$A'a'$ 指新旧知识相互作用后形成的一个新的知识共同体,其中 A' 指旧知识在同化新知识过程中得到改造,这里的旧知识已不是原来的旧知识,a' 指新知识被纳入原有的知识结构中,从而获得意义。

例如小学生要理解"质数"的概念(只能被 1 和自身整除的数)必须先懂得"自身"、"整除"、"只能"等概念的含义,然后才能以已经懂得的这些概念去理解质数的概念。

$$A(自身,整除,只能)+a(质数只能被1和自身整除的数)$$
$$\downarrow$$
$$A'(对"自身"、"整除"、"只能"认识的加深) \quad a'(除了1和自身,不能被其他的数整除)$$

知识同化需要一定条件。我们试以生物学的同化与心理学的同化做一类比，以理解知识同化的条件（见表4-1）：

表4-1　生物学同化与心理学同化的比较

	条件			结果
	对象	工具	动力	
生物学的同化	食物	健全的消化系统	食欲	获得身体能量
心理学的同化	经验范围内的知识	已有知识经验	心向	对新知识的理解

生物学的同化必须满足以下条件：第一，人吃的必须是可食之物，即在人消化吸收能力范围内的食物，而不能是不可食之物；第二，人必须有一个健全的消化系统才能消化和吸收这些食物；第三，人必须有食欲。

心理学的同化也必须满足三个条件：第一，学生学习的知识必须是在其经验范围内的知识，也就是说，是具有被学生理解的可能性的知识。奥苏伯尔称之为有意义学习的逻辑意义。第二，学生要有相关的知识经验，包括感性经验、作为新知识基础的理论知识等。奥苏伯尔称之为有意义学习的潜在意义。第三，学生要有同化新知识的积极性（奥苏伯尔叫作心向）。奥苏伯尔称之为有意义学习的心理意义。

2. 知识同化的种类

奥苏伯尔根据新旧知识之间的关系将知识同化（又叫同化学习）分为三种：

（1）上位学习

上位学习（superordinate learning）中新知识是较为概括的知识，旧知识是较为具体的知识，新知识处于旧知识的上位。上位学习就是学生用处在下位的旧知识去同化（理解）处在上位的新知识。这是一种从具体到一般的学习，也称总括学习。例如，学生已经知道了"芹菜"、"青菜"、"萝卜"、"韭菜"等，现在学习"蔬菜"的概念，这就是上位学习。教学中教师对一节课、一个单元、一个学期内容的总结对学生来说就是上位学习。

（2）下位学习

下位学习（subordinate learning）中新知识是较为具体的知识，旧知识是较为概括的知识，新知识处于旧知识的下位。下位学习就是学生用处在上位的旧知识去同化（理解）处在下位的新知识。这是一种从一般到具体的学习，也叫类属学习。例如学生学过了三角形的概念，再学习锐角三角形、钝角三角形、直角三角形、等腰三角形等，这就是下位学习。

（3）并列结合学习

并列结合学习（combinatorial learning）中新旧知识之间不存在上下位关系，但两者可以进行类推、类比或比拟。例如我们前面讲心理学的同化之前，讲生物学的同化，这两者之间存在类比关系，我们知道了生物学同化的原理，这对于学习心理学同化的原理是有帮助的，这就是并列结合学习。我们说"儿童是祖国的花骨朵儿"，"儿童"与"花骨朵儿"存在比拟关系。学生学习中有很多这样的学习，比如老师在教某篇课文时，总是会拿前面学过的某篇课文做对比，这就是并列结合学习。再如学生学过了"加法交换律"之后学习"乘法交换律"，"加法交换律"与"乘法交换律"属于并列关系，这一学习也是并列结合学习。

如果对并列结合学习加以细化的话，我们可以发现这一学习可以分为并列学习和结合学习。我们前面所举例子都是并列学习。如果学生已有的知识是部分的知识，现在学习一个整体的知识，这属于结合学习。也就是说，结合学习学到的是部分与部分之间的关系以及部分与整体之间的关系。比如学习写记叙文就要知道记叙文的"六要素"：时间、地点、人物、起因、过程和结果。在理解这六要素的含义基础上将其联结为一个整体，即写一篇记叙文，这就是结合学习。

结合学习与上位学习、下位学习的不同点在于前者是部分与整体的关系，后者是种与属的关系。例如猩猩是灵长类的一个种概念，灵长类是猩猩的属概念，两者是上下位关系。我们不能说桌腿是桌子的种概念，只能说桌腿是桌子的一部分。

（三）为理解而教

20世纪七八十年代曾有一句很流行的口号：为迁移而教，这个口号与我们这里提出的"为理解而教"有相通之处。迁移，特别是积极性的迁移就是一种学习对另一种学习的积极影响。如果我们相信奥苏伯尔的"任何学习都是建立在已有的知识经验基础上的"假设，我们就应该知道他所说的学习指的是有意义学习。

在奥苏伯尔看来，学生在校学习的最佳方式是有意义的接受学习，即用理解的方式获得人类业已发现的知识。由此看出，理解是学习的核心。

我们强调理解基于以下几点认识：第一，只有理解了的知识才能与已有的知识经验有机地结合在一起，进而成为自己的知识；第二，只有理解了的知识才能保持得更为长久；第三，只有理解了的知识才具有更广泛的应用价值，进而更有效地解决问题；第四，只有理解了的知识才能帮助学生学会学习。

什么是知识的理解？从操作的意义上讲，凡是能够在各种表征形式之间进行转换而使意义不变的操作都可视为理解。因此表征与理解有着不可分割的联系。

值得注意的是，不同年龄的人的表征倾向有所不同，而且每个人都有自己擅长的表征方式。比如有的学生擅长图画的方式，有的擅长动作的方式（比如擅长用舞蹈或体势语的方式），有的擅长用音乐的方式，有的擅长用手工的方式，有的擅长语言的方式，等等。每个学生所擅长的表征方式是他们适应环境的工具，这就是课堂中的生态系统。教师应认识到不同学生的表征差异，而且这些差异可能是造成学生学习成绩差异的原因之一。我们现在的小学教学过于强调统一一致，例如，有的教师要求学生对某句话必须这么理解、必须这么说，这使得有些学生不适应教师的教学，导致学业成绩低下。统一的要求带来考核形式的统一、答案的统一、评价标准的统一，这种统一化是造成一些学生学业表现差的重要因素。实际上如果我们能够以各种形式或方式的试卷、测题测量学生的学业水平，可能原先表现不良的学生会有比较出色的表现。这说明学生的学业表现在不同的评价体系下是不同的，关键是应开发出最能使学生充分表现自己能力的评价方式，要使教学和学习评价适应学生，这才是真正的符合人性的教育。所以教师应正视学生表征方式的多样化，应尊重学生特有的表征方式，应鼓励学生用自己擅长的表征方式展示自己对学习内容的理解，而不要一味强求用同一种表征方式去学习知识。

教师应具有根据学生年龄特点和个体特点教学的意识，充分保护学生的表征天赋，发挥学生特有的表征能力，以促进学生对知识的个性化理解。当然，这一步会走得非常艰难。

第二节　知识的保持

知识感知和理解的目的是重构学生的认知结构，重构之后必须通过记忆活动保持相当的时间（有点像电脑重新设置后只有按"确定"才能生效）。知识的保持是后续学习的基础，也是知识应用的条件，是整个学习过程不可或缺的部分。在西方心理学界有将记忆与学习相提并论的传统。

一、知识保持的实质

知识保持是与知识遗忘相对立的过程，然而它们都是内隐的过程，只能从再认与再现中判断：能够再认或再现说明知识得到了保持，但不能再认或再现并不代表永久性遗忘。

知识学习过程中人一直需要保持。感知知识的时候是这样，理解知识的时候也是这样,应用知识的时候更是这样。知识保持是一个不断记忆、不断提取又不断遗忘的过程,在这一过程中原有知识会发生数量与结构的变化。

加涅从信息加工角度将学习看作三个系统的协同活动(见图4-1):操作系统是信息加工的实际执行系统,从感受器到效应器要经过感觉记忆(瞬时记忆)、短时记忆(工作记忆)和长时记忆阶段;动力系统(期待)是操作系统动力的来源,它会影响操作过程的效率;监控系统负责对加工过程的监视、控制和调整。

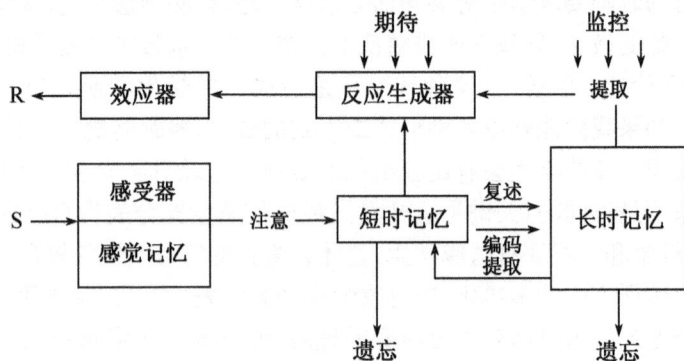

图4-1 信息加工流程图

按信息加工的观点,学习过程也是记忆的过程,即学即记。感觉记忆是发生在感受细胞上的生理性的记忆;短时记忆是解决当前一刻问题的记忆,它具有容量小、时间短、以听觉编码为主等特点。当前问题解决之后,有些记忆内容被迅速遗忘,而另一些伴随强烈情绪体验或经过复述或重新编码的信息能够进入长时记忆。长时记忆实际上就是认知结构中所储存的信息和知识,但就像我们在"图式"那部分提出的三个假设那样,长时记忆里的信息一般处在人的意识阈限以下,只有将这些信息提取到短时记忆人们才能意识到它。因此所谓意识实际上就是短时记忆活动的映射。

信息加工流程是对人的记忆和学习活动的微观的假设性的描述,在实际学习情境中这些过程很难被人觉察到。课堂教学作为一个宏大的信息交流环境,每个学生的信息加工过程无时无刻地流转往复,这就构成了个人的心理信息场。同时每个人的信息加工系统是开放性的,学生间、学生和老师间不断进行信息交流,这也构成了课堂的信息场。

学生在课堂上接受着来自各方面信息的刺激:视觉的、听觉的、嗅觉的、触摸觉的、机体感觉的,等等。他们首先经历着对这些刺激的选择,产生选择性知觉。学生选择的对象不停地变化,其中既有有意的变化,也有无意的变化。当学生注意到某种刺激(如老师出示的图片、老师的讲课声、老师的板书、提问或同学的说话声等)就会产生短时记忆,即记住这个刺激并根据这个刺激的重要性决定自己的反应。如听到老师说"翻到课本 47 页"时,学生必须把老师的话记在头脑中,然后翻书到相应的页数。如果学生确认页码正确,就会继续下面的活动,而刚才老师说的话就可能被遗忘。也就是说,学生将对老师指令的注意转移到对课本的注意,这是课堂教学中必须做到的。

如果老师的指令是完成书上的某道计算题,学生就要动用长时记忆里的知识,如计算法则或过去做过的相似的题目,并将要计算的题目与回忆起来的知识结合起来,形成解题方案,从而完成计算任务。这中间又包含更加细微的步骤,即产生式系统的活动,我们将在第五章介绍。

当学生完成这道题目并与同学或老师核对了对错之后,就会进入下一步过程,而前面做过的这道题很可能被遗忘。

由此我们看到小学课堂学习活动的复杂,各种记忆过程穿插其间,难以计数。在课堂的信息加工过程中,教师应注意按照各种记忆活动的特点安排教学:

第一,应尽量将可能干扰学生学习的刺激降到最低限度,尽量使学生不要注意到不应该注意的事物,如屏蔽嘈杂的声响,将教室的温度、湿度调配至适宜,教室布置不要过于花哨,给学生一段适应教室环境的时间,教师的着装也不要太容易引起学生关注,等等。

第二,教师讲课的语速不宜过快,要保持一定节奏,语调要有顿挫感,要给学生合适的信息加工时间。

第三,教师一次性布置的任务应适量,要使学生有足够的心理空间来加工信息。

第四,如果有需要进入长时记忆的学习内容,则要给学生一定的时间进行加工。

二、遗忘理论及其对教学的启示

心理学有关遗忘的研究有很长的历史,最为著名的就是德国心理学家艾宾浩斯的记忆实验,他揭示的遗忘规律成为记忆研究的经典。那么,人为什么会遗忘? 心理学家分别提出了不同的假设和理论:

(一) 痕迹消退说

痕迹消退说是刺激—反应学说的一部分,桑代克的练习律、巴甫洛夫的暂时神经联系假设、斯金纳的强化理论都属于这一学说。这些理论的基本内容我们在第二章已经有所了解,即 S-R 联结遵从用进废退的原则,如果这个联结经常使用,则越来越牢固;如果这个联结不经常使用,就会逐步退化。退化表现在反应越来越慢、反应错误越来越多,甚至慢慢地没有反应,这意味着 S-R 联结的消失,也即遗忘。

痕迹消退说提示我们学习过的知识要经常复习、经常练习、经常使用,这样才能避免遗忘。

(二) 干扰说

干扰说认为遗忘的发生是由于学习或回忆过程中受到一些因素的干扰,从而降低了学习或回忆的意识性。干扰因素的出现对回忆产生了抑制,所以干扰说又叫干扰—抑制说。抑制有两种:前摄抑制和倒摄抑制。前摄抑制指先学知识对后学知识的干扰,倒摄抑制指后学知识对先学知识的干扰。

干扰说带给我们的启示是:为避免遗忘就要理解性地学习。理解可以增加知识之间的可辨别性。可辨别性越高,回忆时知识间的干扰就越少,这样就能提高记忆效果。

(三) 线索说

线索说认为人之所以不能回忆或再认是因为缺少回忆的线索,这个线索和记忆时的一些条件有关。比如目击证人在警局对案情的回忆往往不如在现场的回忆,学生在背课文时出现"卡壳",老师提示一个词,学生又能流利地背下去。这说明记忆过程中的一些节点,如一些引导词句和重点词、记忆材料内容中的一些转折点和联结点等,是保持的关键。

线索说对于学生的学习也有一定启示:为了能够及时找到回忆的线索,学生在学习和记忆过程中应注意运用学习策略,比如将关键点划下来、着重理解记忆材料的联结点及逻辑关系、形成概念图或思维导图等。

(四) 动机说

动机说认为人有趋乐避苦的本能,表现在记忆上就是人倾向于记住快乐的事(如别人对自己的夸奖,自己做过的特露脸、特得意的事)而忘记痛苦的事(如自己遇到的尴尬事、丢脸事)。在学习中也有这样的现象:有的学生害怕背诵课文、章句、法则、单词,这与他们以往不成功的记忆及其所带来的不愉快体验有关。他们怀疑自己的记忆力,被记忆的阴影所笼罩,以至于记忆效果较差。越怕记忆就越不记忆,越不记忆,记忆效果越差,而记忆效果越差,就越厌恶记忆。这是习得性无助(learned helplessness)的表现。

根据这一观点,教师在教学中应注意以下几点:

第一,给学生以快乐的体验,使学生的学习常伴随着积极、健康的情绪,这样他们的记忆效果会有一定的提高。

第二,鼓励学生克服记忆过程中的心理障碍,使他们认识到记忆活动与记忆效果之间的关系,勇敢地去记忆。

第三，学习一些心理矫正技术，使学生逐步摆脱对记忆的恐惧感。

三、促进知识保持的教学策略

心理学原理来自心理学家的潜心研究，这些原理从不同角度、用不同方法揭示了学习的规律。教师一方面应认真钻研这些原理，另一方面应将这些原理整合至学习和教学的实际过程，发挥原理的解释、预测和控制作用。在促进知识保持的教学策略上我们可以看到以下这些原理的存在。

（一）预习

预习是课堂教学之前的准备性学习，是学生学习的组成部分。预习的益处在于提高学习的目的性和初步形成相应的知识框架，这样学生就能在预设的框架下找到学习的结构和线索。就像桑代克的准备律所揭示的那样，有准备的刺激—反应联结比没有准备的刺激—反应联结更易建立，也更牢固。

具体建议：

其一，应根据整个课题的教学目的和内容布置预习，将预习任务嵌入整个教学任务之中，提高预习的目的性，同时应合理分配预习任务。

其二，应根据不同年龄层次和教学内容安排预习。低年级预习集中于课本内的内容，中高年级预习适当增加课本外的内容，而且要培养学生运用工具书和其他学习工具与资源的意识和技能。

（二）理解

理解是保持的有利条件。众所周知，人对于活动的记忆效果都比较好，这是因为大脑神经元之间的联系是在活动过程中实现的，从来没有既无外部动作也无心理活动就能记住的事例。理解是积极的心理活动，理解活动就是在寻找新旧知识之间的联系，哪怕这种联系是人为的、机械的甚至是无中生有的。所以理解不论从其结果还是就其过程而言，都有利于保持。

（三）复习

像预习一样，复习也是学生学习整个过程中不可缺少的一部分。复习起到整理和巩固已学知识并将新旧知识加以沟通和联系的作用。复习应注意以下几个方面：

一是及时复习。根据艾宾浩斯总结的遗忘规律，人在记住识记材料的短时间内遗忘得会很快，为了避免这种遗忘，要及时复习。

二是合理分配复习时间和复习门类。在及时复习的前提下，一次复习的时间不宜过长，并且不要将相似科目的内容放在一起复习，以防相互干扰。

三是根据学科和自身特点选择适当记忆方法。不同学科的学习方法有所不同,教师应教给学生一定的方法并指导学生根据自身的认知特点进行复习。有的学生擅长视觉记忆,有的擅长听觉记忆,有的学生擅长抽象记忆,而有的学生擅长形象记忆。教育学生用适合于自己的表征方式进行复习是提高复习效果的重要条件。

四是理解不能代替识记。对知识学习而言,重复是必要的。学生需要的是在理解基础上的重复。

第三节　知识的应用

常言道:学以致用。知识的应用是知识学习的最终目的之一,是检验学生学习成果的合理途径。不过知识应用的心理学含义一直比较难以界定。人们一般将知识的应用单纯地与解决问题联系起来,但解决问题所需要的知识主要是程序性知识,而对于陈述性知识的应用来说研究得比较少,甚至有人认为陈述性知识不是用于应用的,这实际上是狭隘地理解了陈述性知识的作用。

一、知识应用的含义

知识的应用指人借助已有知识去认识、解释、适应及改变世界和自己。培根说:知识就是力量(Knowledge is power.),这个力量可以从多方面去理解:知识可以增广人的见识,使人"知",而"知"可以消除或减轻人对世界的陌生感乃至恐惧感,增加人的安全感;知识使人提高对这个世界的确定性认知,使人具有探知事物本质的能力,使人能够看到事物的内在特性和规律,而不被事物表面现象所蒙蔽。人常因无知而受骗,人也常为受骗而担心;知识使人能较快形成应对各种刺激和变故的策略,并对这个世界的变化有一定预判,从而提早防范,避免危害;知识可以增强人的自知,从而增强人格的稳定性和同一性,不至于迷失在自我的失调上。知识的力量体现在日常生活、学习和工作的每一细节上。

二、陈述性知识应用的表现

我们知道陈述性知识是关于"什么"、"为什么"和"将怎么样"等问题的知识,从这些性质上可以看到其应用价值主要表现在知觉、辨别、判断、作为论证的材料等方面。

1. 对事物的知觉

人在已有的知识经验基础上知觉事物。人头脑中储存的大量的表象、语词、概念等都是用来帮助人将事物识别出来,哪怕是遇到似是而非的事物,人也会尽量地将其纳入到已有的知识经验之中去加以解释,以减小对这个世界的陌生感。

2. 对事物的辨别

陈述性知识应用在对事物的辨别上。世界上有很多相似的事物,当它们共同作用于我们的感官时,常会使我们犯错误,导致误认。为避免犯错我们就需要更深厚的知识。如对钱币、文物真假的辨别就需要专业化知识,警察对犯罪嫌疑人的识别也需要掌握一般有案在身的人行为上的特征,学生对形近或音近的字的识别也需要一定的经验。

3. 对事物的判断

判断一件事、一个人是对还是错、是好还是坏要用到是非标准,而是非标准属于陈述性知识。比如我们认为某样东西是精美的,那么我们首先得有"精美"的概念和标准,然后以这样的标准对照这个东西,才能得出它是否精美的判断。再如对在公交车上给老弱孕残者让座位的行为,我们也须先有一个让座位的是非标准,才能去判断一些公交车上相关的行为是否恰当或正确。

4. 作为论证的材料

人们要讲清楚一个道理必须拥有一系列的佐证材料,这些材料通常是陈述性知识。讲清楚一个道理本身是论证的过程,这是在程序性知识指导下进行的,但这个过程不能缺少用以论证的材料,而且这些材料本身必须为真。只有这样通过一系列推理(无论是归纳推理还是演绎推理)所得出的结论才能为真。如果材料本身为假或材料选用得不恰当,自然不能得出真的结论。

比如,"凡是金属都能导电,铜是金属,所以铜能导电"这是一个典型的三段论。这里的大前提"金属都能导电"、小前提"铜是金属"和结论"铜能导电"都是陈述性知识,而且大前提和小前提都为真,它们存在逻辑上的蕴含关系,因此得出的结论也为真。

需要了解的是,陈述性知识和程序性知识有时是镶嵌在一起的(见第三章延伸阅读),正如有人(安军,杨烨阳,2012)所言,没有任何系统可以完全排除陈述形式的程序知识,也没有任何系统能够只靠陈述知识而不具有操作系统所理解的程序。从上例我们可以看出,演绎推理本身是程序性知识的应用,但仅有演绎推理技能还不能保证论证过程及结论的正确。论证者还必须保证大小前提的正确性,也就是要保证陈述性知识的正确性,才能得出正确结论。这一点是很多人特别容易忽视的。我们平常说某些人不讲理或讲蛮理就属于这样的情况。这些人说起话来振振有词,自己觉得很有道理,但别人会觉得他们胡搅蛮缠。关键不是他们论证方法有问题,而是他们所秉持的前提有问题,所以他们不觉得自己有错。这种现象特别表现在一些道德情境之中。

三、知识应用示例

以下为一教学片段：

教师板书	蝉	悠闲	自由自在
	螳螂	拱着身子	举起前爪
	黄雀	伸长脖子	正要啄食
	少年	拿着弹弓	瞄准

（师指名读，要求读得正确流利、声音洪亮。要求学生仔细观察板书，横行看，思考每行三个词语之间有什么联系）

师：你这么一读，张老师仿佛看见了一只自由自在的蝉。看来弄清了词语之间的关系，词语就可以读得更有感情。就像这个同学这样，我们一起来读读这些词语。

（生齐读）

师：这样一读，我们头脑中就会呈现出一幅画，请同学们结合这幅图（出示大屏幕），尽可能用上刚才我们读过的这些词语，给大家讲个小故事。自己先练习一下。

生：清早，一只蝉悠闲地趴在树枝上自由自在地唱着歌。

师："唱歌"这个词用得好，讲下去。

生：谁知道，蝉身后有一只螳螂要吃它，这只螳螂拱着身子，举起前爪，一副凶狠的样子。

师：很紧张，好听。

生：谁又想得到，就在这只螳螂的背后，有一只黄雀伸长脖子，正要啄食这只螳螂呢！

师：非常感谢你，你让我们享受了一个美妙的故事。你一定读了很多书，可以称得上故事大王了。

从以上片段我们可以看到，学生以其所知道的读音和意思将教师板书的字、词认出来，这里所"知道"的即陈述性知识。教师可以通过学生的读获知他们这一知识的掌握情况。学生通过读在头脑中形成的画面也属于陈述性知识，即用图画表征的陈述性知识。然后学生将图画用语言说出来，这里所"说"的也是陈述性知识，即用语言表征的陈述性知识。老师最后给予学生"故事大王"的称号还是属于陈述性知识，因为"故事大王"属于概念。

由上例看出,无论是用语言表征的陈述性知识还是用图画表征的陈述性知识都是有关对象"是什么"的知识。通过一定的心理活动将这些"是什么"揭示出来,告诉人们"是什么",都是陈述性知识的应用。

第四节　概念与原理学习

概念和原理是人类知识,特别是学科知识的骨架。学生学习的学科知识由概念和原理按照一定逻辑组织而成。不过小学阶段学科知识的系统性比中学和大学阶段弱。小学语文和数学课程内容从总体上看具有学科的内在逻辑性,但这种逻辑性通过一篇篇课文或一道道例题体现出来。以语文为例,小学生学习的汉语语言文字与文学知识渗透在每一篇课文之中,学生通过学习课文来逐步积累汉语言与文学知识。从这个角度说小学语文教学实际上是"案例教学"。

一、概念学习

(一) 概念的含义与特征

人们与万千事物接触,发现有些事物之间存在共同特征,这些特征中有的是表面的,有的则是内在的。人们将具有内在的共同特征的事物归为一类,将它们作为一个整体看待,并给它们起一个共同的名字,这个名字就成为这一类事物的代表,这一类事物的共同特征就是存在于人头脑中的概念。因此概念是人对事物的共同特征的概括性认识。

应注意的是,概念只存在于人们头脑之中,现实世界中不存在"概念"。比如现实世界不存在"矩形"这样的东西。"矩形"是各种物体某个表面的形状,即有四条边,对边平行且相等,四个角都是直角。人将这种形状叫作矩形。现实的事物是个别的、具象的,人们透过这些个别事物获得的不是这些事物本身,而是对这些事物共同特征的认识。

在行为主义看来,概念就是对一类事物做出相同的反应。换言之,如果一个人能够对一类事物做同样的反应就说明他头脑中具有这类事物的概念。这些反应受概念控制。比如一个孩子看到和妈妈年龄相仿的女性都叫阿姨,说明这个孩子掌握了"阿姨"的概念。如果这个孩子对与妈妈年龄相差很大的女性或与妈妈年龄相仿的男性也叫阿姨,则说明他没有掌握"阿姨"的概念。

对一类事物做同样的反应意味着概念总是代表一类事物而不是单个事物,因此概念总是与"类"相联系,单个的事物不能叫作概念。比如我们说"去超市买苹果"，这里的"苹果"不是指哪一个苹果，而是指苹果这种东西。这个"苹果"包含了古今中外所有的苹果，这就是一个概念。

概念往往用语词来表示，即人们将归为一类的事物取一个共同的名字，这个名字就成了概念的名称。人们在思考这类事物时可以运用这个词进行思考，而不必借助实物或图画。但是知道一类事物的名称并不意味着就掌握了概念，反过来说，说不出这类事物的名称也不意味着没有掌握概念。

人们发现归为一类的事物可能属于一个更大的类别，或归为一类的事物内部还可以进一步分类，这就产生了概念的层次以及概念的体系。比如苹果属苹果属苹果亚科蔷薇科，而苹果又分了很多品种，如红富士、乔纳森、国光等。因此学习知识实际上就是在头脑中建立概念体系，而且概念与原理的学习都离不开已经建立的概念体系。

（二）概念的结构

1. 概念名称

概念名称即一类事物共同的名字，用于指代这一类事物。但概念名称与概念本身不是一一对应的关系。有的概念有好几个名称，比如"土豆"也叫马铃薯、洋山芋、洋芋，但都指同一种农作物。而有的名称（词）可能代表不同概念，如"青菜"这个词在不同的地方指不同的东西。这种现象在生活中很常见。

2. 概念特征

概念反映的是事物的共同特征，这些特征可能是表面的，也可能是内在的。一般来说，从表面特征所获得的可能并不是这类事物的本质。比如如果以相貌或穿着定义好人与坏人就偏离了好人与坏人的本质。再如家长带孩子出去玩，看到天上飞的小鸟会告诉孩子那是鸟。如果孩子接触到的鸟都是在天上飞的，那么他们形成的鸟的概念就会有错误。

3. 概念定义

下定义是揭示概念内涵即本质特征的一种语言方式。下定义一般采用"属概念＋种差"的形式。属概念指被定义概念的上位概念，种差指被定义概念和与之相平行的概念之间的区别性特征。例如"无理数是无限且不循环的小数"这个定义中，属概念是小数，种差是无限且不循环，说明小数中有有限小数和无限小数，而无限小数中有循环小数和不循环小数，而无限且不循环是无理数区别于其他小数的本质特征。

4. 概念例证

概念来自具体例子，这些例子分正例和反例。凡具有概念所揭示特征的例子为正例,凡不具有概念所揭示特征的例子为反例。例如直角三角形、锐角三角形、钝角三角形、等边三角形都是三角形的正例,圆形、梯形、矩形为三角形的反例。

一般来说,正例提供了有利于概括的信息,也就是说正例越多越便于概括出它们的共同特征。不过也应注意出示正例时应合理运用变式。变式即所呈现的正例的非本质特征要多加变化,以突出其本质特征。变式的运用能够使学生较准确地掌握概念。

反例提供了有利于辨别的信息。有时仅呈现正例而不呈现反例,会使学生仅仅知道"什么是"却不知道"什么不是",这样在遇到实际例子时仍会出现判断失误的情况,这对于概念的掌握不利。教学中教师往往在学生学习了一个概念后,将正例和反例同时呈现给学生,让学生判断哪个属于这个概念、哪个不属于这个概念,这种做法就比较有利于学生掌握概念。

(三) 概念学习的方式

1. 概念形成

人们在生活中经常听到一些陌生的词,对于这些词的含义人们可能因为种种原因不愿去问别人,于是就会在别人用这些词的时候去观察和猜测这些词指的是什么,并且会去验证这些猜测。这些猜测可能被证实,也可能被证伪。被证伪的话会建立另外的猜测,被证实的话人们就会试着用这样的词,如果被别人认可,就意味着获得了这些词所代表的概念。这就是日常生活中概念的形成。

概念形成就是学生建立有关概念意义的假设,然后通过大量实例得到反馈并验证假设,从而获得概念。概念的形成不是一蹴而就的,而是经历了从否定到肯定的一系列过程。

假设一个小孩不知道什么叫作"碗",妈妈叫她拿只碗来,她拿了只碗,妈妈说对的,再拿一只。孩子拿了只盘子,妈妈说不对,这不是碗,再去拿。孩子又拿了只碗,妈妈说对的,再拿。孩子拿了只杯子,妈妈说不对,这不是碗,再拿。孩子会思考妈妈说"对"的那些东西有什么共同点,妈妈说"不对"的和说"对"的东西之间有什么不同。妈妈说"对"的东西是"碗"这个概念的正例,妈妈说"不对"的东西是"碗"这个概念的反例。在妈妈不断的肯定和否定之中,孩子建立和验证着假设,最终获得关于"碗"的概念。

以下是一个有关质数与合数概念形成的实验:

材料 1 及被试与主试的反应

$2=2\times1$	2 是质数	
$3=3\times1$	3 是（质）数	✓
$4=4\times1=2\times2$	4 是合数	
$5=5\times1$	5 是质数	
$6=6\times1=2\times3$	6 是（合）数	✓
$7=7\times1$	7 是质数	
$8=8\times1$	8 是（质）数	✗
$9=9\times1$	9 是合数	

材料 2 及被试与主试的反应

$10=10\times1=5\times2$	（合）数	✓
$11=11\times1$	质数	
$12=12\times1=3\times4=6\times2$	合数	
$13=13\times1$	（质）数	✓
$14=14\times1$	（合）数	✓
$15=15\times1$	合数	
$16=16\times1=4\times4=8\times2$	（合）数	✓
$17=17\times1$	（质）数	✓
$18=18\times1=6\times3=9\times2$	合数	

注：左边一栏为主试向被试出示的材料，右边一栏为主试的提示、被试的回答（括号里的文字）以及主试对被试回答的反馈（✓或✗）。

从该实验中我们看出什么？

实际教学中教师不可能像上面那些例子和实验那样教授概念，但也会采取一些类似的方式。通常的做法是：教师从具体例子出发，引导学生观察这些例子的共同点和不同点，然后将具有共同点的例子合并为一个集合，并给它们起个名字，这个名字就是这些具有共同点的事物的名称，而掌握了这些事物的共同点就是掌握了这一概念。

例，"轴对称图形"教学片段：

教师教学生将一张纸对折，然后从折痕的地方，任意但很认真地撕下一块，在黑板上展示学生的作品(三个学生的作品)。

师:同学们仔细瞧瞧,如果我们把这些纸看作一个个图形的话,看一看这些图形大小怎么样? 一样还是不一样?

生:不一样

师:形状?

生:也不一样。

师:但是,你们有没有从中发现共同的地方呀?

生1:他们的左右两边都相同。

师:关于刚才那位同学(生1)说左右两边都相同,你们同意吗? (同意)

师:那再深入地观察,左右两边仅仅是大小一样吗? 试想,我们再把它重新对折的话会怎么样?

生1:我认为它的形状也一样。

生2:我认为它的面积也一样。

生:我认为把它们叠在一起的话,会完全重合。

师:体会一下是这么吗? (是)

师:这样的图形对折后,左右两边可以完全重合的,这样的图形就叫作轴对称图形。

从这个片段中我们可以看到,教师在教授"轴对称图形"的概念时并不是直接将概念的定义告诉学生,而是让学生观察、分辨这些具体图形的共同点,然后将这些具有共同特征的图形叫作轴对称图形。这就是概念的形成。

2. 概念同化

概念同化指教师直接呈现概念的定义和特征,学生借助已有知识经验加以理解,最终掌握概念。这种学习方式在年龄层次较高的学生和成人的学习中较为常见。

概念同化过程在奥苏伯尔有意义言语学习理论中得到较详细的阐释(见本章第一节),其本质是学生将新概念与已有的相关概念相联系,以已掌握的概念去理解新概念。新概念与已有的相关概念建立起实质性的与非人为的联系,从而获得意义。

例如,学生已经知道凡哺乳动物都为胎生动物,当他们通过阅读知道蝙蝠是哺乳动物,便可推断蝙蝠的繁殖方式为胎生。这属于奥苏伯尔知识同化类型中的下位学习。

概念形成和概念同化两种方式在实际教学中常合为一体,很难看到单纯的概念形成和概念同化。

(四) 直观教学

小学概念教学一般都从例子出发，帮助学生形成大量表象，从这些表象中概括出共同特点，从而得出概念，这就涉及直观教学的问题。

直观教学就是教师运用直观材料帮助学生获得直观经验并从中获得概念。直观教学的目的有两个：一是获得直观经验；二是获得概念。直观经验是获得概念的基础，但不是最终目的。直观的最终目的是获得概念。因此教师不能为了直观而直观。

直观教学按材料的不同分为三种：实物直观、模像直观和语言直观。

1. 实物直观

实物直观材料包括实物和实景。实物可以带入教室，而实景无法带入教室。实物直观具有生动、鲜明、真实的特点，直观性最强。但实物的关键特征与非关键特征常混在一起，小学生不易将其区分开来，从而削弱了概念形成的可靠依据。同时实物直观成本较高。除了有的实物本身的价格高外，有些实物直观需要借助一定的工具才能够进行，比如进行天体观测需要使用望远镜，观察细胞需要借助显微镜，而且实物会产生自然损耗和人为损耗。另外有的实物直观受季节、天气等自然因素影响，有较大局限性。

2. 模像直观

模像直观泛指所有模拟化的直观，如图表、图画、照片、模型、动画、影片等。模像虽然直观性不及实物，但由于其可以制作并可以人为操控，因此可以降低成本并能较好地配合教学的进程。模像直观的特点可以概括为：由大变小、由小变大、变静为动、变动为静。例如利用地球仪可以看到地球全貌，由分子模型可以加深对分子结构的印象，对于花开过程的了解可以采用特技手段将镜头加以剪接便可得到很难观察到的珍贵画面，通过高速摄影回放可以将瞬间变化变慢，以更清晰地观察细节，等等。所以模像直观是教学中应用最广泛的方式。

当代课堂科技手段运用日新月异，多媒体课件也不断展示出新的形式。课件越来越多地成为直观的集合体。过去很多需要教师演示的实验现在都可以通过课件以模拟方式进行。

3. 语言直观

语言直观指运用通俗、生动、形象化的语言材料进行的直观方式，其特点是便利、成本低。但语言直观对教师语言能力要求较高。教师一方面需要提高语言修养，另一方面要提高语言表达的艺术性、表现力及情绪感染力。

二、原理的学习

（一）原理的含义与特点

原理，通俗地说就是一般的道理，指对各种自然现象、社会现象以及心理现象产生与发展过程、内在机制与原因的介绍和解释，是陈述性知识的主要内容，也是程序性知识的依据。人解决问题固然依靠程序性知识，但如果能理解程序性知识背后的原理，则能更好地掌握程序性知识。原理揭示的是客观规律，具有实然性，属于陈述性知识，而规则（包括规范、规程、守则、操典等）是对人提出的行为要求，具有应然性，属于程序性知识，这些要求一般应以客观规律为依据。

科学知识的主干是科学原理。仅仅掌握概念还不能产生对事物之间关系、对各种事物所构成的世界的整体认识。小学学科知识虽然较为简单，但也包含了各种原理。语文教学虽然以语言文学的规范为主，但这些规范本身来自于原理。也就是说，语言规范虽然具有一定强制性和人为性，但这种人为性和强制性总是依据一定道理。语文课文中更是包含着丰富的自然科学原理、人文科学原理。例如"雾凇"一文除了描写了雾凇的美，还介绍了雾凇的形成原因，后者属于原理。数学具有较强的抽象性，这种抽象性表达了数概念之间的关系，这种关系属于原理，如商不变性质、加法乘法的分配律和交换律、圆周率等。小学科学课更多地揭示了动植物的生命原理、自然现象产生的原理等。

（二）影响原理学习的因素

1. 概念的掌握

原理阐述的是概念之间的关系，因此原理学习应以概念掌握为基础。如果对概念不理解，则无法理解原理。但单单掌握原理中的概念并不意味着就能很好地掌握原理。原理学习的关键是掌握概念所代表的事物之间的关系。例如学生学习"路程＝时间×速度"这个公式首先必须懂得路程、时间、速度这几个概念，但懂得这几个概念并不一定就能理解这个公式，特别是不一定就能懂得下面的道理：速度不变的情况下，走的时间越长，走的路程越多；相同时间内，速度越快，走的路程越多；时间与速度成反比，与路程成正比；速度与时间成反比，与路程成正比，等。所以教师对于原理的介绍应应用变式，使学生从不同角度了解原理内部的关系（即概念间关系），这样才能更好地理解原理。

2. 感性经验

学生掌握原理的必不可少的条件是感性经验。我们生活的世界不是由一个个单纯孤立的事物构成的，这个世界所存在的事物之间存在着这样或那样的联系，发现和揭示这些联系所形成的正是各种各样的原理性知识。因此学生学习这些知识需要与身边的各种事物直接接触，观察、探索、发现和了解这些事物间的联系以及运动变化的规律。如果学生积累了大量的感性经验，他们对原理的理解就会比较深刻。

3. 表征方式

布鲁纳曾说过：任何学科的基本结构都可以以某种形式教给任何年龄的任何儿童。这句话中的"学科的基本结构"是指学科的基本原理，"可以以某种形式"意思是学科的基本原理可以以多种方式表征，比如动作表征、表象表征、符号表征。布鲁纳这个观点的基本内涵就是：任何原理只要用适合于某个年龄特点的表征方式进行教学，学生就能掌握这个原理。他强调了学生不是掌握原理的语义而是掌握原理本身的道理。比如幼儿不能用抽象语言阐述杠杆原理，但他们可以通过玩跷跷板的经验理解其中的道理。

4. 思维的灵活性

揭示概念之间关系的原理的表征方式往往是多样的、有差异性的，有时是角度的差异，有时是语言的差异，有时是表达主体的差异，因此学生应具有思维的灵活性、变通性，能够把握原理在表征形式上的变换，真正理解原理的含义。

（三）原理学习的方式

心理学上一般将原理学习分为发现学习和接受学习两种方式。发现学习是人类知识的原创方式，是人类探索未知领域的主要形式。当然，学生不可能真正实现原创性的发现，但可以学习发现的方法以加深对原理的理解，提高个人的创造意识和能力。很多人认为学生在课堂上的发现本质上属于有指导的发现，即学生在教师的指导下模拟性地从事发现活动，这种观点在现在的小学课堂成为普遍的学习实践。

1. 发现学习

发现学习是由布鲁纳提出的以学生探究为主的学习方式。布鲁纳说明了发现学习的几大优点：可以增强学生学习的内部动机，可以使学生主动建构自己的知识结构，可以培养学生的直觉思维，可以提高学习之间的可迁移性。

课堂教学的发现学习是通过教师创设与某一原理相关的问题情境引导学生探索具体问题，发现其中蕴含的基本道理。例如学生学习"商不变性质"，教师先出示下面两组题目：

$$\frac{2}{4}= \qquad \frac{20}{40}= \qquad \frac{200}{400}= \qquad \frac{2000}{4000}= \qquad \frac{20000}{40000}=$$

$$\frac{20000}{40000}= \qquad \frac{2000}{4000}= \qquad \frac{200}{400}= \qquad \frac{20}{40}= \qquad \frac{2}{4}=$$

教师让学生计算每道题的得数并启发学生去发现：上面一组题目分子分母有什么变化规律？下面一组题目分子分母又有什么变化规律？在一系列变化过程中什么没有变？学生通过计算和比较发现：上面一组题目分子分母同时扩大了相同的倍数，下面一组题目分子分母同时缩小了相同的倍数，但得数（商）都没有变。

教师可以再出示类似的题目去让学生进一步发现和总结，从而得出：分子分母同时扩大或缩小相同倍数，商不变。这就是商不变性质的有指导的发现教学。

某小学科学课老师教"纸的观察"一课就很好地运用了发现学习法：首先让学生通过用手摸、用鼻子去闻、用眼睛或用放大镜看一张白纸，然后将这张白纸的特点说出来，全班开展讨论。学生先后说出了这张白纸是四边形、白色、薄、特别软、很清香、很透明、滑折叠后有皱纹、轻、折后凹凸不平、用放大镜看有很多小孔、有影子等特点。

教师又让学生比较白纸和牛皮纸，学生发现白纸比牛皮纸要小、白纸是滑的、牛皮纸有一面滑而另一面粗糙、白纸很白而牛皮纸是黄色的、白纸投放的影子浅而牛皮纸投放的影子深、白纸撕开以后有毛而牛皮纸没有毛、白纸透明而牛皮纸不透明、白纸比牛皮纸要厚……在白纸和牛皮纸到底哪一种有毛、哪种没有毛这个问题上学生之间发生争论，在老师的引导下学生最后得出结论：两种纸都有毛。老师告诉学生：人们给这种毛取了个名字叫纤维。老师还鼓励学生提出问题，学生提出的问题很多：纤维是什么做的？为什么这个毛叫纤维？纤维可以做什么？纤维从哪里来的？纤维里边的细胞结构是怎么样的？纸里面为什么要有纤维？老师希望学生课后查阅资料自己去解答这些问题。

老师又让学生观察硬纸板和报纸，学生发现硬纸板的纤维要多一些，而有的学生发现报纸的纤维颜色不一样。在观察、辨析、讨论之后，学生得出了"纸是由纤维组成的"这个科学原理。[①]

教师运用发现教学时应注意选择有探索价值且在学生探索能力范围内的课题，学生探索过程中教师应进行一定的指导，同时又不能包办代替，教师应帮助学生将探索中发现的规律上升为原理。

2. 接受学习

接受学习指教师直接将原理呈现给学生，然后通过例子帮助学生理解原理。

---

① 本课执教者为重庆市珊瑚实验小学陶建鑫老师，特表感谢。

仍以"商不变性质"教学为例：教师先告诉学生什么是商不变性质，然后做一定的解释，再通过各种例子帮助学生理解，之后出示习题检验学生学习情况、进行练习以巩固这一原理的学习。

接受学习一般用于比较高的年级、用于那些比较系统连贯的知识的教学。接受学习以学生已经掌握的知识为基础，借助于这些知识合理地逻辑性地推出新知识。这是接受学习的要点。

接受学习并不必然导致"满堂灌"、"注入式"或"一言堂"。如果教师抓住学生兴趣的激发点、新旧知识间的契合点以及逻辑关系的关键点，一堂主要由教师进行讲授的课也能获得高效率。

发现学习与接受学习在实际生活和学习过程中经常可见，两者之间是相辅相成的关系。"在课堂教学中，学生的学习方式不是单一的，教师引导学生采用何种学习方式既与学习的内容有关，又与学生的心理发展特点和个性差异有关。"①

对于以继承前人知识为主的学生是否需要重复前人所走的探索之路，这在教育领域存在很大争议。有人针对传统教育的"三中心"（即书本中心、教师中心和课堂中心）暴露出来的弊端，主张"问题中心"、"学生中心"和"生活中心"，其目的就是使学生有效掌握那些与他们的生活紧密相关的原理性知识。其实无论哪一种"三中心"都应防止偏颇和极端。学生的学习不是刻板地循着固定路线行进的过程，其中受到多种变量（如学习目标、教学内容、学生的年龄差异与个体差异、教学条件、教师的教学风格等）的影响，这一点教师应格外注意。

本章小结

本章较系统地介绍了陈述性知识的一般学习过程以及作为陈述性知识骨干的概念与原理的学习。陈述性知识的学习从感知知识的外部物理或化学形式开始，之后学生对进入大脑内部的这些知识进行认知加工并将新知识与已有知识相结合，形成新的认知结构。我们重点分析了知识理解的表现及其实质，同时系统介绍了奥苏伯尔的知识同化理论，这一理论的核心思想是：学习是学生用已有的知识经验同化新知识的过程。知识不仅需要理解而且必须保持，这样才能保证其在生活和学习过程中的应用。保持与遗忘是相对的过程。本文介绍了四种遗忘理论及其对教学的启示。陈述性知识的应用主要表现在对事物的知觉、辨别、判断和作为论证的材料。概念和原理是陈述性知识的主要构件，概念是对一

---

① 刘衍玲，吴明霞.接受学习与课堂教学[M].北京：人民教育出版社，2007.

类事物共同特征的认识,原理是对概念(事物)之间关系的认识。概念和原理的学习有从具体到一般(概念形成和发现学习)和从一般到具体(概念同化和接受学习)两种方式。

思考与训练

一、思考题

1. 教师如何提高学生知识感知效果?

2. "理解"这一心理现象的具体表现有哪些?

3. 为什么说"学习就是学会表征"?

4. 举例说明知识同化的条件。

5. 举例说明上位学习、下位学习和并列结合学习。

6. 教师为什么要为学生的理解而教?

7. 简述加涅的信息加工流程。

8. 简述四种遗忘学说及其对教学的启示。

9. 陈述性知识的应用指的是哪几个方面?

10. 简述概念的结构。

11. 概念的正例与反例各有什么作用?

12. 三种直观材料各有什么特点?

13. 影响学生原理学习的因素有哪些?

14. 用发现学习和接受学习的方式教授小学生某一原理。

二、教学案例分析

加法运算律(四年级上)①

江苏海门市实验小学　杨惠娟

课前阅读与思考

战国时代,宋国有一个养猴子的老人,他在家中的院子里养了许多猴子。日子一久,这个老人和猴子竟然能沟通讲话了。

这个老人每天早晚都分别给每只猴子四颗栗(lì)子。几年之后,老人的经济越来越不充裕(yù)了,而猴子的数目却越来越多,所以他就想把每天的栗子由八颗改为七颗,于是他就和猴子们商量说:"从今天开始,我每天早上给你们三颗栗子,晚上还是照常给你们四颗栗子,不知道你们同不同意?"

---

① 预习作业设计及课堂组织.小学数学教学网,2014－4－14.

猴子们听了,都认为早上怎么少了一个? 于是一个个就开始吱吱大叫,而且还到处跳来跳去,好像非常不愿意似的。

老人一看到这个情形,连忙改口说:"那么我早上给你们四颗,晚上再给你们三颗,这样该可以了吧?"

猴子们听了,以为早上的栗子已经由三个变成四个,跟以前一样,就高兴地在地上翻滚起来。

思考题:同学们,你认为小猴子们的想法对吗?

学生通过阅读与思考,认识到 $4+3$ 就等于 $3+4$,这两道算式实际上都是表示把 4 个栗子和 3 个栗子合并在一起,这是加法的意义,借助故事直观地感知交换两个加数,和不变。

请回答以下问题:

1. 这个片段中学生学到的是什么知识? 学生从故事中获得一般性认识的过程属于什么样的学习方式?

2. 你觉得杨老师出示的例子是否能够较好地说明学生要掌握的知识? 如果是你教这个知识你会做什么样的设想?

三、教学设计

用概念形成与概念同化的方式教授小学生某一概念。

延伸阅读

信息加工系统中的三种记忆

一、瞬时记忆

人的感觉器官处在开放状态,随时准备接受各种信息的"轰炸"。当某一信息达到一定的刺激强度就能在感受细胞上留下一定的痕迹,这是记忆的开始,也可以看作学习的开始。比如我们看电视时,在屏幕画面转换的一刹那仍然能看到先前的画面,这就是瞬时记忆。这个记忆并不存在于我们大脑之中,而是信息在感受细胞上的暂时存留,大概存在 $1\sim2$ 秒时间,可以说这是一种生理性的记忆现象。人面对巨大的各种各样的信息流,只能有选择地进行信息加工。如果瞬时记忆的信息被人注意到了,将进入短时记忆系统。不过进入短时记忆系统的信息只是作用于人的感觉器官信息中的极少一部分。

鸡尾酒会效应

鸡尾酒会上人们三五成群地交谈。在这种热热闹闹的场合,人们一般听不清别的人群谈论的事情。但如果别的人群中有人提到自己的名字,这一信息会很快被捕捉到,而且会十分注意别人在说自己什么。

二、短时记忆

短时记忆是用于解决当前一刻问题的记忆,当当前问题解决之后就会被遗忘。比如上课时学生必须将老师的提问记在头脑之中,然后考虑如何回答;而在回答之前又必须将自己的思考结果记住,才能说出自己想说的话。这一系列活动都是短时记忆的活动。生活、学习、工作、人际交往等都离不开短时记忆。

短时记忆有以下特点:

第一,容量有限。很多实验表明,短时记忆的容量只有7±2个单位或组块。记忆单位或组块(chunk)指人在记忆过程中将什么看作一个整体加以记忆。组块是不固定的,没有确定的刻度。比如小学生记忆古诗句"远上寒山石径斜",通常将其看作三个单位:远上/寒山/石径斜。每个单位都有相对独立的意义和韵律。我们记手机号码时有自己习惯的记法:有的是3—3—5,有的是3—4—4,有的是4—4—3,有的是4—3—4,等。这里所说的每个数就是一个组块。因此心理学家提出,如果想提高短时记忆容量比较好的方法是扩大记忆单位,即增加一个单位或组块内的含量。

记忆容量和人的知识经验、刺激的组合方式有关。对于英语听力水平较低的人来说,他在听别人说英语的时候,可能只能记住一个个单词,甚至只能记住一个个音节,而对于听力水平较高的人来说,他记住的可能是一个个短语或词组,甚至是一句话。我们说话总是要有一定的节奏和停顿,这样便于听者记忆。如果我们说话中间没有停顿,几句话连在一块说,别人就没有信息加工的时间,也无法进行语义上的切分,也就无法记住我们所说的内容。

第二,保持时间短,大约1～2分钟。比如我们上菜市场买菜,青菜1.5元一斤,买了两斤半,拿出10元钱给商贩,他找了钱,我们看到找的钱数目对头,就去买别的菜。等过会问我们青菜多少钱一斤以及花了多少钱,我们可能回答不出来。这是因为青菜已经买完,交易已经结束,我们已经没有必要去记买青菜的价格。所以说短时记忆保持时间短是由其任务决定的。

第三,以听觉编码为主。短时记忆时我们要对记忆材料进行听觉性加工,也就是将记忆对象转化为声音进行记忆。如记别人说的电话号码时我们通常在心里或口头上进行复述。记课堂上老师呈现的PPT时也是这样:我们看着投影幕布上的文字,嘴里或心里念着,然后根据念的内容(而不是看到的内容)记在本子上。当我们在本子上记完之后,可能刚才头脑里储存的内容也已忘记。

三、长时记忆

如果我们需要将记忆材料保持更长时间就要对短时记忆的信息进行复述和编码，这是一个有意识的过程。复述就是有意识地反复感知和尝试回忆，编码指有意识地对记忆材料重新加以组织，以更有利于记忆的方式储存于记忆中。

长时记忆里的内容实际上处于无意识状态，就像一间黑洞洞的地下室。每个人都不可能知道自己的长时记忆里究竟藏着多少东西。只有当人需要的时候才会将长时记忆里的东西提取到短时记忆中，这时人才可能了解到自己记忆里的内容。

"卧谈会"现象

每个住过集体宿舍的人都有这样的体会：晚上熄灯后大家喜欢聊天，而且越聊越起劲，越聊越有新发现。我们会惊奇"卧谈会"竟然有这么大的力量，记忆的闸门会轰然大开，而且我们会发现自己的记忆中竟然会有这么多东西，而这些东西平时自己哪怕费脑筋去想都不一定能想起来。这是因为"卧谈"情境具有激活长时记忆的功能，并且提供了提取长时记忆的线索。就像一个人打着手电下到地下室寻找物品一样，"卧谈"提供了照亮长时记忆的光亮。

第五章　认知技能的学习

良好的人生是受行动和智慧指导的。

——罗素

内容提要

认知技能指通过练习而形成的熟练化的智力活动,这种活动以程序性知识(规则)为基础。程序性知识的表征方式为产生式及产生式系统。认知技能的形成经过认知定向阶段、基本规则练习阶段、初步整合阶段、熟练阶段和完善阶段。认知技能学习分知觉学习和规则学习。认知技能是问题解决的核心技能。问题解决经过问题产生、问题表征、形成问题解决策略、执行问题解决策略和验证等阶段。问题解决的高级形式是创造。创造是独立产生前所未有的社会产品的精神活动,它由创造性和创造力构成。迄今为止心理学家研制了很多创造性测验用以测查学生的创造力。

关 键 词

技能;认知技能;强联系与弱联系;产生式;产生式系统;知觉学习;规则;例—规法;规—例法;问题;问题解决;创造活动;创造性;创造力

学习目标

1. 能说出认知技能的特点及其与动作技能的区别。
2. 能编写某一认知活动的产生式系统。
3. 能举例说明强联系与弱联系。
4. 能够提高对认知技能重要性的认识。
5. 能列举小学语文或数学中的认知技能。
6. 能举例说明规则的结构。

7. 能完整地举例说明认知技能形成过程。

8. 能分别用例—规法和规—例法进行简单的教学设计。

9. 能举例说明知觉学习的含义与提高知觉学习效果的策略。

10. 能举例说明认知技能应用的层次。

11. 能用自己的话说明问题与问题情境的含义。

12. 能完整地举例说明问题解决过程以及影响问题解决的因素。

13. 能解释创造活动的含义及其心理构成。

14. 能用自己的话说明创造力与智力的关系。

学习策略

　　本章与第四章一样内容非常丰富,但与前一章不同的是,本章围绕着活动和技能展开。学习本章需要大量的认知活动经验和自我观察意识的支持。学习者需要通过回想和思考自己认知活动的完整过程来理解、体会和验证相应的理论知识,同时能够用理论知识解释具体例子,以巩固这些知识。本章也需要学习一定的教学设计。所以学习者应在课外阅读或观看有关的教案或课堂实录,形成课堂教学过程的基本程序性知识。

　　人不仅需要"知",而且需要"做"。没有"知"就没有"做",没有"做","知"也失去了其基本意义。实际上不能转化为"做"的"知"的生命力往往是不长久的。做,不仅指实际的动作,而且指在头脑中进行的一系列智力活动。本章主要讨论这种在头脑中进行的活动。

[课例]

　　(教师让学生看图,然后指名说说图上讲的是什么)

　　生:一个女孩在电影院的售票处,问阿姨:"我们全校 368 人看电影能坐下吗?"阿姨告诉她:"电影院共有 21 排座位,每排 14 人。"

　　师:(在挂图上出示问题)你们能帮小女孩解答这个问题吗?(学生大声说"能")

　　师:谁能列出算式?

　　生:$14×21$。

　　师:同学们,请你用喜欢的方法来计算 $14×21$,并想一想怎么算?(生计算)

　　生:(边板演边说)我是用竖式算的,先用第二个乘数个位上的 1 去乘第一个乘数个位上的 4,1 乘 4 得 4,4 写在个位下面,再用 1 去乘第一个乘数十位上的

1,1 乘 1 得 1 写在十位下面;然后用第二个乘数十位上的 2 乘第一个乘数个位上的 4,2 乘 4 得 8 写在十位下面,再用 2 乘十位上的 1,2 乘 1 得 2 写在百位下面,最后把两次乘得的积相加,得 294。

生:我是口算,把 14 看作 10 和 4,先用 $10 \times 21 = 210$,再用 $4 \times 21 = 84,210 + 84 = 294$。

……

师:孩子们,这个电影院共有 294 个座位,我们全校 368 人能不能坐下?

生:(齐)不能。

师:同学们,坐不下怎么办?你有什么好办法吗?

生:可以分批去。

生:可以拿着椅子呀!

生:可以跟电影院的工作人员说说,好不容易去一次电影院,求他们想办法。

(孩子们纷纷出主意)

师:学校把情况跟电影院说了之后,工作人员想到了一个好办法,在每排多加 5 把椅子,现在每排可坐 19 人。

师:同学们,赶快估计一下,现在电影院能不能坐下 368 人。

生:把 21 看作 20,19 看作 20,$20 \times 20 = 400$,能坐下。

师:现在电影院实际一共有多少个座位?我们来算一算。谁会列算式?

生:19×21。

师:请你用喜欢的方法计算 19×21(学生计算)。谁愿意说一说你是怎样算的?

生:我用口算,把 21 看作 20 和 1,$20 \times 19 = 380,1 \times 19 = 19,380 + 19 = 399$。

生:我也口算,但和他不一样,把 19 看作 10 和 9,$10 \times 21 = 210,9 \times 21 = 189,210 + 189 = 399$。

生 1:我是竖式,可得 399。

师:能把竖式写在黑板上吗?(三个学生上黑板列竖式)

师:我们观察一下这三个竖式,用第二个乘数个位上的 1 乘 19 的计算是一样的。只有用十位上的 2 去乘 19 时,积的写法出现了分歧,到底怎样写积才对呢?(学生各持己见。)

(小组交流,师巡视。)

师:哪个小组愿意说一说?

生:用十位上的 2 去乘 19 时,先用 2 乘 9 得 18,8 应写在十位上,满十向前一位进一;然后 2 乘 1 得 2,加上进来的 1 等于 3 写在百位上。

生:为什么 8 要写在十位上?

生：因为 2 在十位上就表示 2 个十，20 乘以 9 等于 18 个十，即 180，所以 8 写在十位上。

师：用 2 去乘 1 时积怎样写？谁知道？

生：因为 2 在十位上表示 2 个十，而 1 也在十位上表示 1 个十，$20 \times 10 = 200$，200 加上进来的 100 得 300，所以 3 应写在百位上。

师：请大家用竖式计算，并写好单位名称和答。（全体学生练习）

师：同学们，仔细观察比较 19×21 的竖式计算，你发现了什么？

生：19×21 是进位乘法。

师：对了，我们这节课重点学习的是"两位数进位乘法的计算方法"。

师：大家想一想，笔算两位数乘两位数进位乘法应注意什么？

生：用第二个乘数十位上的数去乘时，所得积的个位要同十位对齐，满十向前一位进一。

上面这一课例较完整地呈现了学生学习进位的两位数乘两位数乘法过程。我们可以看到学生不仅得到了 14×21、19×21 这两道例题的积，而且讨论了列竖式计算积的数位的写法，更得出了笔算两位数乘两位数进位乘法的计算方法和要求。教学中教师不是简单地将这些方法和要求告诉学生，而是让学生通过对情境中的问题的解答去发现、归纳和总结。学生获得的这样的知识叫规则，学生通过学习规则和练习获得的是认知技能。

第一节　认知技能的含义与表征

一、技能与认知技能的含义与特征

（一）技能的含义与特征

技能指通过练习而形成的一套程式化的熟练操作。这里的操作不单指显形于外的动作，而且包括隐形于内的智力活动，俗称动脑筋的活动。技能有如下特点：

第一，技能是一整套操作，而不是简单而机械重复的动作。如抓头不是技能，头部按摩是技能，女生扎辫子或盘头发也是技能。写一个字不能叫技能，连贯地写一篇字才能看出技能如何。

第二，技能按一定步骤进行，而规定这一定步骤的是规则。规则指一系列操作准则,这种准则必须合乎规律和原理。如果说原理是对事物规律的反映,规则就是根据原理而制定的行为要求。按照规则行动就能获得成功,不按规则行动就会遭致失败,至少效率较低。

如数学计算法则就是有关计算的要求,如数位对齐、满十进一等。如果不按照这些规则去计算,其结果必然错误。当然,规则不是绝对的。有的技能的规则要求很严格,程序与操作规范不能有任何改变,而有的规则可以在一定范围内进行不同组合,程序要求并不很严格,这要视具体情境而定。技能的高度发展就成了技艺和技巧,后者按字面理解指艺术化的技能,是熟练化与创造性的完美结合。

第三,不是所有的成套操作都能叫作技能,只有操作达到熟练化水平才能叫作技能。所谓熟练化(proficiency)就是这一系列操作是在意识较少控制下顺利完成的,其表现就是完成速度快、流畅、连贯,可以完美地实现注意的分配。

第四,技能不是天生的,而是后天探索和学习获得的。人类在与事物打交道过程中逐步总结出简明有效的行动方式,这些方式作为人类文化的一部分供后人学习,后人在前人的基础上做进一步的改造,使其更加完善。

(二)认知技能的含义

技能分为动作技能和认知技能。认知技能又称智力技能、智慧技能、心智技能,指人的认知活动或智力活动达到熟练化水平。如下棋、做计算题、作文、备课、组织班会、设计 PPT、准备演讲、谈判等属于认知活动,而这些活动如果达到熟练程度则说明形成了认知技能。

认知技能符合技能的一般特征,如系列化、规则化、熟练化、通过练习获得等,但它又与动作技能有明显不同:

动作技能是外显的,认知技能是内隐的。动作技能相对比较机械、刻板,而认知技能较为灵活,呈现出智能化和多样化的特点。如写记叙文属于认知活动,这一活动虽然有一定的要求,如写作的六要素、顺叙、倒叙和插叙的写法等,但这些都是十分笼统的,并没有固定的非常清晰的模式。因此我们经常将认知活动与智力活动、认知技能和智力混在一起。实际上它们确实无法区分。动作技能以动作方式表征,有较清楚的提示线索,认知技能无法用动作方式表征,缺少清楚的提示线索。

(三)认知技能与程序性知识

技能获得有两种方式:一是模仿,即仿照别人的操作进行学习,如跟着老师的动作演示学戏剧或广播体操;二是先学习有关操作的知识,再将知识转化为操作,如通过看说明书拼装四驱赛车。但不论何种方式都涉及"知"的问题。如模仿需要将模仿对象的动作记在头脑中然后转化为自己的动作,这是用视觉表象表征的知识;再如看说明书上的文字说明不仅需要记住和理解那些文字,而且要能够在头脑中想象拼装赛车的动作,然后转变为实际操作。这些例子都说明技能学习中离不开"知"的作用。技能学习绝不是单纯的"做"的问题,任何"做"都要以"知"为模板。

1. 技能中的程序性知识

技能中的知识叫程序性知识,这种知识可以用动作来表征,如手工老师教剪纸往往以自己的剪纸动作表示这种技能;程序性知识也可以用表象来表征,如学生阅读手工教材中的示意图,在头脑中留下动作映像;程序性知识还可以用符号来表征,如手工老师上课讲解剪纸的步骤。认知技能中的知识也是程序性知识,这种知识往往用表象表征和符号表征,或以两者的结合进行表征。如老师教学生解应用题时可以画线段图以说明解题步骤,也可以口头说明。

技能中的程序性知识一般以规则的方式存在(不是所有的程序性知识都是规则)。正如我们前面所说,技能中的规则是一组规则,而不是一个规则。这些规则中有的具有强联系性,有的则为弱联系性。所谓强联系性指规则之间的顺序性要求比较强,人们必须严格按这种顺序进行。如宇航员在载人飞船中工作时必须严格遵守工作手册要求的程序,围棋选手布局时也应该按照定式走棋,否则会露出破绽。数学中的计算和证明、语文中的论说文、科学课程教学中的实验等,都比较强调次序,即逻辑和条理。所谓弱联系性指规则间的顺序性要求不那么强,以哪条规则为起点、规则如何组合等都不是很固定。

程序性知识分一般领域的程序性知识和特殊领域的程序性知识,由此也可以将规则分为一般规则和特殊规则。一般规则适用范围比较广,但较为抽象,特殊规则适用范围比较窄,但比较具体。一般规则与特殊规则是相对的,没有明确的划分标准。

认知技能中的程序性知识也是这样。

2. 小学生的认知技能

小学生的认知技能主要体现在学科学习中:

语文学习中有感情地朗读课文、分析和记忆字形、独立使用字典和词典、阅读、结合上下文和生活实际理解词句意思、复述课文大意、观察事物、分段、概括段落大意和中心思想、精读与泛读、写作、使用标点符号、记读书笔记、分析与表达的逻辑性与条理性、口语表达与交际等都属于认知技能,这些技能又可以分为一些小的技能。

语文属于人文学科,其知识似乎不存在正确与错误之分,只有好与不好、合适与不合适的差别。因此语文规则属于相对弱联系的规则。例如,写记叙文是认知技能。记叙文的规则不外乎"六要素"(时间、地点、人物、起因、过程和结果)、要围绕中心选择材料、要详略得当、叙述要清楚、描写要生动等,这些规则在不同主题的作文中表现不尽相同,而且单纯记住这些规则并不等于形成了写记叙文的技能。写好记叙文需要大量的阅读积累和生活积累,而且需要勤练笔。练笔就是将规则灵活运用于具体的写作之中。

相对于语文而言,数学中的程序性知识或规则大多表现为强联系性。数学属于自然学科,其中包含大量的确定的规则。数学的认知技能就是在这些规则指导下通过练习形成的。数学的认知技能包括整数与小数以及分数的四则运算与四则混合运算、估算、数据收集与整理、从实际物体中抽象出几何体和平面图形、图形的平移与旋转、图形测量与绘图、用数或图表示事物和提出数学问题、计量单位的换算等。数学是一门技能性很强的学科,学生需要学习大量的规则,并进行大量的练习才能形成技能。

随着社会的发展,越来越多的技能蕴含了丰富的科技文化含量,知识与技能的结合越来越紧密。比如现代工业生产中运用的高科技的数控机床、各种电气化和自动化仪器需要专业技术工人去操作;再如军事领域中各种高科技武器,都需要既有一定文化知识又具有熟练技能的专业技术兵去驾驭。这些技能的专门化、专业化使得它们成为一门技术,需要人们接受专门教育才能掌握。

二、认知技能的作用

形成认知技能是智力活动熟练化的表现,而熟练化的智力活动对人来说具有很强的适应意义。对于一些智力活动而言,在同等智力水平情况下,达到熟练化与未达到熟练化,两者的活动效率有很大差别。达到熟练化的人会较快地完成活动任务,而未达到熟练化的人也可能找到完成任务的方法,但花费的时间可能会比较多,因为他要经历一个探索的过程。例如,围棋比赛中一方走出了某种棋形,对方如果熟悉此棋形就会很快想出应对的办法;而对方如果不熟悉此棋形,在有时间限制的比赛中就可能走出败着而招致失败,尽管他最终也能想出正确的走法。考试也是这样:有的学生平时练习比较充分,拿到题目后很快就能形成解决问题的方案,而有的学生平常练习少,拿到题目后如果给予充足时间的话他们也能通过自己的思考形成解决问题的方案,但在规定时间里他们由于不熟练而导致解题失败。这种差别不是智力的问题,而是技能的问题。由此看出认知技能的重要性。

接受专业教育是使我们不断提升自己的社会地位和生存空间的基本条件。科技进步对每个现代人都是挑战。不能专业地从事工作,这对于接受过高等教育的人来说是不可想象的。

三、程序性知识的表征

程序性知识的表征方式主要为产生式和产生式系统。

1. 产生式

当人产生了行为的需要时,只要具备相应的条件,就会释放某种行为,这就是产生式(production),心理学将其表达为"C(condition)/A(action)"结构,即一旦形成某种条件就会释放某种行为。也可将此理解为"if/then"模式,也即"一……就……"。

产生式是规则下行为的基本单位,但单一的产生式不能产生行为。行为总是由一系列相连接的产生式即产生式系统构成的。

2. 产生式系统

产生式系统是若干产生式的联结。产生式系统有以下特征:

第一,由一定目的引导。产生式系统中的各个产生式的释放服从最终目标,换言之,它是在某种目标支配下组合而成的。目标的复杂程度不同,产生式系统的固定性就不同。越是简单的目标,产生式系统的联结越刻板;越是复杂的目标,产生式系统的联结越多样。

第二,产生式系统中各个产生式的释放以前一产生式动作完成为条件,即前一产生式的 A 是后一产生式的 C。于是就有下式:

$$C—A(C_1)—A_1(C_2)—A_2(C_3)—A_3(C_4)—A_4(C_5)—A_5(C_6)\cdots\cdots$$

第三,产生式之间的联结不是随意的,而是按一定的规则和规则系统完成的,这些规则满足达到目标的逻辑要求。

由以上特征看出,产生式系统是由目标引导的一系列符合规则的产生式联结。

下面以一道小学数学计算题 $64\times7=$? 为例说明产生式系统的写法(每一个产生式用 P 来表示):

$$\begin{array}{r} 6\ 4 \\ \times\quad 7 \\ \hline \end{array}$$

假设已列出竖式

P_1　如果目标是计算出 $64\times7=$?
　　且已经列出竖式
　　则开始计算 4×7

P₂　如果目标是计算出 64×7＝?

且已经按乘法口诀计算出 4×7 的积为 28

则按书写规则在 7 下面写 8,在竖式右边写将进位的 2

P₃　如果目标是计算出 64×7＝?

且已经在 7 下面写 8,在竖式右边写将进位的 2

则计算 60×7

P₄　如果目标是计算出 64×7＝?

且已经计算出 6×7 的积为 42

则按计算法则加上进位的 2,得出结果为 44

P₅　如果目标是计算出 64×7＝?

且得出 42 加上进位的 2 的结果为 44

则按书写规则在积的十位数上写 4

P₆　如果目标是计算出 64×7＝?

且在积的十位数上写上了 4

则按书写规则在积的百位数上写 4

P₇　如果目标是计算出 64×7＝?

且在积的百位数上写上了 4

则计算得出结果为 448,目标完成

由上例可以看到,产生式系统的运作中目标引导、C 与 A 的递进与转换以及规则的限定作用。

第二节　认知技能的学习过程与训练

一、认知技能的学习过程

有关认知技能的学习过程有不少理论,较为著名的是苏联心理学家加里培林的"智力按阶段形成"的理论。他将认知技能的形成分为定向活动阶段、物质与物质化活动阶段、出声的外部言语活动阶段、无声的"外部"言语活动阶段和内部言语活动阶段。此外,还有阿克曼的三阶段理论。阿克曼(P. L. Ackerman,1989)将技能获得分为三个阶段:第一阶段属于获得程序性知识阶段,与认知理解有关;第二阶段属于认知与操作表象的联合与转化阶段,也就是将联想型联系与网状结构建立起来,这是一个汇编和调谐阶段,所以知觉速度与操作有关;第三阶段属于形成独立操作并达到熟练化即自动加工的获得阶段①。综合各理论观点,我们将认知学习过程分为五个阶段:

(一) 认知定向阶段

认知定向阶段的任务是获得有关技能的程序性知识并在头脑中形成操作表象。在这一阶段,程序性知识是以陈述性知识的方式呈现的,其学习方式也与陈述性知识学习相似。学生需要理解规则中的概念,甚至需要理解规则所依据的原理,也就是要搞懂为什么要这样做。事实上教师在教给学生规则时,经常会让学生说明为什么要这样做,以使学生更好地记住和应用规则。

例如,在"我们的民族小学"一课教学中教师提出"作者按照什么顺序来写"的问题,这个问题涉及学生分析课文结构的认知技能,问题的答案是按时间顺序来写。要得出这个答案就必须弄清楚课文中的一些时间概念:早晨、上课了、下课了,而且要明白这些概念在时间上的排序,这样才能根据课文各段落在时间上的特征得出按时间顺序来写的结论。

学生对新规则的学习需要借助已掌握的规则,由旧规则推出新规则。

[例] 教师教授"小数乘小数"

教师以套房室内面积的测量与计算为例,通过对不同房间面积的计算,巧妙地穿插这几种乘法。如书房的面积=3×3=9 m²(整数乘整数),厨房的面积=2.7×2=5.4 m²(整数乘小数),客厅的面积=3.21×5=16.05 m²(整数乘小数),然后引入新课题卧室的面积=3.6×2.8=? m²(小数乘小数)。教师先要求学生估算出卧室面积应在9 m²~12 m²之间,以此作为学生尝试计算后所得得数的验证标准。借助整数乘小数的经验,学生得出小数乘小数应将两小数看作整数,末位对齐,然后根据两小数小数点后有几位就从积的右边数几位,点小数点。

从这一教学实例中可以看出教师利用了前面学习的整数乘整数、整数乘小数的规则,同时启发学生分析和区别三者间的不同,注意乘法与加减法在列竖式上的不同,进而推出新规则。

由上例我们更能看出认知技能属于智力活动这一特性,这一特性使我们了解认知技能的学习与动作技能的学习确有很大不同。

另外,认知定向阶段也是一个很重要的知识储备阶段。认知技能学习中的

---

① 转引自:李业富. 当今西方智慧理论四大流派的划分[J]. 心理发展与教育,1996(1).

知识由三方面组成:规则、模型和实例。规则属于一般程序,较为概括;模型(型式或通式)介于抽象与具象之间,兼有概括性和形象性,是规则的形象化表达;实例则是具体的操作范例。如学生学习写作的知识来自以下几方面:学习一些比较基本的写作知识(规则),也可以看一看著名作家写的有关写作的体会(模型),还可以阅读一些文学作品(实例)。

(二)基本规则练习阶段

基本规则练习阶段就是学习者按照简单规则进行实际操作。我们知道,认知操作往往是内隐的,但这种内隐性是通过练习逐步形成的。认知技能学习的初始阶段仍需要以外在的动作或言语形式表征,然后才能逐步实现内化。

例如,小学生学习十以内加减法计算,起先用扳手指的方式,稍长一些以摆小棒、画图画的形式进行计算,然后以作线段图的方式,之后以列竖式或横式的方式,最后才能内化为心算。这个过程在语言学习中同样存在。幼儿的言语活动基本上是外部言语,他们的所思所想几乎都从他们的言语中流露出来,而且在很多活动中他们都是边做边说,如果要他们停止活动或不许说话,那么他们的思维也随之停止。等他们逐渐长大,他们的言语活动也渐渐地转变为内部言语。

认知技能的初步练习阶段以活动的基本单元练习为主,尚未形成完整的技能。例如,在计算学习中,先学加减后学乘除,先学十以内的加减,再学二十以内、一百以内的加减,先学不进位或不退位加减,再学进位或退位加减。先学习整数运算再学习分数运算,最后学习小数运算。

写作训练也是从简单到复杂:先学说话,后学写话(包括看图写话),然后练习段落写作、小作文,再到大作文。从写作方式上,先学续写、改写,再学仿写,然后学命题作文,最后学自主命题作文。从写作技能的构成来看,分为审题立意、收集和选择材料、构思、列写作提纲、根据提纲详写、修改,其中不同题材和体裁的文章所需要的技能不同,这些都需要单独进行训练。

学习围棋也是这样。学习者要从基本功练起,如学习定式、做死活题、学习中盘对杀、学习官子等。教练往往教学员在小棋盘上对弈,慢慢过渡到大棋盘。这个阶段的学员一般都缺乏大局观,难以考虑到整体的布局。

这一阶段总的特点是:第一,以学习相对单一的简单技能为主;第二,操作的外在化明显,比如不熟练的演说者往往要将自己准备说的话写下来,不会打腹稿;第三,各种简单技能尚未联结成一个完整的活动过程,学习者整体观比较差,难以通盘处理复杂问题。这一点特别明显地表现在写作上。很多学生不会审题、不会收集和组织材料,经常是拿起笔就写,过于注重细节,不会谋篇布局。

(三)初步整合阶段

所谓整合就是将各种基本技能联合为更大的操作联结用以完成更复杂的任

务。这种联合需要通过不断练习、反馈和矫正才能逐步形成,而且即使形成了联合,其强度还很脆弱,还会出现这样那样的错误和间断,完成质量差强人意。下面以作文和计算为例说明这一阶段的特征。

前面介绍了写作的各种基本技能,这些基本技能转变为综合技能(也就是写出一篇完整的作文)并不是一个简单相加的过程,而是一个需要通过不断写作、他人指导和点评、自我反思和修改而达到融会贯通的过程。

有一定写作基础的学生已经能够按照写作规则完成一篇作文,也就是能做到先审题再构思,或根据主题选择材料再进行构思,以及后面的其他过程。他们写出的文章已经达到写作的基本要求,起码形成了文章的基本骨架,只是可能不够丰满、生动和准确。这一阶段的学生知识储备中规则可能多于模型,比较缺乏素材,因此其作品在内容的丰富性方面存在较大问题,往往显得较为空洞、单薄。

综合计算技能也是建立在基本运算技能基础上的。在小学阶段,计算技能主要体现在四则混合运算和更复杂的整数、分数和小数的四则混合运算上。这些运算除了需要符合基本运算规则外,还必须符合综合运算规则,比如先乘除后加减、先做括号里面的再做括号外面的等。但不能就此认为计算技能属于比较机械的技能,因为很多计算需要各种策略,如利用加法和乘法的交换律和分配律、利用减法和除法的性质、拆分和转化等。只有将基本规则和各种运算策略结合在一起,学生的计算技能才能真正得到提高。这种技能的提高也意味着数学智力的提高,这也是我们前面所说的认知技能往往与智力混在一起说的例证,同时是心理学上的一个理论问题。

(四) 熟练阶段

进入这一阶段说明认知技能已经完全形成。熟练一般通过速度和准确性表现出来。熟练阶段的特征是:能很快判断任务性质以及需要运用的技能,能够熟练而合理地进行技能组合并能很快完成活动任务,但在面对变化的情境时变通性和灵活性可能稍逊。

(五) 完善阶段

认知技能达到完善程度的标志:一是熟练,二是具有个人创造成分,也即加入了一些个人的经验、体会和思想。"匠"与"家"的区别就在于此。"匠"一般以熟练为特征,而"家"必须具有个人独创性。这种独创性从文学和艺术上说就是能将人带入某种意境或境界。

要达到"家"的水平需要以下条件:

第一,动机和志向水平。一个学生只有具备达到高水平技艺的动机和志向才有可能达成这一目标。如果一个学生对自己缺乏要求,得过且过,则不可能在技能学习上达到高水平。

第二，知识与素养。这里的知识指陈述性知识。我们前面说过，陈述性知识和程序性知识是镶嵌在一起并相互影响的。技能的学习不仅受程序性知识的直接影响，而且会受到陈述性知识的制约。正如陆游教导其儿子所说的：工夫在诗外。技能的上升空间是靠个人的文化素养、见识与见地、个人修养甚至个人性格拓展出来的。围棋高手能够成为高手不是他们围棋技术本身孤立发展的结果，而是他们整个人格淬炼的结晶。很多围棋高手在哲学、文学、艺术、自然科学等方面都有深厚的积累和体悟，这使得他们能够达到超过常人的境界。

第三，天赋。在认知技能与智力存在重合之处的前提下，我们应该看到认知技能受一定的遗传因素的影响。比如写作技能的掌握与一个人对语言的敏感性与条理性、对细节的观察力、对自身心理活动的感受性有关，而后者具有一定的遗传性。尽管有的人通过训练能够达到较高的水平，但要达到顶尖水平还是需要天赋的。

二、认知技能训练中应注意的问题

（一）训练频率和程度的问题

俗话说：拳不离手曲不离口，意思就是技能需要经常练习。在经常练习的同时，也应注意训练频率和程度的问题。时下学校教学备受诟病的就是课业负担的问题。课业负担重似乎成了我国小学的共同标签。造成这一现象的原因很复杂：一方面，现在的教学仍受我国传统的教学理念影响；另一方面，与教师对学习目标的认识有关；再一方面，与我们对于认知技能学习的科学研究不够有关。当然，认知技能的练习问题也确实比较难以研究，不同的认知技能的练习进程有很大差异，很难得出普遍规律。

有人认为小学一年级学生练习铅笔字的量应该是每天 3～4 个单字、重复练习 5～6 遍、10～15 分钟，每天两次重复练习；二年级学生每天 5～6 个单字、重复练习 5～6 遍、20～25 分钟，每天两次重复练习；三、四年级学生练习钢笔字时，每次练习单字 8～9 个、重复练习 4～5 遍、35～40 分钟，每天两次重复练习，练习毛笔字时，每次练习 6 个单字、重复练习 5～6 遍、40 分钟左右，每天两次重复练习。当然，上述意见并没有科学依据，可能只是经验之谈，而且指动作技能，仅供参考而已。

（二）认知与练习的关系问题

传统的小学教学一直强调"精讲多练"，这实际上是讲认知与练习的关系。正如我们前面所说，知和做应该是并行不悖的。"知"不仅包括"如何做"的知识，而且包括"为什么要这样做"的知识。知其然且知其所以然，才能达到对知识的理解，从而更有效率、更有策略地学习。

（三）反馈与自我反馈的问题

反馈和自我反馈是技能学习的重要一环，它们都是从操作结果上了解活动完成情况，进而了解技能训练进程和水平。对学生而言，反馈指通过老师和同学得到的有关学习结果的信息，自我反馈指学生自己获得有关学习结果的信息。这两方面都很重要。一般来说，初学者或小学低年级学生往往不清楚如何评价自己学得到底怎么样，这样来自老师的反馈就显得极有必要。例如，作文是一种要求很高但又较为模糊的认知技能，作文写得如何就需要老师的批阅和评语，从而从中得到启示。

第三节　知觉学习

一、知觉学习的含义与特点

（一）知觉学习的含义

知觉学习又叫辨别学习，即在知觉过程中学会将事物区别开来，从而实现知觉的分化并进一步采取不同的反应。人生活在这世界上需要辨别很多东西：颜色、声音（音色、音调等）、味道、气味，等等。通过辨别提高人的感觉的敏锐性，从而形成对事物的精确的知觉，这是人获得确定性和安全感的基础。

知觉学习是人类学习的重要组成部分，是人适应环境的手段之一，是取得对环境的正确而准确知觉的条件。如果人不能将环境中的事物区分开来，就会导致错误知觉乃至错误反应，其心理世界将会一片混乱。

学生学习中也存在很多知觉学习。例如，学生必须学会区别形近或音近的字、数字或字母；学会辨认别人的口型、口音；学会辨别事物的物理特性或化学特性，如花的不同香味、不同颜色，等等。知觉学习关系到学生感性经验和语言文字的积累，进而扩大和细分其知识经验的层次和类别，扩大学生的心理空间。知觉学习使得学生对各种刺激的反应系统逐步丰富。

知觉学习看起来比较低级，却具有十分重要的认知价值，很多认知技能的学习与知觉学习有着密不可分的联系。例如，写作时的遣词造句与学生的语感有很大关系，语感是在知觉学习中培养出来的，没有语感就会造成写作时的一些障碍,从而影响写作技能的培养。

(二) 知觉学习的特点

知觉学习由两条途径得以实现:一是人在与事物长期接触过程中随着对事物的熟悉程度加深而自然地将事物区分出来,这是一种内隐学习;一是有意识地通过分析和比较将事物区分开来,这多半在教学情境中进行。这个情境可以是学校课堂教学情境,也可以是父母的指导情境或自我指导情境。

在课堂教学情境中,知觉学习是重要组成部分,无论哪一学科教学都少不了知觉学习。但课堂教学中的知觉学习一般集中在对语言文字的知觉上。父母指导情境下的知觉学习往往是在生活中发生的,比如外出游玩中在与各种花鸟鱼虫、各种饮食、各种玩具的接触过程中进行。这种学习虽然不够正规,也可能会发生一些错误,却是学生很多感性经验的直接来源和知觉学习的自然条件。

自我指导的情境指学生在与事物的直接接触中会有意识地进行知觉学习,这种情境可能是与语言文字接触的情境,也可能是与实际事物接触的情境,比如喝饮料、品尝食品、拼装玩具、打游戏等。

二、促进知觉学习的教学策略

(一) 运用多种感觉系统进行知觉活动

知觉学习就是使人提高感觉的灵敏性,将各种感觉区分开来,因此必须通过感觉活动获得一定的活动经验。比如,教学生区别形近字时,教师不仅要让学生看和说,而且要通过写的动作(比如书空)使学生获得动觉经验,这种动觉经验能够使学生在写某个字时直觉地感觉到写错了,因为动作感觉不对。

在运用感觉系统进行知觉学习时应注意两个方面:第一,比较。将不同对象放在一起进行比较所获得的知觉经验往往比单一记住这些事物的特征留下的印象要深,这在小学字词教学、数字符号教学中得到验证;第二,及时反馈。如果教师试图通过学生探索的方式帮助学生进行知觉学习,就应及时对学生的辨别结果提供反馈,以有效地纠正学生学习中的错误。例如,学生学习舞蹈基本手位时,单凭他们自己的感觉可能不能真正使动作到位,这就需要老师的纠正。过去经常说的"手把手地教"就是这个意思。

(二) 将有意学习和内隐学习结合起来

内隐的知觉学习是随着熟悉而递增的学习,这就要求学生与知觉对象经常接触,在不知不觉中将对象区别开来。比如,学生在和同学的亲密接触中学会区别他们的相貌特征,进而认识不同的同学,可能他们并没有刻意去记这些同学的样子。再如,学生经常阅读文学作品也能够提高他们对文字的辨别力,尽管他们在阅读时并没有有目的地去辨别这些字。

但内隐学习毕竟缺乏意识的主动参与,在学习的精确性和牢固性上远不如有意学习。因此,教师需要有意识地安排学生的知觉学习,比如在呈现学习材料时有意识地将容易混淆的地方标注出来,给学生布置辨别任务,适当增加辨别练习,等。

(三) 重视语言在知觉学习中的作用

教师在教学生辨别事物时要注意让学生将事物的不同点说出来,提高语言系统与感知觉系统间的联系,这对于巩固知觉学习的成果具有重要意义。

第四节　规则学习

一、规则的含义及其构成

(一) 规则的含义

规则指指导和调节人的心理活动和行为的一系列指令或程序。规则不仅仅针对人的行为,而且针对人的心理活动。实际上很多规则的作用就是将人的心理活动和行为整合为一个整体发挥其功能,因为人的行为和心理是一个整体,不存在单纯指向于行为或单纯指向于心理的规则。

规则从其规定性上可以分为程序的规则和约束的规则。程序的规则告诉人如何做,其内容是一整套操作的程序和样本。比如教人们如何写作毕业论文、如何设计调查问卷、如何使用 SPSS,这些规则直接指向于操作本身。约束的规则不是针对行为本身,而是针对行为释放的条件,也就是说行为本身不需要学习或指导,学生要学习的是,在何种条件下释放这种行为。以"在公交车上看到老人要让座位"这条规则为例,"让座位"本身是不需要学习的,此规则只是规定了在什么情况下"让座位"。因此,约束的规则是对行为的控制和调节,告诉人们在什么情况下这样做。这类规则相当于我们平常说的纪律、道德、规章制度、守则等。以上两种规则分别指向尚未习得的行为和已经习得的行为。

我们从规则的形成上可以将其分成法则和人为规则。法则往往以客观规律或原理为依据,带有自然的约束性。如果说陈述性知识是实然的知识,法则则是应然的知识,它告诉人们应该怎么做,如果不这样做就会受到客观规律的惩罚。很多的操作规程都属于这类规则。比如我们知道水能导电,这属于陈述性知识。

正因为水能导电,如果我们用湿漉漉的手去摸接线板就很可能触电,所以产生这样的规则:不能用带水的手去触碰裸露的电线,这属于程序性知识,也是行为的规则。

人为规则指没有自然约束性的规则,也就是说这类规则没有客观依据和逻辑上的必然性,却是人们必须遵守的。比如,在中国车辆必须靠右行驶,玩麻将有一定的成牌规则,排球比赛每队上场人数为 6 人,等等。虽然这类规则缺少硬性理由,但它们是社会活动秩序的保障。

(二) 规则的构成

1. 规则一般由一系列小的规则组成

如有人编写的小学数学"一个数除几位数"儿歌:

> 先看被除数最高位,高位不够多一位,
> 除到被除数哪一位,商就写在哪一位,
> 不够商 1 就写 0,商中头尾算数位,
> 余数要比除数小,这样运算才算对。

这里面包含先从哪一位除起的规则、商的写法的规则、余数的规则等。
再如"解应用题"儿歌:

> 题目读几遍,从中找关键;
> 先看求什么,再去找条件;
> 合理列算式,仔细来计算;
> 一题求多解,单位莫遗忘;
> 结果要验算,最后写答案。

这首儿歌包含的规则有读题的规则、列式与计算的规则、验算的规则等。

正如我们在讲到认知技能时所说的,这些小的规则之间有的存在强联系,有的存在弱联系,这要视具体规则而定。

2. 任何规则都与一定的情境或条件相联系,不存在完全通用与普适的规则

就像中国古典小说中描写的:某个将领领兵打仗,临行前统帅交给他三个锦囊,叮嘱他在什么样的情况下打开第一个锦囊,在什么情况下打开第二个锦囊,在什么情况下打开第三个锦囊。"在什么情况下"就是规则运用的条件。比如,要求小学生做一个诚实的孩子,不说谎、不欺骗,这是规则。但这个规则的应用

是有条件的：诚实是对亲友、老师、好人而言的，对坏人就不能诚实，对敌人更不能诚实。再如，"坐公交车应该给老弱病残幼孕让座位"这是一条规则，但这个规则同样有具体的情境限定，不是所有情况下都要给老弱病残幼孕让座，比如车上有很多空座，而且上车的老年人身体健壮、精神矍铄，这就不存在让座的问题。

3. 规则还包括执行和评价标准

行为对于规则的符合程度应该有一个判断标准和评价指标，因为规则从根本上说仍是一个观念上的东西。如写作文要求语句通顺，但什么样的写法才符合这一要求？什么样的语句才叫通顺？这需要有相对客观的标准。现实生活中大到法律条款、小到社会交往，有很多规则在使用过程中存在不少争议，这些争议基本上都发生在具体的执行标准方面。另外，制订评价标准也是十分有必要的。对于教学来说，教师对学生的评价应有一定依据，特别是在一些比较柔性的规则应用上更要注意制订相对客观的评价标准，这是教育公平的要求，也是教学本身的内在要求。例如，对于学生的等级评定，在什么情况下打"优"、什么情况下打"良"都应有合理、统一的尺度。这种尺度也是教师给予学生学习反馈的依据。学生在教师较为客观的反馈信息的引导下更准确地了解自己的学习，这将有利于培养学生科学严谨的学习态度。

二、规则学习的方式

（一）例—规法

一般认为例—规法（eg-rule method）由布鲁纳的发现学习而来。布鲁纳曾与数学家迪因斯（Z. P. Dienes）合作做过一个教 8 岁儿童通过操作几何板理解二次方程的因式分解原理的实验（见图 5-1）。

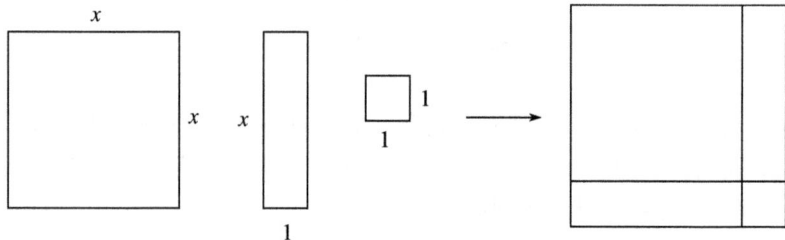

图 5-1　布鲁纳、迪因斯实验所用材料

实验者给儿童三种板：边长为 x 的大正方形板、边长为 x 和 1 的长方形板以及边长为 1 的小正方形板。实验任务是儿童在正方形（$x \times x$）基础上再拼一个边长为（$x+1$）的更大的正方形。学生发现新的正方形面积等于（$x+1$）（$x+1$）。

如果数一数所用的积木数,发现用了一个大正方形(x^2)、两个长方形(x)和 1 个小正方形(1)。新的正方形面积可以用两种方式计算:$(x+1)(x+1)$ 和 x^2+2x+1,这样可以得出$(x+1)(x+1)=x^2+2x+1$。

然后实验者要求儿童在前面的正方形基础上再拼成更大的正方形,完成后再拼出比前面那个更大的正方形,以此类推。实验者告诉儿童正方形大小可用式子($x \times x$)、$(x+1)$ 和 1×1 表示。通过拼图,儿童发现随着正方形面积的增大,等式两边的数量呈一定的规律性递增:

$$(x+2)(x+2)=x^2+4x+4$$
$$(x+3)(x+3)=x^2+6x+9$$
$$(x+4)(x+4)=x^2+8x+16$$
$$(x+5)(x+5)=x^2+10x+25$$

......

实验者告诉儿童,式子中的数字可以用字母代替,进而形成公式:

$$(x+a)(x+b)=x^2+(a+b)x+ab$$

通过这一实验,我们可以看到发现学习在课堂教学中是如何运用的。

由发现学习而来的例—规法意指这样的教学:教师设置供学生探索的问题情境,这个情境可以是真实场景,也可以是用语言描述出来的包含某些问题的真实事件或虚拟情形,进而引发学生探究的兴趣。学生通过对情境中的问题的探索和解决,发现其中所蕴含的规则,再用语言归纳和总结这些规则,从而学会规则。

皮连生等在其教学生掌握"的、地、得"用法的实验中采用的就是例—规法。下面对这一实验做简单介绍:

第一步:初步形成句子概念

先提供若干典型句子的例子,如,我是老师("是"字句)、小军帮助成绩差的同学(主谓宾句)、小鸟飞得很快(主谓补句)等。

引导学生发现上述例子的共同点,即一个完整的句子必须包括两部分:关于谁或什么;关于怎么样、干什么或是什么。这个知识本身是陈述性知识,它可以作为学生判断句子的依据。

实验者提供句子的正、反例,让学生识别(是完整句子的打√,不是完整句子的不打√)并仿照例句完成相应的练习(说明完整句子中各个成分,说明不是完整句子的理由)。

例句:

例1 <u>爸爸</u> <u>是</u> <u>厂里的工人</u>。√
成分 谁 是 什么

例2 <u>我的衣服</u> <u>很美丽</u>。√
成分 什么 怎么样
例3 长风公园湖面上的船
······

学生练习至熟练。

第二步:在句子中分化出主要成分和次要成分

出示例句并完成如例句所示的练习。

例1 我们的<u>教室</u>很明亮——▶<u>教室</u> <u>明亮</u>
                         什么 怎么样

例2 活泼的<u>小红</u>难过地哭了——▶<u>小红</u> <u>哭了</u>
                         谁 干什么

第三步:学习用"主语""谓语""宾语"等术语标注句子的主要成分

教师直接告诉学生,在缩短了的短句中,句子中前面部分的"谁"、"什么"叫主语部分,后面部分的"怎么样"、"干(什么)"或"是(什么)"叫谓语部分,"什么"叫宾语部分。紧接着让学生进行划分句子成分练习并用术语标记。

然后带领学生分析各个成分的词性,得出结论:主语(名词、代词),谓语(动词、形容词),宾语(名词、代词)。

第四步:从例句中概括出三个"的、地、得"的运用规则并用简化形式表示

(1) 句法规则

(2) 词法规则

紧接着出现各式各样的例句,让学生反复练习这些规则:

他(de)弟弟紧紧(de)拉着他的手

小鸡冷(de)发抖

例一规法是小学教学中比较常见的学习方法。这一方法通常用在年龄较小、实际经验比较缺乏的学生上,以及规则比较具体或者与前面所学内容联系不太紧密的课题之中。运用这一方法时应注意:

第一，选择的例子要典型，使学生能够发现其中蕴藏的规则。

第二，要做好发现活动的铺垫工作，如上述实验中最后要求学生掌握的规则是在前面了解句子结构、懂得并能够划分句子成分、获得句子成分标注的术语的基础上一步步达到的。如果缺少相应的知识经验，学生就很难发现规则。

第三，学生要将发现上升为规则需要教师的引领和帮助，教师应该懂得从感性到理性的过程不是一蹴而就而是有规律性程序的，这就需要教师不断钻研学生学习的心理规律以及知识之间的逻辑关系。

（二）规—例法

规—例法（rule-eg method）是与例—规法相反的学习规则的方法：教师先呈现规则，然后通过讲解或例子帮助学生理解规则，最后带领学生进行运用规则的练习。下面是一个关于怎样做自我介绍的教学设计。

该设计首先讲了自我介绍的意义和方式，重点讲了自我介绍的技巧：第一，突出自己的优点和特长。为了使其具有相当的可信度，可以通过自己做过的项目来佐证。第二，要展示自己鲜明的个性，可以适当引用他人（如老师、朋友等）的评论来支持。第三，坚持以事实说话，不要夸张。第四，要有一定层次，要注意条理、符合逻辑，将自己的优势自然地显露。最后还提出了几条自我介绍时的禁忌。之后该设计列举了很多例子来说明上述要求并给学生布置了自我介绍的任务，然后对照要求逐一点评。①

规—例法的关键在于学生对于直接呈现的规则能否理解，这要求教师要将规则讲得既严谨又通俗，在学生已有知识经验中寻找知识的可迁移性，以获得知识之间广泛而持久的联系，提高知识保持率。另外教师应合理安排练习，注意进行变式练习。

第五节　认知技能的应用

一、认知技能应用的层次

认知技能与陈述性知识共同构成人的智力活动的主体。认知技能不仅直接执行操作活动，而且作为陈述性知识应用的载体将心理世界与外部世界联接在

---

① 资料来源：自我介绍. 模仿-尝试　石皇冠研究教育，http://blog. sina. com. cn/mofangchangshi

一起。当我们说知识的应用时不可能脱离认知技能。

认知技能的应用分为三个层次：

1. 套用

套用又叫照搬，即按认知技能的固定程序进行操作。当目前的操作任务与头脑中已有的认知技能完全吻合，不需要对认知技能做任何改变就能完成这一任务时，就可以照搬已有的认知技能。套用相当于"照葫芦画瓢"。例如老师讲了一道例题之后，出了和例题形式完全相同的练习题，学生只要按老师讲的步骤或方法解题即可，所学的认知技能不需要做任何改变。

2. 变通

变通又叫改造，即根据具体情境对已有的认知技能做一定变化，这种变化多表现在认知技能的不同组合上。在当前操作任务与头脑中已有的认知技能间有差异，现成的认知技能不足以完成这一任务，只有将已有认知技能做一定改变才能完成任务，这时就需要变通。变通相当于"照猫画虎"。例如，老师讲解的例题是已知路程和时间，求速度，而练习题是已知速度和路程，求时间，或已知速度和时间，求路程。例题和练习题在已知条件和问题之间的关系上有所不同，需要对例题的解题方法做一定的变化。

变通的关键是要有不落窠臼的意识，要能够改变原有的视角或立场，尽管这比较难。例如，一个人习惯了某种写作方法、形成了某种风格，改变起来确实很困难，这需要站在更高的高度、用更开阔的视野审视和批判自己，这样才会发现自己原有风格所存在的问题。当一个人能够正视自己的问题，就有了改变自己的动力。现在非常流行的"转型"就是变通的具体表现。

3. 创造

创造就是面对一个操作任务，人头脑中既没有现成的认知技能可用，也没有可借用的认知技能，人只有对已有的认知技能做彻底的改造和重组并制订出新的策略才能完成任务。创造并不是建立在一穷二白的基础上，但创造确实需要重新学习和对已有认知结构做较大调整。

二、问题解决

(一) 问题与问题解决

1. 问题与问题解决的含义

知识和技能的应用主要表现在解决问题上。实际上没有问题就没有学习知识和技能的动力，反过来说，学习知识和技能就是为了解决问题。

问题又叫问题情境(problem setting),指一个人处在这样的情形之下:他有一种需要想得到满足或有一个目标想要达到,但此时此刻他缺乏满足需要或达到目标的条件,他必须寻找条件,这就是说他遇到了问题。教师在课堂上经常采用提问的方式,但教师提出的问题对学生来说并不一定是真正的问题(problem),很可能只是一个提问(question),因为学生不一定产生了问题感,也就是解决问题的需要。这意味着老师提出的问题(question)对他们来说并不构成问题(problem),这是教师应特别注意的。

没有需要或目标就不存在问题,但如果有了需要或目标的同时各种条件也都具备,也不会产生问题。问题就是目标(目标状态)与现状(初始状态)之间存在距离和障碍,或者说现有的条件不能直接满足需要或达到目标,人必须借助现有条件寻找其他条件才能达到目标。从初始状态到目标状态之间的障碍需要人寻找新的条件去一个个克服。克服了一个障碍就产生了新的条件,反言之,产生了一个新的条件就意味着克服了一个障碍。这就是问题解决的过程。当所有的障碍都被克服也就意味着满足需要或达到目标的条件都已具备,问题也就得到了解决。问题解决的过程就是从初始状态经过中间状态到达目标状态的过程。

2. 问题的成分

问题情境由三个成分构成:目标、已有条件和未知条件(障碍)。条件分为外部条件和内部条件。外部条件指主观以外的条件,如物质条件、工具性条件、社会支持、环境氛围等;内部条件指心理条件,如解决问题的愿望、解决问题的志向水平、知识经验、解决问题的技能等。相对应地,障碍也有外部障碍和内部障碍之分。缺少外部条件就是存在外部障碍,缺少内部条件就是存在内部障碍。学生在解决问题过程中要克服这两个方面的障碍才能将问题解决。一般来说,内部障碍比外部障碍更难克服。

(二) 问题解决过程

问题解决(problem solving)大致分为以下几个阶段(主要以教学中学生解决学科问题为侧重点):

1. 产生问题

有的问题是自然产生的,而有的问题是通过分析产生的。自然产生的问题往往是在需要产生后发现缺少满足需要的条件,于是产生了问题。

问题的产生与人的知识经验有关。如果人缺乏对完成任务困难的预估,就不会产生问题。但随着时间的推移,发现情形出乎自己的预料时,这就产生了问题。有的人对完成任务有较为充分的预估、在解决问题之前对其过程有种种假设,那么就会有问题出现,进而形成解决问题的预案。显然,这是需要一定的知识经验的。

有时在遇到某种情境时人会不由自主地产生疑惑,也就是问题感。疑惑是问题产生的一大源泉。问题感是人对情境的一种直觉,即人们常说的"总感觉有什么地方不对"。没有怀疑就没有问题,但问题感的产生也是需要知识经验的。有时老师上课问学生有什么问题,没有学生回答。这是不是说明学生都懂了?其实未必。学生不是因为懂而提不出问题,而是因为不懂而提不出问题。提出问题本身也需要一定水平。

经过分析而发现的问题指有时面对某种情境开始觉得很正常,没有异样,但经过仔细观察后会发现里面存在问题,也就是存在不好解释的情况。因此问题的产生有时不是自然的结果。

例如下面这道数学题:一个人手中有一叠 50 元和 10 元的人民币。其中 50 元的张数是 10 元张数的 7 倍多 5 张,10 元人民币的总值比 50 元的总值多 2 290 元,这个人有 50 元和 10 元的人民币各多少张?(引自:张庆林,1995)很多学生看到题目就列式计算,但计算过程中才发现这是一道无解题,因为题目给定的条件自相矛盾。

教师鼓励学生提出问题,而学生提出的问题五花八门,呈现出不同水平。Rivka Glawbman, Hananyah Glawbman, Lea Ofir 等将提问分为三种水平:第一,低等水平的实际性问题,涉及识记、回忆和表面特征,如它是什么样子、什么颜色;第二,中等水平的理解性问题,涉及对刺激物理解的基础而提出问题,如它为什么有蓝色眼睛、为什么是白色的;第三,高等水平的整合性问题,涉及对信息进行整合、深度推理、分析综合和评价,如小熊笑得这么快乐,会不会给拥有它的人带来快乐?

肖浩宇、张庆林和史慧颖(2006)以二、四、六年级小学生为被试,利用四种材料:文章熊、图片熊、图片闹钟和文章闹钟,通过实验考察小学生对不同材料的提问水平。结果显示:提问的生成随年龄增长有所发展;提问数量和质量在二、四年级间不存在显著差异,二、四年级与六年级存在显著差异;就图片材料提问的数量和质量优于文章材料;材料和年级两因素在提问数量和质量上有显著交互作用。六年级提问数量和质量在材料上有显著差异,二、四年级没有显著差异。刺激材料属性有显著主效应。

2. 表征问题

有问题感并不等于就知道问题出在什么地方。比如我们骑车上街,听到车子发出吱吱的响声,这说明车子有毛病,但毛病究竟出在哪里我们可能并不清楚。也就像我们觉得身体某个部位疼痛,但究竟哪里疼痛或怎么个疼痛,我们可能说不清楚。找到问题所在,即回答"这是个什么问题"或"这个问题要你回答的是什么",这就是问题的表征。

表征问题指对问题情境中各个成分之间的关系用一定方式表示出来。对问题的表征既是理解问题情境的过程,也是理解问题情境的结果。如果不能表征问题则说明对问题未能理解,也就谈不上解决问题。比如数学学习中学生拿到一道题目首先要读懂题意,分析数量关系,其结果就是做出线段图或画出相应的图形。

[例]　如果一幅未裱贴的长方形画的面积比用两寸宽的边框裱贴之后的面积少 64 平方寸,而这幅画的长比宽多 4 寸,这幅画的面积是多少?(引自张庆林,1995)

学生如果完成这道题首先要懂得什么叫裱贴、要能想象裱贴与未裱贴的图形的差别,还要懂得边框指什么,然后根据题意画图。

小学生的表征能力呈现很大差异:高能力者更善于建构情境模型,并能根据任务需要分别建构情境模型和问题模型,低能力者表征更为随机。高能力者善于激活图式,低能力者更多建构情境模型(Coquin-Vienot&Moreau,2003)。

3. 形成问题解决方案

形成问题解决方案(策略)指完成较高水平目标或任务的一个或一系列程序(司继伟等,2014)。能够正确表征问题为形成问题解决方案提供了保证,但能够正确表征问题并不一定能够形成问题解决方案。也就是说,知道问题是什么和知道如何解决问题有时是两件事。例如学生能够搞清题目中的数量关系,但不一定能正确列式或列方程。再如学生可能能理解作文题意,但不一定知道如何写;学生知道病句的毛病在哪,但不知道怎么改。

因此,形成解决问题方案的关键是学生必须正确判断题目类型而且头脑中储备有足够的解题程序(即我们前面讲到认知技能知识中的模型知识),以使问题得以类化。类化是问题解决,特别是学生学科问题解决过程中的重要一环。类化就是将问题归类于一定的问题型式(模型),而一定的问题型式有相应的解决程序。学生如果不能将问题类化就不能找到合适的解决问题的程序,问题也就不可能得到解决。在实际问题解决中有的人通过自己探索也能找到办法,但这样的问题解决速度显然要比那些头脑中有模型的人要慢。考试,从某种角度上说比的不是智力水平,而是熟练程度。

对于较为简单的问题,类化相对较快,而对于较为复杂的问题,类化相对较慢,因为复杂问题常常不能单一地类化为某一类题型,这类问题一般是几种类型的组合,这对于学生的智力以及训练程度是个考验。

4. 实施解题方案

当制订了解题方案后实施这一方案的过程就变得相对容易,但这不是说不会产生困难。比如完成作文的构思后,写作会遇到具体的遣词造句的问题,解数学应用题中列式完成后会遇到计算问题,等等。学生做数学题经常会犯计算错误,其原因之一就是计算技能不够熟练。教师在课堂上会发现有这样一些学生,他们思维活跃、反应灵敏、常有奇思妙想,但成绩不够理想。这些学生的问题就出在不愿意踏踏实实地进行基本技能训练,这是教师教学中应特别关注的学生群体。

解题方案有时不是一次性完成的。方案的有效性既要看能否解决问题,还要看能否高效地解决问题,即是不是最优方案。在解题过程中学生可能会发现原来的方案存在错误或不够高效,这就需要重新制订方案。这种情况在问题解决过程中经常可以看到。

5. 检验

对于解决课业任务式的问题,检验是有必要的,因为这些任务的完成有一套规范,养成良好的检验习惯对于形成思维的条理性和严谨性是十分重要的。

问题解决是一个复杂的需要各方面心理资源参与的过程。学生通过正规的学校学习的目的之一就是形成熟练而规范的问题解决技能,从解决学科学习中的小型问题到解决实际工作中的大型复杂问题,逐步承担起科学研究和发明任务。

有人(魏海峰、崔光佐,2012)提出了小学生数学问题解决的认知模型(见图5-2)。从这一模型中可以看到,学生解决数学问题经过以下过程:从感知问题(读题、看题)到编码(表征问题),再在表征基础上通过调用长时记忆中有关知识对问题目标进行分析,形成策略。策略可以以言语信息和图像的方式保存在短时记忆中,然后进入长时程序性记忆和产生式规则(这些在某些情形下是一个自动化过程),然后进行实际操作。实际操作过程中学习者还需要与问题不断进行比对,对问题解决方向进行校正,以保证目标的准确无误。最后产生问题解决的答案。

当然,这只是一个高度概括的理论化模型,在实际问题解决中各个阶段并非如此界限分明,并且实际问题解决中很多学习者很难清楚地将这一过程表达出来,这涉及元认知发展水平。

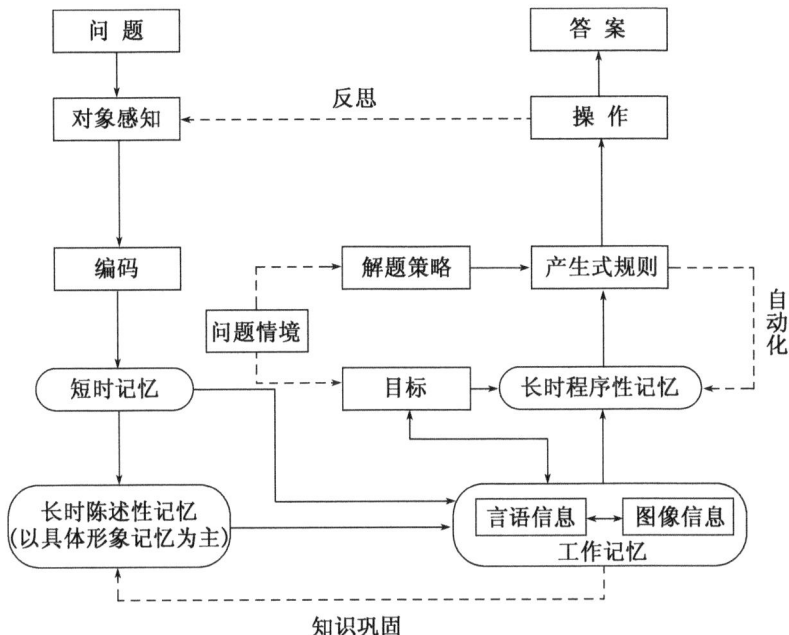

图 5－2　小学生数学问题解决认知模型

（三）影响问题解决的因素

学生能否有效地解决问题受以下因素的影响：

1. 问题解决的动机

学生是否有解决问题的动机以及这一动机强度与性质影响学生的问题解决。在一般情况下，一定的动机强度有助于提高问题解决效果和效率。动机对问题解决的影响还表现在志向水平上。志向水平指对问题解决质量的要求，这种要求对于问题解决策略的选择，问题解决的关注度、坚持力，整个过程的完美性都有较大影响。

2. 知识经验

学生解决问题所需的知识经验包括三类：各种法则、定理、性质、规则；一定的感性经验；一定的题型储备和解题经验。一般而言，如果学生头脑中有现成的解决问题的经验（解决问题模板）可以利用，这种问题解决的速度最快、效率最高。但实际生活中的问题不可能总是与经验相匹配。教师在帮助学生尽量多地储备解决问题模板外，还应培养学生分析问题的能力，这样才能合理选择和灵活运用模板。另一方面，教师应该特别注意帮助学生积累感性经验，因为感性经验是学生理解问题的有利条件。就像牛群主演的小品"打工幼儿园"中卖白菜家的小孩能很快算出白菜价格那样,生活经验给了学生丰富的表象,这对于他们解决问题有直接的意义。

已有的知识经验是问题解决的必要条件,但有些经验对于问题解决可能起到消极作用。比如一个学生做了一组计算题:

$$2+8=\qquad 11+7=\qquad 6+31=\qquad 15+12=\cdots\cdots$$

下面一题是 $3\times9=?$,他不假思索地写上 12。显然,前面的加法算式形成了他的思维定式,以至于将乘法算式看成加法算式,因此出现了错误。

3. 迁移能力

迁移能力指学生跨情境运用知识的能力。跨情境指情境相似但结构不同的情况,如数学应用题中经常有情境相同但条件和问题不同的题目,解这样的题目需要应用变换的思想,也就是我们前面说过的"变通"。能不能变通反映了学生迁移能力的高低。

三、创造活动

(一) 创造性与创造力

创造是自 20 世纪以来心理学研究的一个重要领域。人们越来越深刻地认识到创造在社会文化和科技发展中的作用及其培养学生创造力与创造性的价值。

创造是独立产生前所未有的社会产品的精神活动。这一活动由两方面心理因素构成:创造性与创造力。创造性指创造倾向,即是否有创造的愿望,这属于"想不想创造"的问题;创造力指创造的能力,属于"能不能创造"的问题。这两种因素对于创造性活动来说都很重要。创造性是创造活动的动力,创造力是创造活动的实现条件。现实中可以分出四种人:既有创造性又有创造力的人、有创造性但无创造力的人、有创造力但无创造性的人和既无创造性又无创造力的人。显然,只有第一种人才能产生创造活动。

这一点从心理学对创造力与智力关系的研究上可以看出。心理学研究表明:智力与创造力不是人们所想的线性关系,即不是智力越高,创造力越强。心理学得出的结论是:创造力以一定的智力为基础,智力低于一定水平是不可能有创造力或较高的创造力的;高创造力需要高智力,但高智力并不一定有高创造力(见图 5-3)。

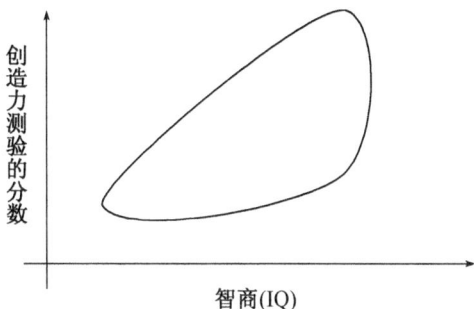

图 5-3 创造力与智商的关系

(二) 创造活动的特征

创造活动是人类最复杂的活动之一,它具有以下特征:

第一,就其产品而言,创造性活动产生的是前所未有的社会产品。"前所未有"是一个相对概念,它既相对于前人而言,又相对于一定的范围而言。比如两个同时代的人在相互不知道的情况下分别发明了某样东西,可以说他们各自产生了创造性产品。达尔文和华莱士都提出相同的物种起源的观点就是典型例子。

创造活动的产品必须具有社会意义。所谓社会意义就是必须能够为社会承认,能够成为社会生活的一部分,进而融入整个社会文化之中。当然有的创造产品的社会意义有一定的迟效性,往往产品产生后不被当时人承认,却随着时间推移被后人承认。

第二,创造活动是精神活动。创造产品分为物质产品和精神产品,但无论哪种产品里面都浸透着人的精神力,都是精神活动的产物。创造活动需要人具有极强的敏感性、观察事物的细致性、思维的灵活性、探究技能等认知特征,同时需要人具有高度的成就动机、主见、怀疑精神、坚持力等人格特征。达尔文曾深刻地剖析过自己的认知和人格特征:

我没有那种敏锐的智慧和理解能力……我的记忆是广泛的,但又是模糊的……在某种意义上,我的记忆可以说是如此糟糕。对事物进行精细观察方面,我的能力是他人所不能及的。在观察和事实的搜集方面,我的勤勉可以与任何人相比。更为重要的是,我对自然科学的热爱是稳固的和热切的。我不易对其他人产生盲从。我一直努力不给我的心灵设置任何的束缚……我的习惯是办事有条不紊,这对我的工作极为有益。

创造活动需要创造性思维，创造性思维的主要特征是发散性。美国心理学家吉尔福特(J. P. Guilford, 1897—1987)认为思维的发散性表现为：① 思维的流畅性，即在短时间内产生想法的数量。数量越多，思维越流畅；② 思维的变通性，即从一种思路转向另一种思路的速度；③ 思维的独特性，即与众不同的思维方式或思路。

但单靠发散性思维还不能够产生创造产品。创造是有目的的活动，指向于满足人的需要。思维的发散终将服务于创造的目标，否则不可能有真正的创造产品产生。心理学上将指向于一个固定目标或结果的思维称为聚合性思维。就像人们常说的"条条道路通罗马"那样，"条条道路"是发散性思维，而"通罗马"是聚合性思维。从这个意义上讲，创造性活动是由发散性思维和聚合性思维共同支持的活动。

（三）创造力的考察与测量

学生的创造力可以从各个方面进行考察：首先可以观察学生完成某项任务时的表现，这种观察既可以在课堂上，也可以在课外活动中；其次可以通过学生的作品分析其创造力。

为了更好地发现人的创造特征和创造潜能，心理学家开发了很多用于测量创造力的测量量表。目前比较流行的创造力测验有："南加利福尼亚大学发散性思维测验"(吉尔福特等)、"托兰斯创造思维测验"(托兰斯等)、"芝加哥大学创造力测验"(盖泽尔斯和杰克逊等)等。

"南加利福尼亚大学发散性思维测验"的项目有：语词流畅性、观念流畅性、联想流畅性、表达流畅性、非常用途、解释比喻、用途测验、故事命题、事件后果的估计、职业象征、组成对象、绘画、火柴问题、装饰。前10项要求言语反应，后四项则用图形内容反应。该测验适用于中学水平以上的对象，主要从流畅性、变通性和独特性记分。

"托兰斯创造思维测验"分为3套(语词创造思维测验、图画创造思维测验和声音语词创造思维测验)，共有12个分测验。该测验从四个方面评分：流畅性、灵活性、独特性和精细性。该测验对于幼儿到研究生都适用，对于小学四年级以下的学生一般用个别口头测试。

"芝加哥大学创造力测验"包括5个项目：语词联想测验、用途测验、隐蔽图形测验、完成寓言测验和组成问题测验。这套测验适用于小学高年级到高中阶段的青少年。

本章小结

认知技能是学生通过练习而形成的熟练化的操作,它是人的智力活动定型化的表现。认知技能不等于智力,但与智力有很大关联性。认知技能以程序性知识为基础,而且这些程序性知识一般表现为规则,因此认知技能是按规则形成并依规则进行的技能。认知技能经历从认知到实训、从简单到复杂、从机械到创新的形成过程。认知技能主要表现在问题解决和创造活动上。当然,问题解决和创造活动不单单依靠认知技能。

思考与训练

一、思考题

1. 举例说明认知技能形成阶段。

2. 促进知觉学习的策略有哪些?

3. 举例说明规则的构成。

4. 用教学实例说明例—规法和规—例法。

5. 谈谈你对问题含义的理解。

6. 举例说明问题解决的过程。

7. 创造活动有哪些特征?

二、教学案例分析

连除应用题(三年级)(教案节选)

(一) 提出问题,激疑诱趣

1. 出示复习题

三年级同学去参观农业展览,他们平均分成两队,每队分成3组,每组15人,一共有多少人?(用两种方法列综合算式解答)

2. 出示例题

三年级同学去参观农业展览,把90人平均分成两队,每队平均分成3组,每组有多少人?

教师提问:例题与复习题在条件和问题上有什么变化? 已知条件和问题发生了变化,还能用原来的方法解答吗?

(二) 师生共同探索

1. 学习两种分析、解答应用题的方法

(1)自由提问,思考讨论

教师提问：看到这道题，你想到了什么？有哪些问题？

学生可能提出如下问题，教师可以进行简记：

① 这道题已知什么条件，要求什么问题？用线段图如何表示？

② 要求每组多少人？必须先求出什么？

③ 分步列式如何解答？

（2）汇报结果，共同探索

教师提问：谁能回答第①个问题？

根据学生回答，出示线段图。

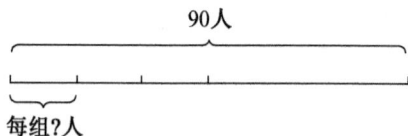

$$\underbrace{\hspace{5cm}}_{\text{每组?人}}^{\text{90人}}$$

教师提问：谁能解决第②个问题？

结合学生讨论，教学两种解法并列出综合算式。

第一种解法：要求每组有多少人？必须先求出每队多少人？（借助线段图帮助学生理解）已知条件中告诉我们共有90人，平均分成两队，求每队多少人，就是把90人平均分成两份，求每份是多少，用除法计算。知道每队45人，又知道每队分3组，就能求出每组有多少人。

第二种解法：（借助线段图）要想求每组多少人？必须先求出一共多少组。知道每队分3组，分成两队，就是求两个3是多少，用乘法计算。6组对应90人，要求出每组多少人，就是把90平均分成6份，求每份是多少。

2. 观察比较，归纳概括

教师提问：两种解法在思路上有什么异同？

引导学生说出：相同点是所求的问题一样。不同点是先求的不一样，第一种解法先求的是每组多少人，第二种解法先求一共多少组，所以第一步的解法也就不一样。

（三）分层练习、反馈矫正

1. 独立用两种方法解答

（1）图书馆买来新书240本，平均地放在3个书架上，每个书架上放4层，平均每层放多少本？

（2）商店卖出7箱保温杯，每箱12个，一共收入336元，每个保温杯多少元？

2. 说出分析过程，列综合算式不计算

（1）三年级有两个班，每个班有43个学生，一共做纸花258朵，平均每个学生做纸花多少朵?

（2）奶牛场有 5 个牛棚,每个牛棚里有 12 头奶牛,一天喂 1 200 千克饲料,平均每头每天喂多少千克饲料?

请回答以下问题:

1. 该教学内容中包含哪些学生应掌握的规则? 学生要形成的认知技能是什么?

2. 连除与连乘之间的关系是什么? 请设计若干连乘和连除对比的应用题。

3. 该教师主要采用的是例—规法还是规—例法? 你认为他这节课是否突出了这种方法的特点? 需要做哪些改进?

第六章 学习策略

千斤之石，置于立板之上，一力可以落九仞；万斛之舟，溯于急流之中，片帆可以去千里。

——宋·林逋

内容提要

学习策略指学习者为提高学习效果和效率而有目的、有意识地制定的有关学习过程的复杂方案。学生不仅要学会知识，而且要会学知识，因此掌握学习策略具有重要意义。学习策略具有主动性、有效性、过程性和程序性。学习策略分为认知策略、元认知策略和资源管理策略。小学生常用的认知策略有划线、记笔记、写提要、PQ4R和提问策略。学习策略的教学方式有直接教学、交互式教学和脚本式合作教学。

关 键 词

学习策略；认知策略；复述策略；精加工策略；组织策略；元认知；元认知知识；元认知体验；元认知监控；资源管理策略；直接教学；交互式教学；脚本式合作教学

学习目标

1. 能用自己的话说明学习策略定义中的要点。
2. 能用自己的话说明学习策略的特征，进而加深对学习策略概念的理解。
3. 能运用各种学习策略指导自己的学习并能初步用于教学设计。
4. 能区分精加工策略和组织策略。
5. 能感受到元认知的意义，能用自己的话系统说明元认知概念及其结构，能体会元认知这种心理，能评价自己的元认知状况。

6. 能简单说明资源管理策略的含义及种类。

7. 能说出三种学习策略教学模式的基本程序与操作要领。

学习策略

本章主要阐释如何学会学习的问题,因此将理论用于对照和指导自身的学习是学习本章内容的关键。通过这种对照和指导可以加深对本章内容的理解,同时可以提高自己的学习效率。如果做到这些,则说明学习者已经掌握本章内容,达成了本章的学习目标。

[课例]

"鼎湖山听泉"(李伟忠)(片断)

(学生默读第二自然段。老师在大屏幕上显示课文中描写泉的词语:淙淙、清亮、时隐时现、不绝于耳、交错流泻、遮断路面、清纯悦耳、欢快活泼,圈出并标红。接着,老师将这些词留在原来的位置,而将其余的文字抹去)

师:如果让你把这些词语分成两类,可以怎么分?

生:可把描写泉声、泉水的词语各分成一类。

师:描写泉声的词语有哪些?

生:淙淙、不绝于耳、清纯悦耳、欢快活泼。

(师按照学生说的,通过演示,将八个词语重新排列,分成上下两组)

师:这些词语描写的是作者听到的,我们可以称它们为"入耳"(师板书);第二组是作者看到的,我们可以称它们为——

生:入目。(师板书)

生:我感到泉水在山中哗哗地流,发出淙淙的声音。

师:这声音好听吗?

生:好听。

师:哪个词说出来了?

生:悦耳。

师:那么"很好看",你们用哪个词来说?

生:悦目。

师:由此我们想到一个成语——

生:赏心悦目。

(齐读第一组词语)

师:第二组词语让你有何感受?

生:我感到这些泉水是山的魂,无处不在。

生:泉水是很清亮的,一眼能看到水底的石头。

师:从"清亮"我们发现泉水很清澈。

生:我从"交错流泻"发现泉水的支流非常多。

师:通过这些词语我们感受到了鼎湖山"泉声优美动听,泉水清澈丰盈"。让我们读好这段。

(生看着课件中的两组词语,一边读,一边从中选出相应的词语送入课文语段中,边读边形象地体会"听中有看,看中有听")

师:作者听的时候在看,看的时候在听。写的时候是把看到、听到的都融合到一块儿了。让我们也来一路听泉,一路赏景吧!

由此课例可以看到,学生不仅要学会而且要会学,会学已经成为学生素质的重要标志。会学意味着能够有策略、有技巧地学,能根据自己的特点学,能有效率地学,这些都与学习策略有关。

第一节 学习策略概述

当你开始听课时,你可能手上拿着一支钢笔或一支铅笔,也有可能是一支荧光笔,在老师讲过的章节做下记号,或者在笔记本上记下重点,以帮助你的记忆与理解。通常情况下,学生会用各种基本技能帮助他们理解或记住更多的信息,这就是学习策略。

一、学习策略的含义与特征

(一)学习策略界定

在有关学习策略的研究中,概念的界定始终是一个基本问题。对于什么是学习策略,人们从不同的研究角度和方法,提出了各自的看法,至今仍然没有达成一个统一的认识。有的指具体的学习技能,如复述、想象和列提纲等;有的指较为一般的自我管理活动,如计划、领会、监控等;有的指组合几种具体技术的复杂计划,甚至有的与元认知、认知策略、自我调节的学习等术语的含义相互重叠。

对于学习策略的界定,概括起来可以分为三种:

(1)把学习策略视作学习活动或步骤。它不是简单的事件,而是用于提高学习效率,对信息进行编码、分析和提取的智力活动,是选择、整合和应用学习技巧的一套操作过程。

(2) 把学习策略视作学习的规则、能力或技能。

(3) 把学习策略视作学习计划,是学习者"为了完成学习目标而制定的复杂的计划"。

我们认为,所谓学习策略就是学习者为提高学习效果和效率而有目的、有意识地制定的有关学习过程的复杂方案。

(二) 学习策略的特征

学习策略一般具有以下四个特征:

1. 主动性

学习者采用学习策略是有意识的心理过程。学习时,学习者先要分析学习任务和自己的特点,然后,根据这些条件,制定适当的学习计划。对于较新的学习任务,学习者总是在有意识、有目的地思考学习过程的计划。只有对于反复使用的策略才能达到自动化的水平。

2. 有效性

所谓策略,实际上是相对效果和效率而言的。一个人在做某件事时,使用最原始的方法甚至用直觉,最终也可能达到目的,但效果不会好,效率也不会高。比如,记忆一列英语单词表,如果一遍又一遍地朗读,只要有足够的时间,最终也能记住,但是,保持时间不会太长,记忆也不会很牢靠;如果采用分散复习或尝试背诵的方法,记忆的效果和效率会一下子得到很大的提高。

3. 过程性

学习策略是有关学习过程的策略,它表现在学习过程之中,也影响学习过程。没有学习就谈不上学习策略。学习策略规定学习时做什么不做什么、先做什么后做什么、用什么方式做、做到什么程度等诸方面的问题。

4. 程序性

学习策略是学习者制定的学习计划,由规划和技能构成。每一次学习都有相应的计划,每一次学习的策略也不同。但是,同一种类型的学习,存在着基本相同的计划,这些基本相同的计划就是我们常见的一些学习策略,比如 PQ4R 阅读法。

二、学习策略的分类

许多学者对学习策略的成分和层次提出了不同看法,种类也各不相同,迈克卡等人(Mckeachie,et al.,1990)将学习策略区分为三种,并对它们之间的层次关系进行了分析。他们认为,学习策略可以分为认知策略、元认知策略和资源管理策略(见图 6-1)。

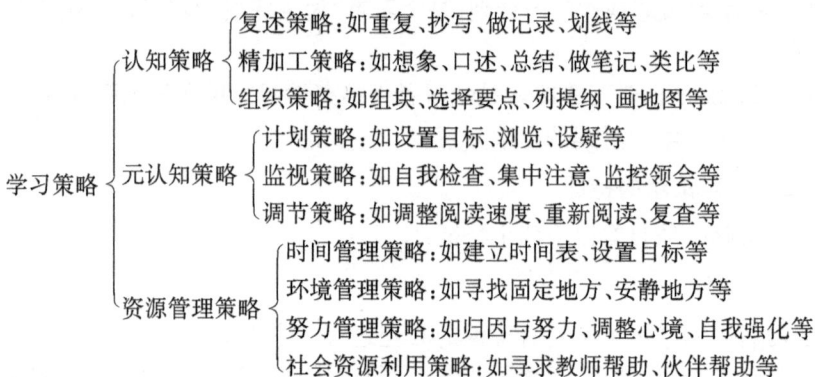

学习策略
- 认知策略
  - 复述策略:如重复、抄写、做记录、划线等
  - 精加工策略:如想象、口述、总结、做笔记、类比等
  - 组织策略:如组块、选择要点、列提纲、画地图等
- 元认知策略
  - 计划策略:如设置目标、浏览、设疑等
  - 监视策略:如自我检查、集中注意、监控领会等
  - 调节策略:如调整阅读速度、重新阅读、复查等
- 资源管理策略
  - 时间管理策略:如建立时间表、设置目标等
  - 环境管理策略:如寻找固定地方、安静地方等
  - 努力管理策略:如归因与努力、调整心境、自我强化等
  - 社会资源利用策略:如寻求教师帮助、伙伴帮助等

图 6-1 学习策略的种类

上述三类学习策略中,认知策略直接指向于认知过程本身,是这一过程所使用的策略。资源管理策略是辅助学生管理可用的环境和资源的策略,对学生的动机具有重要作用。高效学习的学生使用这些策略帮助他们适应环境及调节环境以适应自己的需要。而元认知策略比前面两类策略更高级、更隐蔽,它是对前两类策略的选择、控制和调节。

学习策略既包含直接影响对学习材料的信息加工的成分,也包含影响信息加工过程的成分,还包含对学习环境、时间及工具等的管理的成分。但是,值得注意的是,所有这些对学习策略种类和层次的分析都是基于对课本阅读这样一种学习活动的研究,这种学习多属于自学。而学校学习活动种类繁多,如听讲、讨论、看录像、使用计算机、解决问题等,这些学习活动的策略所包含的成分是否与阅读一样,是值得进一步研究的。

分析学习策略的成分不仅要考虑学习活动的类型,而且还要考虑所获得信息的种类。复述策略、精加工策略和组织策略都是针对陈述性知识的,而针对程序性知识,其策略是有所不同的。

第二节 认知策略

一、复述策略

（一）复述策略的含义

复述策略指在工作记忆中为了保持信息，运用内部语言在大脑中重现学习材料或刺激，以便将注意力维持在学习材料上的策略。在某些简单的任务中，如查找一个电话号码，人们会用到复述策略。为了在长时记忆中建立信息，人们也需要复述策略。

学习有机械学习和有意义学习之分，但是不管哪种学习都要用到复述策略。不过，有意义的学习更多地与后面要讲到的精加工策略和组织策略有关。

（二）复述策略的应用

1. 利用记忆规律

工作记忆的容量是有限的，要想尽可能多地复述内容，就需要了解记忆过程中的一些现象和规律并尽可能利用这些规律进行记忆。这些现象有很多，我们仅以两种现象为例：

（1）干扰与促进

记忆过程会经常发生相互干扰现象。看看学生试卷，常常出现令人哭笑不得的答案，其中很多答案属于"背糊了"的情况。我们在第四章"遗忘学说"中介绍过干扰说，说明了这种现象。干扰又称抑制，指前后信息之间的消极影响。但前后信息的影响不仅仅是消极的，也有积极的，这种现象叫作促进。先前的学习有助于后续的学习，这种现象叫作前摄促进；后面的学习有助于先前的学习，这就是倒摄促进。在安排复述时，学习者要尽量考虑抑制和促进的作用。

（2）首因和近因效应

人们倾向于记住开始的事情，这是首因效应。其原因可能是我们对首先呈现的信息倾注了更多的注意和心理努力，而且首先出现的信息更能激发人的好奇心。另外，处在时间序列较近的事件也较容易被人记住，这是近因效应。近因效应的产生可能是因为没有更近的信息的干扰。

根据首因效应和近因效应，教师要精心组织教学内容，把最重要的概念和原理放在教学的开头，在最后对它们进行总结。好多教师一上课就检查家庭作业、点名等,这并不科学,最好还是上课一开始就着手基本的概念。同样学习者要把最重要的任务置于学习时间的首尾,不要把首尾时间花在整理材料、削铅笔之类的事上。

2. 合理复习

(1) 及时复习

对于遗忘的进程,心理学家们很早就表现出了极大的兴趣,并做了大量的研究。我们熟悉的艾宾浩斯"遗忘曲线"就提示了这一点:复习最好及时进行。所谓复习的"黄金两分钟"就是指学习后 10 分钟就进行复习,只用两分钟复习就能取得良好效果。

(2) 集中复习和分散复习

集中复习指集中一段时间一下子重复学习许多次,分散复习指每隔一段时间重复学习一次或多次。考试前夜的"抱佛脚"就属于集中复习。这种方式也许能帮助学生通过测试,但通过这种方式所记忆的内容并未有机地整合到学生的长时记忆中去。相比较而言,分散复习能极大增强所有信息和技能的长期保持,这已得到了许多实验的证明。

学生学习之后要复习四、五次才能将所学内容长期牢固地储存在头脑里。一般认为开始复习的时候,时间间隔要短,以后可以长些。大体时间安排为:10分钟、一天、一周、一个月、两个月、半年之后对同一个材料各复习一次。

(3) 部分学习和整体学习

对于某些知识和技能,整体学习可以减少别的事情的干扰,如教孩子学自行车或提高口语技能等就比较适合这种形式。但是对于许多人来说,一下学习长段的内容是极其困难的。如果将长段内容分成一小段一小段来学习则相对容易得多,这就是所谓的部分学习。教师教乘法口诀表时总是先教乘数 2 的一列,然后教乘数 3 的一列就是遵循了部分学习的原则。

(4) 自问自答或尝试背诵

自问自答或尝试背诵的好处就是可以根据自己回答或背诵的情况,检查自己的错误和薄弱环节,从而重新分配努力。

(5) 过度学习

如果我们学习一篇文章,每次从头到尾读一遍就回忆一次,我们要读 10 次,才能完整无误地回忆。那么这 10 次就是我们的掌握水平。接下来继续读这篇文章,我们的保持就会进一步加强,这一策略称为过度学习。有人通过实验研究发现,学习的次数越多,保持的成绩越好,而且保持的时间也越长。当然,过度学习也不是越多越好。研究发现,在陈述性知识的记忆方面,150%的过度学习效率最好。汉字书写和英语单词的拼写同样需要过度学习。

3. 自动化

并非每一件事都要求学生有意识地注意。刚开始学写字时,不得不有意识地决定怎样一笔一画写出字来,但是随着我们的经验越来越丰富,在写字的动作上所花的注意力就相当少了。随着学得越来越好,任务所要求的注意力就相对少,这样一个过程就称为自动化。需要高度思维的任务,如果已被学得非常透彻,同样也不需要许多注意就能进行。自动化是非常重要的,它能把一些诸如写字、计算等低水平的知识技能,变成我们的"第二天性",以便腾出我们的工作记忆去完成更复杂的任务。自动化主要是通过操练和练习而获得的。

4. 感官参与

在学习完成各种任务时,让学生亲自参与这些任务,要比让学生只是看说明书或者老师演示完成这一任务学得多。例如,如果让学生有机会亲自画立体几何图,要比只让他们看老师画所学到的东西要多得多。

此外,多方面运用所学的内容,也是一种有效的复习方法。这包含两种含义:一种指运用多种感官的学习,如用视觉阅读、用听觉听讲,再加口语练习与书写的动作等。特瑞奇勒对人的感觉与学习、记忆的关系进行了研究,结果表明:我们的学习 1％通过味觉、1.5％通过触觉、3.5％通过嗅觉、11％通过听觉、83％通过视觉。而且,人一般可记住自己阅读的 10％、自己听到的 20％、自己看到的 30％、自己看到和听到的 50％、交谈时自己所说的 70％。这说明多种感官的参与,能有效地增强记忆。

另一种是指复习情境的变化,如将所学的书本知识再用实验证明、写成报告、做出总结、在谈话中使用以及向别人讲解等,这在学习上都更有成效。

在学习中,这些复述策略只能发挥有限的作用。它们能影响信息加工系统对信息的注意和编码,但是却不能帮助学生在这些信息和已经知道的信息之间构成联系。这就是为什么复述策略在长时记忆中一般无效,而且往往要配以其他一些有助于学习者组织和整合长时记忆信息的学习策略的原因。

二、精加工策略

(一) 精加工策略的含义

精加工策略指通过把所学的新信息和已有的知识联系起来,以此来增加新信息的意义的策略,也就是我们应用已有的图式和已有的知识使新信息合理化的策略。例如,小学生学习和记忆"月落乌啼霜满天"时,想象出月亮西去,天将破晓,乌鸦在大树上不停地鸣叫,漫天大雾……这种想象和更加细致的描绘有助于学生记住这一诗句。和其他信息联系的越多,能回忆出信息的原貌的途径和提取的线索也就越多。

（二）具体的精加工策略

1. 记忆术

记忆术指通过给识记材料安排一定的联系以提高记忆效果的方法。对于一般的学习，记忆术是一种有用的精加工技术，它能在新材料和视觉想象或语义知识之间建立联系。记忆术的基础或者是利用视觉表象，或者是寻找语义之间的联系。在记忆名词、种类、系列或项目组等信息时，记忆术非常有用。比较流行的一些记忆术有位置记忆法、首字联词法、谐音联想法、关键词法和视觉联想法。

（1）位置记忆法

位置记忆法也称为记忆宫殿法，是一种传统的记忆术，最早被古希腊演讲家使用。它是通过与学生熟悉的某种地点顺序相联系来记忆一些名称或者客体——对于演讲家来说，就是一篇长长的演讲稿——顺序的方法。古代罗马元老院的政治家们常常用此法记住自己演说的要点。他们常常在自己的身体上、房间里确定出许多特定的点来加以利用。学生可以根据自己的活动顺序把需要记忆的内容放在相应的位置，回忆的时候根据活动顺序就可以快速地找到。

（2）首字联词法

首字联词法是利用每个词的第一个字形成一个缩写，例如二十四节气歌就是取每个节气的首字组成一首诗，很简明地提供了节气名称的线索，十分有利于记忆。

与此相类似的还有句子记忆术，即利用每个术语的第一个字母组成一个词。例如，STEAM 就是下面五个单词的缩写：Science（科学）、Technology（技术）、Engineering（工程）、Arts（艺术）、Maths（数学），STEAM 教育就是集科学、技术、工程、艺术、数学于一体的综合教育。

（3）谐音联想法

学习一种新材料时运用联想，假借意义，对记忆亦很有帮助。例如有这样一个故事：一个私塾先生，每天让学生背诵圆周率，自己却到山上寺庙里与一和尚饮酒。学生们总背不会。一天有个学生编了一段顺口溜，学生们很快就背会了，令先生大吃一惊。这个顺口溜是："山巅一寺一壶酒，尔乐苦煞吾，把酒吃，酒杀尔，杀不死，乐尔乐（$\pi=3.1415926535897932384626\cdots$）。"这里学生将无意义的数字系列人为地赋以意义并且化作视觉表象，这样记忆效果会更好。

（4）关键词法

关键词法就是将新词或概念与相似的声音线索词通过视觉表象联系起来。例如，英文单词"gas"可以联想成"煤气漏了就该死"。这种方法在学习外语词汇时非常有用。有研究表明，这种记忆术同样适用于其他学习，如省首府名、阅读理解、地理信息等记忆活动。

（5）视觉想象法

许多有效的记忆术都是通过联想帮助人们实现记忆。如初学汉语拼音时，老师编了一首歌谣："一门 n，二门 m，拐棍 f，伞把 t，椅子 h，碰壁 k，小棍赶猪勒勒勒（l）……"还有一种用想象来增强记忆的方法，就是将相互间没有联系的信息（如字词、单词、人名、地名等）编成故事，将这些信息融合在故事之中。记住故事就比较容易记住这些信息。

2. 内在联系策略

精加工策略除了采用记忆术之外，更主要的还是采用有助于理解的方法主动对信息的内在含义进行分析和解释。例如寻找信息之间的意义关系、主动应用、加注释、比较、自我提问和尝试解答等，这些都属于对学习材料的深加工。内在联系策略侧重于对知识的理解，因此又叫理解策略。

（1）寻找信息之间的联系

在学习时我们不要孤立地去记东西，而要找出信息之间的关系，这样即使所学信息部分遗忘了，也可以利用信息之间的关系推出来。例如学生学习记叙文，要注意寻找课文内容之间的联系，搞清楚时间和空间的顺序和转换，明白事件的产生、发展和结束的整个过程的逻辑以及人物之间的关系，能够说明现在怎么样、为什么会这样、将会怎样、最终会怎样等关键问题，这样学生对文章就会有较深刻的理解和牢固的记忆。

（2）主动应用

学生学习的很多知识往往只适用于有限的情境，如果不能在学习中开发其实际应用的价值，就会变成惰性知识。例如学生学了容量问题，但在生活中却不知如何用几个杯子量出所需要的水，这样的知识特别容易遗忘。因此，教师应注意引导学生将所学知识与实际生活联系起来，使学生将抽象的概念和原理转化为鲜活的生活事例。这样的学习不仅能使学生实现知识的分化，也能达到知识间融合的目的。生活事例一方面是具体、生动的，具有特殊性，但另一方面又是综合、复杂的，需要糅合各种知识。教学生学会应用并不是教育上的实用主义，而是基于知识分化与融合的思想使学生对知识的掌握进入更高层次，获得更好的效果。

（3）利用背景知识

精加工强调在新学信息和已有知识之间建立联系。对于某一事物，你到底能学会多少，最重要的一个因素就是你对这一方面的事物已经知道多少，这就是背景知识。背景知识包括社会文化背景、生活经验背景、价值观背景等。不同国家和民族、不同地域、不同社会阶层和职业、不同性别、不同受教育程度、不同社区环境、不同人的生活经历,都是背景知识的来源。人与人之间存在很大的背景知识的差异,正是这些差异使得人们对同样事物有不同理解。

（4）加注释

我们在阅读材料时会对其中关键地方用自己的语言加以解释,这种解释或是对原话的说明,或是由原话产生的联想或感想,或是与这一知识点相似的自己曾经学习过的知识。加注释的方法能够形成知识间更加紧密的联系,从而更好地理解和记忆知识。

（5）比较

比较就是将几个具有可比性的材料放在一起,找出它们的异同与联系。通过比较可以生成许多材料本身所不具有的新意义,这样有利于学习者对材料的理解。

（6）提问并试图解答

提问是一种比较高级的精加工策略。提问既需要较强的批判精神和探究精神,也需要质疑能力。学习者运用这一策略表现在学习过程中能提出以下的问题:为什么这么说? 这么说对不对? 这个说法意味着什么? 这样将会怎么样? 这个问题包含哪些小问题? 等等。

学会提问(Asking the right questions)对于学习来说非常重要。皮亚杰认为:“每告诉孩子一个答案,就剥夺一次他们学习的机会。”乔布斯曾说,我愿意把我所有的科技去换取和苏格拉底相处的一个下午。尼尔·布朗和斯图尔特·基尼在《学会提问》一书中写道:“学会提出好问题,是让世界变得美好的开始。”

学生在学习过程中不仅要提出问题,而且要尝试着对这些问题做出解答,这样的学习就变成了课题研究,这有助于将学习引向深入,从而产生很多学习材料本身没有提供的知识。因此教师应启发和鼓励学生勇于而且善于提出问题。

三、组织策略

（一）组织策略的含义

组织策略指整合所学新知识之间、新旧知识之间的内在联系,形成新的知识结构的策略。组织是学习和记忆新信息的重要手段,其方法是将学习材料分成一些小的单元,并把这些小的单元置于适当的类别之中,从而使每项信息和其他信息联系在一起。假如你周末上街买食品,东西很多很杂,你难免会丢三落四,但如果你把这些东西组织起来,按照主食、蔬菜、肉类、水果、饮料、调味品归类,这些东西就会变得有意义,容易记住。

精加工策略强调新旧知识之间的相互作用,目的是通过旧的知识经验来理解新知识,用于知识学习的前期;而组织策略强调知识之间的相互联系,目的是将知识结构化,便于知识的提取,用于知识学习的后期。通俗地说,精加工策略是一种扩充策略,也叫丰富性策略,组织策略是一种简化策略。

（二）具体的组织策略

1. 列提纲

列提纲是以简要的语词写下主要和次要的观点,也就是以金字塔的形式呈现材料的要点。每一具体的细节都包含在高一水平的类别中。在教列提纲技能时,教师可以采用支架逐渐撤出的方式来分步对学生进行训练:① 提供一个几乎完整的提纲,需要学生听课或阅读时填写一些支持性的细节;② 提供一个只有主题的提纲,要求填写所有的支持性细节;③提供一个只有支持性细节的提纲,而要求填写主要的观点。如果给予适当的练习,学生就能学会写出很好的提纲来。

2. 利用图形,作关系图

（1）系统结构图

学完一科知识,对学习材料进行归类整理,将主要信息归成不同水平或不同部分,然后形成一个系统结构图,这样容易理解和记忆。

（2）流程图

流程图可用来表现步骤、事件和阶段的顺序。流程图一般从左向右展开,用箭头连接各个步骤。

（3）模式或模型图

模式图就是利用图解的方式来说明在某个过程中各要素之间是如何相互联系的。模型图就是用简图表示事物的位置（静态关系）以及各部分的操作过程（动态关系）。

（4）网络关系图（概念图）

利用关系图可以图解各种观点是如何相互联系的。

作关系图时,首先要找出文中的主要观点,然后找出次的观点或支持主要观点的部分,接着标出这些部分,并将次要的观点和主要的观点联系起来。在关系图中,主要观点位于图正中,支持性的观点位于主要观点的周围。

3. 利用表格

对材料进行全面的综合分析,然后抽取主要信息,并从某一角度出发,将这些信息用表格的形式全部陈列出来,力求反映材料的整体面貌。也可以从纵横两个维度罗列材料中的主要信息,做成双向表。

第三节　元认知策略

一、元认知的含义与意义

(一) 元认知的含义

元认知(metacognition)是弗拉维尔(Flavell, 1976)提出的概念。弗拉维尔认为,元认知的定义"通常很宽泛而且很松散,它将任何一种知识或认知活动,或任何认知活动的任何方面作为其对象并对其加以调节","元认知的核心意义是'关于认知的认知'"。

当代心理学家已经将元认知的概念扩展到很大的范围,特别强调元认知是一个完整、独立的心理结构,是认知主体对自身认知功能和认知活动的认识、体验和调控。

人不仅能够认知,而且能意识到自己在认知,意识到自己认知过程的各种状况和情绪体验,能评判自己的认知过程、预测自己的认知结果。另外人还能根据上述意识过程控制和调节自己的认知过程。

例如,一个教师在上课,他不仅在上课,而且似乎还有另一个"他"在看着他上课,而且另一个"他"还能知道他目前的状况:声音有点哑,感觉比较疲惫;这里讲得不好,应该重讲;这个字写得不好,擦掉重写;他的注意好像有点不集中,要振奋起来……这另一个"他"起着对他的监视、控制、评价和调节的作用,这就是元认知。由此可以看到,元认知不是一个东西,而是一整套心理构造,执行着复杂功能。

(二) 元认知、认知策略与智慧技能的关系

元认知、认知策略和智慧技能是教育心理学中重要而又较难理解的概念。这三个概念涉及的都是非常内在的心理活动和品质,既不可观察,又难以体会。这三个概念有相似之处,也有不同的地方。认知策略指如何认知或认知的办法,如如何观察、如何阅读、如何写作、如何记住单词、如何解题、如何配一桌菜等。认知策略直接指向于认知活动本身,以完成认知任务为目标。智慧技能指使用某种认知策略的熟练程度。比如学生想好了如何写一篇作文,但是不是能按预想的写好,这取决于他写作的熟练程度。而采用的策略好不好、还可以采用哪些策略、这些策略中哪一个最好,等等,这些属于元认知。

因此,这三者中元认知处于最高端,它也是最隐蔽的心理功能,对认知策略

和智慧技能起着监控和评估作用。认知策略负责启动智慧技能,而智慧技能直接承担与环境的相互作用。当然,元认知也需要从智慧技能运用过程中获得有关信息,以此作为实现调控功能的依据。

元认知总是和认知策略共同起作用。如果一个人没有使用认知策略的愿望,他就不可能成功地进行计划、监控和调节。元认知过程对于帮助我们估计学习的程度和决定如何学习是非常重要的,但元认知功能的发挥必须以认知策略的掌握为基础。试想,一个学生如果连基本的认知策略都没有,那元认知就成了没有作用对象的无意义存在。从学生认知发展看,认知策略早于元认知的发展。学生先知道怎么做,然后才在各种做的过程中通过比较形成认知策略的优选程序,而这个优选程序就是元认知的一部分。总之,元认知是在认知策略应用经验中发展起来并高于认知策略的一种心理机制。一旦元认知发展起来之后,人的认知的整体水平就获得了一种飞跃,达到了更高层次,认知发展也就获得了一种新的动力。没有元认知的发展,任何学生都不可能成为成功的学习者。

(三) 元认知的意义

元认知的实质就是学生将自己作为对象加以认识、控制和调节的活动,是人的自我监控机制,是人的心理发展到一定水平和人长期学习活动的产物。人的元认知水平差异很大,这与一个人先天神经系统活动类型、自我反省智力(加德纳语)、所接受的元认知训练、所处环境的变动性有关。

教育史上历来就有教师中心和学生中心的争论,19 世纪末至 20 世纪初世界上开展的儿童研究运动以及之后产生的由杜威(Dewey)等人倡导的民主教育运动都将儿童置于教育的中心地位,强调儿童在自己的学习过程中的主动性和独立性。我国的教育理论特别要求将教育与儿童的自我教育相结合。20 世纪80、90 年代我国有不少小学先后进行了"做学习小主人"的实验,21 世纪初我国开展了新一轮的基础教育改革,其中一个重要观念就是把学生看作学习的主人。凡此种种的运动、改革、实验若要取得成功,其前提之一就是学生的元认知发展。任何教育都要以学生元认知发展水平为依据和条件。只有当一个人能够做到客观而全面地认识和评价自己、深刻而准确地体验自己的心理状态并且能够根据一定目的和条件控制和调节自己的认知、情感与行为,才能真正称得上是学习的主人。

二、元认知的结构

(一) 元认知知识

元认知知识指对认知过程的知识和观念,它是对有效完成任务所需的技能、策略及其来源的意识,即知道做什么。它是完成任务之前的一种认识,主要包括：

1. 自我的知识

自我的知识指对个人作为学习者的认识。学习者首先要认识自己的认知特征，比如我擅长记忆文本材料或我不擅长机械记忆、我读乐谱很快、我不喜欢哲学和数学等需要抽象逻辑思维的活动。一个人自我的知识从幼儿园到高中期间会发生相当大的变化。较大的学龄儿童能更准确地判断自己在一个特定时间内能掌握多少信息。

2. 任务的知识

任务的知识指对学习材料的性质、长度、熟悉性、结构特点、材料的呈现方式、逻辑性等因素以及学习目标和任务的认识。任务的知识与我们在多大程度能感知任务难度有关，如"这篇课文很长"、"今天的应用题很难"。年幼的孩子就已经知道较短的材料比较长的材料容易记住，较大的孩子知道任务的难度水平会影响他们决定使用哪种学习策略。

3. 策略的知识

策略的知识指对各种学习策略的性质及其优缺点、应用条件和情境以及效力的认识，它可以作为学生使用策略进行学习的能力的判断指标。心理学家经常对不同业成就的学生解决某一或某类问题通常使用的策略做比较研究，以探寻影响学业成就的因素。一般而言，年幼儿童很少有意识地使用策略性知识，比如3岁大的孩子可以在某个特定任务上学会使用一种策略，但是他不会自发地将这个策略应用到类似的任务上（Hertzog & Robinson，2005；Palincsar，2003）。但8岁儿童会自发地使用策略而不必靠他人的推动（Beal & Fleisig，1987；Ritter，1978）。到小学高年级阶段，学生对于在某种情境下使用何种策略有了一定的判断和选择，这说明他们对策略有了更好的理解，他们也开始更自信地去应用这些策略（Flavell et al.，2002）。

（二）元认知体验

元认知体验（又称元体验）指学生对伴随认知过程而产生的种种心理体验的觉察和感受。周传雄的《冬天的秘密》这样唱道：我讨厌这样想你的自己。"想你"是体验，"讨厌"是对体验的体验，即元体验。在学习过程中，学生总是会产生一定的情感体验，这些体验可能是积极的，也可能是消极的。人总希望保持积极的情感，消除消极的情感，这就需要对自己正在体验的情感进行控制和调节。为此，人首先要能意识到自己目前所处的情感状态，即自己正在体验着何种情感，要能对这种状态做出评价，即这种情感合适不合适、是否应该有这样的情感。在此基础上，才能进行情感的控制和调节。比如，学生看到试卷上的难题产生畏惧和担心的情绪,这种情绪被意识到后,学生会对这种情绪进行评估,进而产生对这种情绪的体验。如果学生认为这种情绪将影响自己考试成功的信念,那么学生就会因为这种情绪的发生而产生自责或羞愧的体验,这就是元认知体验。需要指出,元认知体验是对体验的体验,而不是体验本身。如上例中,学生产生的畏惧感是体验,随着这种畏惧感而产生的自责或羞愧是对这种体验的体验,这就是元认知体验。

学习过程中的问题感、困难感、效能感等情感体验及其相应的调节是实现元认知调控的动力因素。

(三)元认知监控

元认知监控是元认知监视、元认知控制、元认知调节的总称。元认知监视就是知道自己在做什么、是不是按照计划在做;元认知控制就是维持和促进自己按计划进行的认知活动;元认知调节就是当自己的认知活动脱离预定计划时使其回到正确的轨道上的过程,或是当发现情形与计划有所不同、需要对计划进行修订时而采取的行动。元认知监控是元认知执行系统的功能,是元认知的具体表现。

元认知监控也需要一定的策略,这些策略包括计划策略、监视策略和调节策略,统称为元认知策略。

三、元认知策略

元认知策略属于过程性知识,储存在长时记忆中。假如学生读一本书,遇到不懂的地方,他该怎么办? 他或许会再读一遍,或许会从图表、索引、注释中寻找线索来帮助理解,或许还会退到更前面的部分。这意味着学生要学会弄清楚自己什么地方不懂、对什么不懂、为什么不懂以及如何才能搞懂。

例如,一个学生看不懂这句话是什么意思:As you hum your songs, the water turn to ice above home。他首先要清楚自己是不知道这个句子中的某个单词或短语的意思,还是对句子的结构搞不懂,或是对某个介词在这个句子中的用法难以把握,抑或不能领会这个句子所蕴含的寓意。在此基础上他才能寻求相应的对策着手解决问题。此外,学生在学习过程中还要能预测可能会遇到哪些困难、什么地方相对容易、什么地方相对难。例如,学生期末复习之后要清楚自己的复习情况:哪种题型掌握得较好、哪种题型没有把握、哪种题型根本没有指望,这样他才能制订出应试策略和分配拿分任务。

1. 计划策略

计划策略(planning strategies)指根据认知活动的特定目标,在一项认知活动之前确定活动目标、明确活动方式、安排活动进程、设定欲解决的问题、预测活动结果等。给学习做计划就好比足球教练在比赛前针对对方球队的特点与出场情况决定出场队员、安排阵型、制订比赛战术和对策。不论是完成作业还是为了应付测验，学生在每一节课都应当有一个一般的"对策"。成功的学生并不只是听课、做笔记和等待教师布置测查的材料，他们比一般学生"更会学习"，比如会预测完成作业需要多长时间、在写作前获取相关信息、在考试前复习笔记、在必要时组织学习小组以及使用其他方法。

2. 监控策略

监控策略(monitoring strategies)指在认知活动的实际过程中，根据认知目标及时评价、反馈自己认知活动的结果与不足，正确估计自己达到认知目标的程度和水平，根据有效性标准评价各种认知行动和策略的效果。监控策略包括阅读时对注意加以跟踪、对材料进行自我提问、考试时监控自己的速度和时间。这些策略使学生警觉自己在注意和理解方面可能出现的问题，以便及时发现并加以解决。例如，学生复习迎考时，常会相互"提考"，即相互提问、背诵，通过这种方式发现复习中存在的问题，以进一步强化复习重点，解决这些问题。

3. 调节策略

调节策略是根据对认知活动过程和认知策略效果的检查而采取的修正和调整策略。当学习者意识到靠死记硬背并不能获得高分的情况下，他们可能会改变死记硬背的策略，也可能改变得高分的目标，或改变对自己能够获得高分的期待。当学生感觉到自己不理解课文的某部分或感觉理解有误时，会退回去重读。重读过程会放慢速度，重新找关键词或关键句并用画图的方式记录下来。这些都是调节策略的应用。

第四节　资源管理策略

一、时间管理策略

时间是重要的学习资源，也是最容易被浪费的资源。对时间的管理已成为衡量学生学习效能的重要指标。优秀生和落后生的差异之一就是表现在时间的合理利用和时间效益上。现在经常被人们挂在嘴边的"拖延症"(procrastination)一词其实就是时间管理上的一种缺陷。

如何管理好自己的学习时间？我们提出以下建议：

（1）要有时间管理意识，认识到时间管理的重要性；

（2）写下每天、每周须完成的事情，估计在能力和时间允许的范围内哪些是能够完成的；

（3）将这些事情按重要性排序，先做最能估算出时间、最具效益的事情；

（4）需要马上就做的事情不要找借口拖延；

（5）量力而行，估计好完成工作所需的时间，不要太紧，也不要太松；

（6）定期检查自己的学习效率，给自己设定一定的奖惩措施。

二、环境管理策略

学习环境是影响学生学习的条件之一。环境分为物理环境和心理环境。物理环境指学生置身其中，对学生心理产生影响的各种物质因素，如空间大小与拥挤程度、背景声的嘈杂程度、光线的强弱、温度、湿度等。心理环境指人所感受到的由各种物理因素、人际因素和个人心理事件交互作用所形成的情境。

学生总是处在一定的物理环境中学习。物理因素现实或潜在地对学生学习产生影响。在学校，过于黯淡的光线、闷热的天气、拥挤的空间、课桌椅的不适、工地施工的机械声响等都会干扰他们的学习。学生家庭的住房条件、周边环境对他们的学习也会有一定影响。这就需要学生掌握环境管理策略。有一定环境管理经验的学生会主动地寻找一个适合于自己学习的环境，也会主动地排除环境中不良因素的影响。比如找一个比较安静的地方背书，做作业时将书桌上容易分散注意力的玩具拿走，如果外面比较吵闹就把门窗关上，等等。教师和家长也会教给学生环境管理策略。一般来说，到小学高年级阶段学生都具备了较完整的环境管理策略。

心理环境的调节策略又叫心境管理策略，主要指学生在学习过程中对自己心理状态的调节。心理状态，特别是情绪状态对学生的学习有很大影响，因此如何以良好的情绪状态投入到学习之中，这需要教师对学生进行教育和传授。

三、寻求资源策略

完成学习任务需要各种资源，特别是信息资源。在高度发达的信息社会，学生可寻求的资源非常多，如图书、报纸、杂志、电视、网络等。在智能手机迅速普及的今天，一部手机加上各种 APP，再加上发达的网络，几乎可以查找到任何想要的资料和信息。现在的人越来越显示出独立性和自主性。迅速搜索、准确甄别和合理利用资源是当今社会对学生提出的要求，也是学生必须掌握的基本技能。

四、寻求支持策略

与寻求资源策略相似的是寻求支持策略。学习需要帮助，提供帮助的人可以是老师，也可以是家长或同学。当需要别人的帮助时，学生要思考究竟是选择老师还是同学，还要思考自己需要怎样的帮助。比如遇到不会做的题目，有的学生会通过电话、短信、微信、QQ 问同学，有的会问家长；在问同学时有的会要求直接报答案，有的会要求教自己怎么做。

适当地寻求帮助既可以节省学习时间、少走弯路，还可以起到增进感情、密切人际关系的作用。因此，应该教育学生学会寻求支持。

第五节　学习策略的教学

很多人认为，教育的目的是要教会学生学习，但常常有学生把学习中的困难归因于缺少能力，而实际上，他们的问题在于从来没有人教过他们如何学习。有研究发现：小学教师大概只用 3% 左右的时间向学生提供一些记忆和学习策略。面对课程学习中复杂的任务，有些学生只会使用一两种学习策略，这些学生面对复杂的学习材料常常束手无策，不知如何学习，以至于成绩越来越差。而那些懂得怎样在需要高度思维的课堂上做好策略准备（如记好笔记）的学生，则能较好地适应课堂学习和考试。不过学生仅仅了解有哪些学习策略还不够，他们必须学会在何时、何处使用这些策略。教师的任务就是在考试之前、交作业之前教学生监控他们的学习，以使他们改变学习策略，从而增加成功的可能性。

一、小学生学习策略的发展

小学生在学习过程中的策略运用有一个发展过程，这一过程与他们的学习经验和教师对他们的指导密不可分。小学生学习策略的发展大约经过下面几个阶段：

（一）无意识地运用策略阶段

学龄前儿童及小学低年级学生在学习过程中常常不能有意识地运用学习策略。在认知策略方面，他们常常无意识地运用复述策略，但很难做到有重点地、有针对性地复述。而且由于元认知处于较低水平，他们也很难发现复述过程中所存在的问题。

在精加工策略方面，这一年龄段儿童由于受思维能力、知识经验等的限制，对知识的理解基本处于简单复述水平上,对学习材料难以做到超越字面意义的理解,如他们不能用自己的话对课文的意思做解释,他们也不能合理地运用想象帮助自己理解知识。

在组织策略方面,学龄前儿童及小学低年级学生更为薄弱,他们既不能准确概括所学的知识,更不能将较分散的知识整合成整体。由于缺乏时间概念,这一年龄阶段的儿童不善于管理自己的学习时间,也不善于寻求帮助。

在这一阶段,教师对学生学习策略的指导主要是直接规定具体行为,要求他们按照一定的程序和方式进行学习,形成基本的学习规范和习惯,如复述课文时直接说明要读多少遍,帮他们安排作业时间,指导他们编儿歌进行精加工等。

(二) 有指导地运用策略阶段

小学中、高年级学生在老师指点下能够主动运用学习策略进行学习。在认知策略方面,随着年级的提高和相应的教育,中高年级学生掌握了越来越多的学习方法,如朗读方法、分段方法、写作方法、解题方法、预习和复习方法等。在元认知方面,中高年级学生也有了长足的发展。他们对自己的性格、智力特点、兴趣爱好等有了一些比较粗浅的了解,对不同学科的特点及其学习方法也有了一些认识,开始懂得学习应该有一定的计划和安排,开始思考如何改进自己的学习。在资源管理方面,这一年龄段的学生也有了一定的发展。他们开始利用各种资源帮助自己提高学习的效果和能力,如能够在老师帮助下查阅和利用资料,能够做出一定的时间安排等。

这一年龄段的学生已经能够有意识地使用一些学习策略,但独立性还不够强,还需要教师的指导。教师可以着重给学生示范如何根据不同的任务使用不同的学习策略,同时要训练学生的元认知策略,让他们逐步实现自主使用学习策略。

(三) 独立运用策略阶段

这一阶段大约始于初中。该年龄段的学生已经能够独立地安排自己的学习,也具有一定的心理调控能力,如制订学习计划、调节自己的情绪、根据自己的特点运用学习方法等。

二、小学生常用的认知策略

在这里我们结合小学生一般的学习内容,介绍几种常见的学习策略。它们既属于认知策略,也包含元认知策略的某些特征。

1. 划线

划线是一种最常用的学习策略。划线可以帮助我们快速找到和复习课文中重要的信息,监测学习的进度和程度。划线有一定的方法(见表 6-1),可以首先解释在一个段落中什么是重要的,如主题句;其次教学生谨慎地划线,也许只划一到两个句子;最后,教学生复习和用自己的话解释这些划线部分的含义。但在使用划线策略的时候,我们应该注意只划出确实重要的信息,如果什么都划,就失去使用这个策略的价值。研究表明,只有每段划一个句子,才会促进学习。将划线与其他策略,如在划线的旁边做注释结合起来使用,可能会收到更好的效果。

表 6-1 划线的方法

- 圈出不知道的词语
- 标出定义
- 标明例子
- 列出观点原因或事件序号
- 在重要段落前加强调符号
- 在混乱部分加问号
- 标出可能的测验项目
- 画箭头表明事件或观点之间的关系
- 注上评论,记下不同点和相似点
- 标出总结性的陈述

2. 做笔记

在阅读和听讲中,用得比较普遍的学习策略是做笔记。我们在学习时记笔记,仿佛是为了复习,笔记仅仅成了一种用以复习的信息的外部存储。其实,笔记的意义远不止于这些,它能促进新信息的精细加工和整合。

做笔记有助于编码加工,但是只记不复习也达不到应有的效果。学生做笔记并且进行复习,比只做笔记不复习和借别人的笔记复习要学得好。小学生由于注意分配能力不足,同时,写字也没有达到自动化程度,课堂笔记的记录存在困难,但可以培养学生课后阅读记笔记的习惯。

克耶拉提出,教师可以通过下列方法促进学生做笔记和复习笔记:讲演慢一点;重复复杂的主题材料;呈现做笔记的线索;在黑板上写出重要的信息;给学生提供一套完整的笔记,让他们观看;给学生提供结构式的辅助手段,如提纲或二维方格表等。

但是,在听讲的同时做笔记,必定占用有限的学习资源,所以并不是所有的学生都能从做笔记中受益。对能力较低的学生和处理听觉信息有困难的学生,做笔记效果较差。这样的学生也许先认真听老师讲演,然后看老师的讲义会更好些。

3. 写提要

写提要就是写下能表达所读信息的中心思想的简短陈述。这种策略和前面所讲的列提纲、建立网络、画关系图等学习策略类似，都要求学习者以梗概的形式总结所学的材料，以增强对书面材料的领会和保持。可以让学生每读完一段后用一句话做概括，或者让学生准备一个提要来帮助别人学习材料，使得学习者不得不认真考虑什么重要、什么不重要。但是研究发现提要发挥作用是有条件的，其条件还不甚明了。

4. PQ4R 方法

PQ4R 方法是由托马斯和罗宾逊提出来的，改自他们早期版本 SQ3R(F. P. Robinson,1961)。PQ4R 是由几个步骤首字母的缩写组成，分别代表预习(Preview)、设问(Question)、阅读(Read)、反思(Reflect)、背诵(Recite)和复习(Review)(见表 6-2)。有研究表明 PQ4R 方法对稍长的儿童有效。PQ4R 程序的进行可使学生集中注意力，有意义地组织信息、使用其他有效的策略，诸如产生疑问、精细加工、过一段时间后复习等。

表 6-2　PQ4R 方法

步骤	解释
预习	快速浏览材料，对材料的基本组织主题和副主题有一个了解。注意标题和小标题，找出你要读的和学习的信息。
设问	阅读时自己问自己一些问题。根据标题用"谁"、"什么"、"为什么"、"哪儿"、"怎样"等疑问词提一些问题。
阅读	阅读材料，不要泛泛地做笔记。要试图回答自己提出的问题。
反思	通过以下途径，试图理解信息并使信息有意义：① 把信息和你已知的事物联系起来；② 把课本中的副题和主要概念及原理联系起来；③ 试图消除对呈现的信息的分心；④ 试图用这些材料去解决联想到的类似的问题。
背诵	通过大声陈述和一问一答，反复练习记住这些信息。你可以使用标题、划线的词和对要点所做的笔记来提问。
复习	最后一步积极地复习材料，主要是问你自己问题，只有当你肯定答不出来时，才重新阅读材料。

资料来源：Slarin R. E.. Educational Psychology：Theory and Practice(7th ed.)，北京大学出版社，2004.

5. 提问策略

提问有助于学生学习课文、讲演以及其他知识。许多研究者训练学生寻找故事中的角色、情景、问题和问题解答。训练由一些具体问题开始,然后让学生找出关键要素。柏里斯和肯发现,如果阅读时教学生提一些"谁"、"什么"、"哪儿"和"如果"的问题,他们能领会得很好。英格勒特等人给学生一张单子帮助他们构思创作,这张单子教学生向自己提出以下一些问题:"我写给谁看的"、"要解释什么"、"有什么步骤",等等。这些训练就是教学生在活动中自己和自己谈话、自己问自己或彼此之间相互老师要问的问题。结果表明,学生在解数学题、拼写、创作和许多其他课题中能成功地学会自我谈话。不过也有结果显示,虽然有的课堂 70%～80% 的时间被用来提问,但其效果却没有很好地体现出来。

三、学习策略教学模式

虽然目前对学习策略的性质、结构和测量等问题还有待于进一步研究,但人们都认识到,学习策略是可教而且是可以迁移的。下面我们来看看几种有代表性的学习策略教学模式。

(一) 直接教学

直接教学模式与传统的讲授法十分类似,由激发、讲演、练习、反馈和迁移等环节构成。在教学中,教师先向学生解释所选定学习策略的具体步骤和条件,在具体应用中不断给予提示,让其口头叙述和明确解释所操作的每一个步骤,报告自己应用学习策略时的思维。通过不断重复,这种内部定向思维可加强学生对学习策略的感知、理解与保持。同时,教师在教学中依据每种策略选择许多恰当的事例来说明其应用的多种可能性,使学生形成对策略的概括性认识。教师提供的事例应从学生的认识水平出发,由简到繁,使学生从单一策略的应用发展到多种策略的综合应用,从而形成一种综合应用能力。

(二) 交互式教学

交互式教学主要是用来帮助那些阅读和理解方面成绩差的学生,它由教师和一个学生小组组成。交互式教学教四种策略:总结段落内容;提出与要点有关的问题;澄清和明确材料中的难点;预测下文会出现什么。

一开始,教师示范这四种策略。例如,朗读一段课文并就其核心内容进行提问,直到最后概括出本段课文的中心大意。提问是为了引起讨论,概述大意则有助于小组成员为阅读下一段课文做准备。然后,教师指定一个学生扮演"教师",效仿教师的步骤,带领大家分析下一段内容。学生们轮流担当"教师"。教师先树立一些榜样性行为,这些行为是他想要学生自己能做的,然后改变自己的角色。当学生产生问题时,教师起一个促进者和组织者的作用。对交互式教学的研究一般都发现,这种策略能提高成绩差的学生的成绩。

(三)脚本式合作教学

许多学生可能已经发现,当自己和同学讨论所读到的和所听到的材料时,会获益匪浅。丹瑟洛与同事做了一些研究,把这样一种学习活动模式提炼为脚本式合作。在这种学习活动中,两个学生一组,一节一节地彼此轮流向对方总结材料。当一个学生主讲时,另一个学生倾听并纠正对方的错误和遗漏。然后,两个学生变换角色,直到学完所有材料为止。关于这种学习方法的一系列研究证明,以这种方式学习的学生比独自总结或简单阅读材料的学生,其学习和保持都有效得多。脚本式合作的两个参与者都能从这种学习活动中受益,而主讲者比听讲者获益更大。

在实际教学中,教师不管采用什么方法进行学习策略的教学,都要结合学科知识。研究认为,学习策略知识不是孤立的,不能脱离专门知识。专门领域的基础知识是有效利用策略的前提条件,脱离知识内容的单纯训练容易导致形式化倾向,难以保证学生真正提高学习策略水平。教师要善于不断探索和优化自己的教学步骤,为学生提供可以仿效的活动程序。同时要根据学生原有的学习方式基础来启发学生的思路,让其有意识地内化有效的学习策略。

本章小结

学习策略的学习比知识和技能学习更为复杂,其效果也更难显现,但一旦获得成功,其收益将增长数倍,甚至影响学生一生。因此,教师要有意识地进行学习策略的教学,把着眼点放得更高,眼界放得更宽。当然,学习策略的学习本身要以学好学科知识和技能为前提。忽视这一点的话,所有学习策略都变为空谈。

思考与训练

一、思考题

1. 什么是学习策略?你常用的学习策略有哪些?
2. 学习策略由哪些部分构成?
3. 什么是认知策略?小学生常用的认知策略有哪些?
4. 结合你的学习经历,谈谈你会怎样教小学生学会学习。

二、教育案例分析

回顾本章的课例,分析李老师运用的认知策略有哪些?还有什么策略可以帮助学生理解课文?

延伸阅读

具体的监控策略——领会监控和集中注意

1. 领会监控

领会监控是一种具体的监控策略,一般在阅读中使用。熟练的读者在头脑里有一个领会的目标,诸如发现某个细节、找出要点等,于是为了该目标而浏览课文。随着这一策略的执行,达到目标会体验到一种满意感;如果没有找到这个细节,或者不懂课文,则会产生一种挫折感。如果领会监控最终显示目标没有达到,读者就会采取补救措施,比如重新浏览材料,或者更仔细地阅读课文。

一些研究表明,从幼儿到大学生有许多人都缺乏这种领会监控技能。他们只是机械地采取再读,或者无止境地记笔记来阅读,却不得要领。德文通过研究,提出提高领会监控策略的方法(见表6-3),加以练习定会有所帮助。

表6-3 领会监控方法一览表

方法	解释
变化阅读的速度	以适应对不同课文领会能力的差异。对于比较容易的章节读快点,抓住作者的整体观点;对于较难的章节,则要放慢速度。
中止判断	如果某些事不太明白,继续读下去。作者可能会在后面填补这一空隙、增加更多的信息或在后文中有明确说明。
猜测	当所读的某些事不明白时,养成猜测的习惯。猜测不清楚段落的含义,并且读下去,看看自己的猜测是否正确。
重读较难的段落	重新阅读较难的段落,尤其是当信息仿佛自相矛盾或模棱两可时。最简单的策略往往是最有效的。

2. 集中注意

注意和金钱、能源一样,是一种有限的资源。人在某时刻,只能注意有限的事物。如果教师要求学生将他们有限的注意能量全都花在他所说的每一件事上,学生就只能放弃对其他刺激的积极注意,只能变换优先度,将其他刺激全部清出去。例如,当人们全心注意一个有趣的谈话者时,他们就意识不到细微的身体感觉(如饥饿),甚至充耳不闻、视而不见其他刺激。有经验的讲演家知道,听众一旦心不在焉时,他们已经不再集中注意听讲了,可能已经转向注意午餐或其他活动了,因此就要重新抓回他们的注意力。

在课堂中,有些学生往往很难把注意集中在教学任务上,而分心于那些有吸引力的、能分散注意力的事物。教师常常埋怨课堂上那些不能维持注意力的学生不成熟、注意力有缺陷,或者不想学。然而使用不同的标签去描述注意力问题无助于提高他们的学习。柯诺指出,注意力关系到自我管理的问题,因为学生很难计划和控制他们的学习。她认为需要教学生一些抑制分心的学习策略,来帮助他们对行为进行自我管理和自我调节,如注意此刻自己正做什么、避免接触能分散注意力的事物等。许多心理学家认为学生缺乏注意力方面的知识,犹如他们缺乏数学概念。如果能教他们一些对注意进行监控和自我管理的技能,教师就不会再在意全班同学的注意了。学生无论在家还是在学校,都能使用这些技能来提高他们的学习。

有效地选择课本或讲演中的重要的信息加以注意,是某些学习者常常使用的一个策略。教师要做的第一件事就是帮助学生挑选重要的材料,鼓励他们对其加以注意,减少分散注意力的事物,并且教他们处理那些分散注意的事物的技巧。要做到这一点,教师可以采用下面几个方法来保持学生注意力,所有这些方法都可归到"唤醒学生的兴趣"这一标题之下(见表6-4)。

表6-4 提高注意力的方法

方法	解释
提前注意学习目标	在上课之前,告诉学生所注意的目标,学生会学得好一些。
重点标示	教学中,升高或降低他们的声音,或者使用手势表达关键信息;课本常常用不同的颜色或不同的排版指明要点。
增加材料的情绪性	选择情绪色彩浓的词来赢得注意。这就是为什么报纸的标题说"某某议员枪毙了某教育法案"而不说"某某议员否决了某教育法案"。
使用独特的刺激	例如,自然科学的教师上课时,经常可以做演示,以引起学生的好奇心,从而吸引学生的注意力。
告知重要性	许多学生常常会预期在随后的测查中会有什么问题,以此来确定课中重要的信息。这种技能能增强学生对相关材料的注意。为了避免学生只对老师提到的重点进行复习,可以告诉学生测验的题型和范围。同时也有必要告诉学生哪些材料不重要,使学生提高学习效率。

第七章 认知学习的教学设计

对这节课，我准备了一辈子。而且，总的来说，对每一节课，我都是用终生的时间来备课的。

——苏霍姆林斯基讲述的一个历史老师的故事

内容提要

本章介绍了教学设计的来由、意义与特点，教学设计任务的种类，教学设计的基本心理过程以及影响教学设计的因素，重点阐述了认知领域教学目标的作用、水平划分、设置及陈述要求，对几种典型的教学模式做了一般性介绍。

关键词

教学设计；教学目标；任务分析；行为目标表述；认知目标表述；直接教学；探究学习；基于问题学习；合作学习

学习目标

1. 能站在一定高度看教学设计，能够明白教学设计与教学技术之间的关系。
2. 能够用自己的语言说明教学设计的心理阶段。
3. 能够举例说明认知领域学习的六级水平。
4. 能用关于教学目标陈述要求分析教学案例并能按要求撰写教学目标。
5. 能概括四种教学模式的一般特点。
6. 能说明四种合作学习方式的不同。

学习策略

教学设计从总体上说属于程序性知识，指导性成分比较多。因此，见习实习经验和案例的积累显得十分重要。但理论和经验似乎是两队拔河的关系：一方面要用经验支持对理论的理解，另一方面要注意经验对理论的"覆盖"和"消解"作用，因为教学实践经验和小学流行的做法并不一定正确和合适。学习者应有足够的分析能力和辨别能力，防止经验主义在心灵的漫延。当然也应注意理论所植根的国情有别，在理论应用于实际过程中"本土意识"也颇为重要。

教学过程是一个整体，大致分为教学设计过程、教学设计的实施过程和教学测量与评价过程，其中教学设计是基础。

[课例]

《寻访小动物》教学设计（科学）（有删改①）

海宁市沈士中心小学　沈　强

一、教学背景及设计理念

本课以寻访为话题，鼓励学生在已有经验的基础上，去寻访、亲近、关注周围环境中的小动物。教学重点在于尽可能地提出寻访活动中可能碰到的问题，启发指导学生想出观察、调查和解决问题的方法。

学生希望走出教室，到真实的环境中去探究，希望自己的探究得到指导、肯定和帮助；学生有与小动物打交道的经验，但缺少观察和思考；校园里随处可见小动物。

本课用三个活动达成教学目的：回忆自己接触过的小动物以及发现的问题；思考观察和调查的方法；实地观察、记录和交流。

二、教学目标

1. 引导和推动学生开展寻访调查小动物活动，鼓励学生亲近和关注周围环境中的小动物。

2. 经历在观察活动前初步提出问题，尝试解决观察活动中的问题，发现更多观察内容的过程。

3. 掌握一些探寻小动物及其生活环境的方法，知道不同的动物要用不同的观察方法。

4. 培养学生保护生态环境，不伤害小动物的意识，获得关于动物和环境、环境保护等方面丰富的直接认识。

---

① www.diyifanwen.com/jiaoan/xiaoxueyuwenjiaoxuesheji/0812270625447300186.htm

三、教学准备

1. 每位学生一面放大镜。

2. 有关校内动植物的种类和数量的卡片。

3. 选择好校内一些可供学生观察的场地。

四、教学过程

（一）导入

1. 出示谜语（七星瓢虫）。

2. 提问：说说七星瓢虫是怎样的动物？九月里能看到哪些小动物？校园中的那棵大树有些什么小动物？校园内还有哪些可以栖息和生活小动物的地方？

（二）出示课题

今天我们要到校园去拜访小动物。

（三）寻访活动准备

1. 寻访小动物的活动中，我们可能会碰到野蜂，这样的情况要求我们注意什么？（安全）

2. 还要关心和爱护小动物，保护观察调查地的环境。

3. 制订"观察记录表"：发现地点、观察到的动物名称、观察到的小动物种类数量。

4. 想一想，观察和记录中可能碰到什么问题？（一些很难靠近的动物怎样观察？观察细小的动物时如何用放大镜？不知道名称的动物该如何记录？）

（四）活动

以小组为单位，分工合作。

（五）展示、交流和总结寻访活动

1. 寻访到了哪些小动物？

2. 展示观察记录并做指导。

3. 我在哪个方面做得最好？

（六）作业

1. 寻访家附近的小动物。

2. 完成观察记录表一份。

这是目前小学较为典型的教学设计样例。由此样例可以看出教学设计一般包含对教学目标和任务的分析、对学生的分析、对教学内容和活动的安排以及对整个教学过程的构思。当然此样例是一种比较经验化的设计，在设计模式和环节上与本章所提出的理论要求有较大距离。学习了本章之后我们可以回顾此样例，看看哪些地方符合理论上的要求、哪些地方尚有不足。

第一节 教学设计概述

一、教学设计的含义与种类

(一) 教学设计的含义

设计从原则上讲是一种规划和安排,从技术上讲是按照一定的目标、遵循一定的理论而进行的一种构思、布局、规划、安排之类的活动。设计的主要目的是使工作产品更符合人的需要和要求,提高工作效率和效益。

教学设计是教师对教学活动的规划和安排,更完整地说,教学设计是教师针对一定教学目标、在一定理论指导下对教学所做的规划和安排。教学设计具有目的性、理性和个性。

教学设计的目的性体现在教师对教学各个方面的考虑——无论横向还是纵向——都应以教学目标为准线,要不断提示自己这样的问题:"这么做的目的是什么"、"这么做符合目标吗"、"哪一种做法更有利于达到目标"、"是不是还有更好的办法达到目标",这就是所谓的目标意识。

理性是教学设计的灵魂,是教学设计区别于过去常说的"备课"的本质特征。理性的嵌入意味着教学设计的每个方面都有一定的理论和技术作支撑,也意味着教师进行设计时能够较好地回答"为什么要这么做"、"这么做的依据是什么"这样的问题。教学设计的理论和技术涉及教育学、教学论、学习理论、儿童心理学、教学技术、设计科学、传播学、计算机科学及其相应的技术。

但教学始终是生动、鲜活且具有实景性、生态性的过程,每节课、每一门学科教学都有很大不同,因此教学设计不仅是理论和技术的灌注,更有教师个人个性的渗透。可以说,缺少个性的教学很难焕发学生的情绪,也很难赋予教师真正的角色感。

(二) 教学设计的种类

从层次上说,教学设计分课程设计、学期设计、单元设计和课题设计。课程设计即教师对一门课的整体设计,主要表现在课程大纲上;学期设计指教师对一个学期课程内容和活动的安排;单元设计指教师对一个单元的设计;课题设计指教师对一篇课文或一个课题的设计。平常教师讲的"备课"多半指课题设计。

从任务上说,教学设计包括目标设计、内容设计、组织形式设计、教学方法设计、教学媒体设计和考核方式设计,其中还有更细的设计要求,如导入设计、问题设计、情境设计、反馈设计、练习设计、竞赛设计等。

二、教学设计的意义

设计是人类高度理性的标志。人类在一定的生产之前总是对这样的活动进行思考,通过这样的思考,人类才能将自己的设想充分地表现出来并且将自己的设想充分地作用于自己的行为。这样的思考我们称为理性的思考。设计已经成为一门科学,涉及广泛的领域,如服装设计、包装设计、园林设计、厂区设计、校园设计、工艺设计、产品设计、建筑设计、桥梁设计、家装设计、武器设计等。

教学设计与过去常说的备课相比,有以下不同:

第一,教学设计是随着教学媒体和技术的发展而产生的,因此教学设计总体上关涉"学生—机器—教师系统"。可以说,没有现代教学技术的引入,就很难将教学上升到设计的层面。

教学设计最初产生于西方的设计教学法、程序教学。程序教学伴随着教学机器而生,它实施的是一整套教学步骤:从导入到课题呈现,到例题讲解,到练习和反馈,到新的课题的引入。它遵循着几个基本原则:小步子,自定步调,及时反馈。所有这些都建立在行为主义学习理论基础之上,而且将人们对学习的认识融汇其中。

社会发展至今,科学技术越来越多地被运用到教学过程中。随着科学的发展和教育思想的变革,教师逐步从教学的前台退位于幕后,教师的直接教授活动越来越多地让位于学生的自主学习和探究活动。教师的角色逐步由教学的发动者、控制者和传播者转变为教学的策划者、咨询者和辅导者,那种以信息传播为主、简单重复的工作转变到情境的设置、对学生个体的专门辅导以及个性化的评价上。教师越来越专业化、专门化。教师的专业化意味着教学充满了教的学问和技术,这些学问和技术使教学越来越呈现出规范、严谨和模式化的特征。

第二,既然将教学看作一个系统,就要以系统的观点和理念进行教学工作,就要全面考虑和处理教学的各个要素:学生、教师、教学媒体、教学内容、教学活动、教学空间、教学时间及其相互关系。教学设计强调教学的精制化,要求从设计的角度将教学各要素在教学的时间和空间中做适当的布局和安排。精制化的教学肯定比过去粗放型教学更有现代意义。

第三,教学设计是在心理学、教育技术学、教育学等理论指导下进行的。教学设计者必须能够回答"做什么"、"怎么做"以及"为什么这样做"的问题,必须能够从理论的高度给出教学中各种活动的依据。这就使得教师工作真正体现出它的专业性。这种专业性突出表现为:教师既是具有一定理论素养的知识分子,又是具有一定操作能力的技术人员。教师必须而且能够解决教学中的技术问题。

第四,教学设计能够充分展示教师的个性。教师的个性表现在两个方面:① 教学设计表现了教师对教育、对儿童、对教学目标和教学过程的理解,教学设计是教师的教育价值观和儿童价值观的对象化和具体化;② 教学设计是教师个性化的创作过程。教学设计需要教师全身心地投入。在教师的心目中,他所设计的对象即接受过教育之后的儿童是一个完整的存在,他需要全方位地审视儿童,包括儿童的知识、儿童的智力、儿童的情感、儿童的需要、儿童的个性。一个有事业心的教师对待自己的设计产品总是会全身心地关注,倾注自己全部的心血。他应追求完美和高尚,因为任何一个有事业心的教师心中永远有一个理想的形象,他是在这种理想的形象激励和推动下从事自己的工作的。从一定意义上说教学设计是一种创造活动。

三、教学设计的基本心理过程与影响因素

(一)教学设计的基本心理过程

1. 本体性知识阶段

本体性知识指教师所教学科的知识。本体性知识阶段即教师站在学科的角度理解所教内容,熟悉和掌握整个教学内容体系以及各部分内容之间的逻辑关系。

小学教师的本体性知识绝不止于小学生所学的知识。很久以前小学毕业生教小学生、二三十年以前中师毕业生教小学生的时代一去不复返。现在专科生教小学生的情况也越来越少。我国小学教师学历要求越来越高,本科学历已是基本要求,一些大城市的学校已将目光瞄在研究生学历上。过去常说"教师要给学生一碗水,自己得有一桶水",后改为自己得有"一缸水"、"一池水",再改为自己得有"长流水"。这些都反映了社会所发生的深刻变革以及人们对教师文化知识水平的要求。

有的教师认为自己教的是小学生,不需要那么多高深的知识。殊不知,高瞻才能远瞩,厚积才能薄发。没有高层次知识就很难从全局把握看似简单的道理并将这些道理通俗易懂地教给儿童,没有高层次知识也很难讲清楚那些成为定论的小学教学内容及其编排原则和体系。

2. 本体性知识的心理学化

教师自己理解和掌握本体性知识还不足以将这些知识教给学生,教师还必须能够站在学生的角度来看本体性知识。也就是说教师要去设想,如果儿童独立学习这些知识的情形:他们会经历怎样的心理过程、产生什么样的心理状态、会遇到哪些问题和困难、他们要掌握这些知识需要哪些条件。从某种意义上讲,

教师的作用就是为学生创设各种学习条件并引导他们穿越学习情境,抵达学习的终点,也就是教师和学生共同期望的那个目标。

3. 本体性知识的教育学化

教师在解决上述问题之后就要站在教育学的角度对学生在自学中产生的问题设计解决办法,这就需要教师有足够的教育学、教学法和教学技术方面的知识和技能。就像我们在问题解决过程中所说的,能够发现问题和表征问题并不代表就能很好地找到解决问题的办法。教师发挥教育的作用既取决于对教学内容和教学对象的了解,也取决于对教育知识和技能的掌握,同时教育经验也发挥着不可小觑的作用。

(二)影响教学设计的主体因素

教师教学设计水平的高低与自身因素有关,这些因素主要包括:

1. 知识

教师要有丰富的知识,这样容易实现知识的迁移,从而使学生获得理解。知识丰富的前提是兴趣广泛。兴趣广泛既利于教学又利于人格魅力的形成。教师的知识包括本体性知识、背景性知识、对象的知识和教的知识。本体性知识、对象的知识和教的知识前面已有介绍,而背景性知识指与本体性知识相关的那些知识。小学语文不仅是语言文字或文学方面的知识,还涉及大量的历史、地理、人文、科学等方面的知识,小学数学也不单是数学方面的知识,还有很多生活、生产、经济领域方面的知识。我们前面曾举过一则有关"裱贴"的数学应用题,如果老师连裱贴都不懂,那就很难将这个题目讲清楚。小学科学方面的知识更具有专业性。曾有这样一节科学课,学生围绕"两只白羊生下的一定是白羊吗"这个问题展开激烈争论,而老师在一旁哑口无言。课后有人问这位老师为什么不表态,她很尴尬地回答"我也不知道"。当然,这已经不是背景性知识的问题,而是本体性知识的问题。由此看出教师拥有的知识的深度和广度的重要价值。

2. 教师个人的教育理念

教师个人的教育理念指教师的教育理想与教育信念。教育理想即教师希望学生成为什么样的人,在教育上更关注的是学生什么方面的发展。教育信念指教师关于应该如何教育学生的看法和做法。教师希望把孩子教育成什么样的人,这样的理想通过教学设计表露出来。教师如何把孩子教育成自己希望的那样的人,这样的信念也会直接由教学设计体现出来。教育理念是教师个性的主要组成部分,是直接影响教师教学设计,使之具有浓厚而独特的个人色彩的心理成分。

3. 教学经验

教学经验是教师对个人教学经历的总结,是反思和积累的结果。教学经验越丰富,教师对教学的判断就越准确,对教学的预测力就越强,教学设计与实际情况也就越接近。

4. 技术

现代教学要求教师了解多种教学设备及其工作原理、掌握运用这种设备进行工作的方法。但我们不能只注意到这些硬性技术,还要关注柔性技术。所谓柔性技术是指教学的智慧技能,如对教学时间的把握、课堂的注意分配、对课堂出现的意外情况的处理、对学生偏离教学预定轨道的纠正、对课堂气氛的调节、对学生回答问题的评价、适当的强化措施等。这些是目前教师比较欠缺的。

第二节　教学目标设置

一、教学目标的意义

在教学中,教师所要做的第一步就是要有明确的教学目标。教学目标(instructional objective)是教师期望的学生学习的结果,也就是教师对学生在学习之后该知道什么或者做什么的具体描述。教学目标是教学设计的基础和导向,是教师评价学生学习的依据。

教学目标对学生的学习、课堂行为以及学习结果具有引导、激励和评价的作用。

首先,教学目标能促进学生的学习。对于一些组织结构松散的学习活动,如看电影,或者学习材料和活动本身无法使学生知晓什么是重要信息时,教学目标能够帮助学生将注意力集中于关键的信息。向学生表述教学目标,也有利于学生认识到学习的意义,从而激发学习动机,促进他们的学习。

其次,教学目标能促进课堂行为和交流。教学目标为教师指引课堂行为和交流提供了方向。明确了教学目标,教师也就明确了应该让学生出现什么样的变化,从而选择和创造那些能帮助学生掌握重要目标的活动,使课堂行为和交流朝向目标前进。这不仅使预期的变化更容易达到,而且会增进师生、生生之间的交流。

最后,它有利于教学测验和评价。几乎在每一节课里,教师都要评价学生的学习结果。事实上,所有的评价都包含着学习目标。即使一个教师从来没有确定过教学目标,学生们也能在教师对测验和作业的评价中逐渐意识到教师希望他们得到什么。例如,如果一个教师总是给那些对事实记得最好的学生以高分,学生们就会想到这个教师的教学目标就是记忆事实。如果教师事先向学生提供了教学目标,使学生知道了学习标准,学生的学习将变得更有准备性、效率更高。这样,对于教师而言,准备测验就成为一个比较简单的工作,教师能很容易地根据这种测验的结果,评定学生的学习成效和教学的有效性。

二、教学目标的分类

教学具有多重目标。布卢姆(Bloom,1956)将教学目标分为三个领域:认知(cognitive)领域目标、情感(affective)领域目标和动作技能(psychomotor)领域目标。在实际教学中,这三方面目标几乎是同时发挥作用的。例如,学生写字(动作技能)时,也正在进行记忆和推理(认知),同时,他们对这个任务会产生某种情绪反应(情感)。根据本课程性质,我们主要介绍认知领域目标。

布卢姆将认知领域目标设为六级水平,即知识、领会、应用、分析、综合和评价。表7-1列出了各级目标的含义、例子和评价方式。

表7-1 认知领域目标的具体内容

学习水平	定义	举例	评价方式
知识(knowledge)(记忆)	事实性信息的回忆	回忆杜甫的诗"烽火连三月"	是非题、简答题、匹配题以及多项选择题
领会(comprehension)	理解的最低水平;领悟教材、观念、事实和理论的能力	用自己的话表述"烽火连三月"	可以采用上述的评价方式,也可以采用论文的方式
应用(application)	将所学原理、观点正确地应用于新的情境之中	学习了加减法之后,学生能到模拟商店自由购物	
分析(analysis)	区分和领会各种相互关系	区分新闻报道中的事实、观点	
综合(synthesis)	将所学的零碎知识整合为知识系统	写作或发表演说;用给定的事实材料,写出一篇报道	论文
评价(evaluation)	对所学材料做价值判断的能力	评定两篇有关某一事实的报道,哪一篇较为真实可信	

以上6级目标由简单到复杂,构成金字塔式的排列。布卢姆认为较高水平的目标包含并依赖较低水平目标的实现。例如,评价水平的目标比起知识水平

的目标所要求的心理操作更复杂,需要的条件也更多。同时,较高水平的目标比较低水平的目标更真实,因为它们更接近学生学习、生活和玩耍等现实世界所要求的行为类型。

在实际教学中,对于每一种教学内容,都可以设置这些目标,甚至可以同时设置各级水平的目标。能够区分新闻中的事实和观点,就是在分析水平上的一个例子。在综合水平上,这堂课的目标可以是:基于三个事实,写一篇由两个段落构成的新闻报道,发表对这个问题的见解,以及用这些事实来证明这个见解。在评价水平上,目标可以是这样的:基于两篇对最近一个事件持相反观点的文章,决定哪篇文章比较公正并且证明你的选择。

三、教学目标的表述

教师所持有的学习观影响了学习目标的设置。持行为主义学习观的教师表述出来的目标主要集中在学生可观察和测量的变化上,他们会用一些诸如"列出"、"定义"或者"计算"等术语来表述目标;而持认知学习观的教师表述出来的目标则强调学生内在的变化,他们会用诸如"理解"、"再认"、"创造"或"应用"等术语来表述目标。下面具体介绍行为目标和认知目标的表述方法。

(一) 行为目标表述法

梅杰(Mager,1975)认为教师表述教学目标时应当描述学生所能做的事情以及教师是怎样知道他们是能做这些事的。在梅杰看来,一个好的目标表述包括三个部分(见表7-2):第一,描述了意想中的学生行为——学生能够做什么;第二,列出了行为发生的条件——这种行为在什么情况下发生以及如何被识别和测验;第三,给出了在测验中可接受的标准。

表 7-2 教学目标的三个系统(梅杰)

部分	中心问题	例子
学生的行为	做什么	用字母 F 标出陈述文字中的事实,用字母 O 标出其中的观点
行为条件	在什么条件下	给一篇报纸中的文字
行为标准	有多好	标对了陈述中的 75%

资料来源:Woolfolk A.. Educational psychology(9th ed). Boston:Pearson Education, Inc.,2004:433.

梅杰的行为目标表述法强调要对学生的最终行为做非常清楚的描述。他相信这种努力是有价值的。他认为如果给学生提供了表述清楚的目标,学生就能自己教自己。

(二) 认知目标表述法

格兰伦德(Gronlund,1999)提出了与梅杰截然不同的教学目标表述方法。他认为教师应当先以一般的术语(如理解、鉴赏等)表述一个教学目标,然后,列举一些样例行为加以进一步明确(见表7-3)。这些样例行为能为学生提供是否达到目标的依据。格兰伦德的系统经常被称作认知目标的表述。

表7-3 格兰伦德的目标表述的联合系统

部分	举例
一般目标	理解元认知的一些术语
子目标 A	用自己的话定义这些术语
子目标 B	在上下文背景中识别这些术语的意义
子目标 C	区分那些在意义上相似的术语

资料来源:Gronlund N. E.. How to write and use instructional objectives(6th ed).Bellevue,WA:Merril Press,1999.

格兰伦德认为,真正的教学目标是理解。教师并不想让学生停留在定义、识别和区分等具体行为上,而是根据这些样例任务的成绩来决定学生是否已经理解。格兰伦德强调要把具体的目标当作一般能力的样例,这一点是很重要的。由于教师不可能列出理解某个主题的所有行为,因此,表述一个基本的一般目标可使人做到心中有数:理解才是目的。

目前人们对教学目标所做的研究倾向于支持类似于格兰伦德的方法:先表述一些中心目标,然后用一些具体行为的样例来明确它,这样做似乎较为合理。

(三) 综合方法

综合考虑认知观和行为观的方法是一种较为完善的表述相对具体目标的方法。表7-4表明教学目标分为一般目标和相对具体的目标。一般的目标转化为较具体的行为目标,使得一般目标可以被测量。假如教师给学生的目标是理解,怎么告知学生是否完成了目标?方法之一就是给学生一个具体的可测量的、能说明行为变化的任务。

表 7-4　教学目标的综合表述

一般的目标	相对具体的目标
学生解简单算术问题中的推理	学生解一个以新的形式书写的简单算术问题,如 3＋4＝?和 4＋3＝X
学生理解古诗中绝句的概念	学生从各种不同的古诗中识别出绝句来
学生懂得配合	学生在适当的时候传球

资料来源:Woolfolk, A. E.. Educational psychology. (4th ed). Englewood Cliffs, New Jersey:Prentice Hall, 1990.

(四) 表述教学目标应注意的地方

教师表述教学目标应注意以下几方面:

一是教学目标体现在学生的学习上,而不是体现在教师的教学行为上。很多教师编制的教学目标都含有"教……"之类的词语,这是不符合教学目标表述要求的。如"继续培养学生搜集整理相关资料的能力"、"在学习过程中培养学生的探究推算、归纳、编辑能力"等,这些都是在描述教师的活动。

二是教学目标反映的是学生学习的结果而不是学习的过程。正如我们对教学目标所下的定义中表明的,它是预期的学习结果,也就是教师希望学生通过学习后达到的那种心理水平。就认知学习而言,通常指小学生在知识、技能、策略等方面发生的变化。有的教师表述的教学目标没有注意到这一点,比如"在识字活动中认一认新书的书名"、"开展识字拓展活动"……这些都是在描述学的过程,而不是结果。

三是教学目标的表述应具体、明确,具有可测性。现在有很多教师提出的课时教学目标明显在一两节课中是不可能实现的,如"通过学习课文,懂得自立的重要性,养成从小不依赖父母,自己的事自己做的好习惯"、"体会作者的情感,产生对祖国历史文化的热爱之情及对侵略者的憎恨之情"、"体验数学活动充满着探索性和创造性,体会数字的价值"、"通过学生对整个统计活动的参与、体验,建立符号感,培养抽象思维能力和预测推断能力,发展统计观念"等。这些空泛的目标既不可能在一节课中实现,也无法检测,更无法发挥教学目标的功能。

认知学习的教学目标一般用"使……能……"的表达方式,即"使学生能够……"的表达方式,而学生的"能"要通过行为表现出来,例如能朗读、能拼读、能算出、能用自己的话说、能使用某种方法、能指出共同点和不同点、能写出……如果学生能从行为上表现出自己的学习结果,那自然便于制定行为样本和检测标准。这也意味着教师在表述教学目标时应尽量避免使用那些含糊不清、无法检测的词语,如理解、掌握、体会、学会、感受等。例如,下面这段教学目标表述就显得较为含糊:"理解比的意义,掌握比各部分的名称和读写法,会求比值;理解比与分数、除法的关系"。教师如何检测出学生的理解和掌握? 实际上教学目标与教学测量、评价紧密相关。有人建议在表述目标的同时写出测验草稿,并根据各目标的重要性以及在每个目标上所花的时间来加权测验。另外要使学习活动适于目标,比如,对于词汇记忆目标,就要给学生提供有关记忆的辅助方法和实践练习;如果要发展学生深思熟虑的见解,可考虑采用撰写议论文和展开辩论等教学手段。

四、教学目标的设计

一般来说,设计课程目标可以采用这样两个步骤:

(一)列举学习内容和行为

在为某一个教学单元设计目标时,我们可以采用行为—内容矩阵表(behavior-content matrix)的设计方法。行为—内容矩阵表就是将所期望的学生行为和课程内容整合起来的表格,教师借助这种表格可以使学生了解到具体而明确的目标。其做法是:首先确定课程的一般目标,用广义的术语加以表述,然后将每一个一般目标化为两个维度——第一个维度是学生的行为,如获得知识、理解、分析以及概括,等等;第二个维度是课程内容,即覆盖该课程的各个课题(见表7-5)。

表7-5 行为—内容矩阵表样例

内容 目标	字词 超、市、和、鱼、虾、菜	朗读 课文	书写 个、木	拓展 包装袋上的名称
学生行为	读	朗读	说出"个"和"木"的笔顺,描写	认一认
条件	听录音,老师指导	跟录音或老师范读	老师指导	
标准	读准并在语言环境中正确认读	字字过目,独立或半独立	正确说出笔顺,正确描写	

在矩阵表的每一格中,某个特定的行为和某个特定的内容范围相交叉,从而形成每一个方格中的教学目标。通过这种方法,能确保所有重要的行为和主题都被看作可能的目标,使整个课程的所有目标一目了然,并且以更符合逻辑的顺序去组织它们。教师也可以设置优先权,在有些方格中可以设置几个目标,在有

些方格中有时可能连一个目标都没有,这取决于所追求的教学结果。在测验时,可以强调关键的地方,在最重要的方格中多提一些问题。

(二) 任务分析

当确定了某课程的所有教学目标之后,就要对每一个教学目标进行任务分析。所谓任务分析(task analysis)就是将目标化成各级任务、再将各级任务逐级划分成各种技能和子技能的过程。通俗地说,任务分析就是教师对于学生要达到学习目标所需知识和能力的一层层分析,直至学生已有的知识与能力为止,后者成为教学的起点。在课堂里,教师一开始要先问自己:"学生在达到最终目标之前,得先做什么?"对这个问题的解答可能有助于确定几种基本的技能。假设教师识别出了 5 种技能,那么要接着问:"学生要成功地达到这 5 种技能,他们必须做什么?"对这个问题的解答又能使每种基本技能产生许多子技能。如此反推有助于描绘出学生成功完成目标所必须具有的所有能力。

通过任务分析,教师能搞清实现最终目标的各个步骤的逻辑顺序,这将有助于教师在给学生布置作业前确保学生具有必需的技能。此外,当学生有困难时,教师能一针见血地指出问题出在哪儿。如果对刚才所举的例子做了任务分析的话,就能为学生写出几个不同的目标。例如,有些学生在完成最终的任务时还必须达到一些辅助性目标,有些学生则可直接进入图书馆着手工作。通过对学生所犯错误的分析,可以了解到学生要成功完成任务需要具备的某项技能。教师可以利用从学生的错误中得来的信息进一步分析整个任务,给下一年级做准备。每年不断积累经验将使教学变得越来越好。

第三节 教学模式的选择

设计好了教学目标,下一步就应当决定通过什么教学模式(model of teaching)和策略来实现这一教学目标。教学模式是特定教学理论的操作化。人类长期以来的教学实践和理论思考形成的教学模式主要有:直接教学、探究学习、基于问题的学习、合作学习、个别化教学等。

一、直接教学

(一) 直接教学的含义与特征

直接教学(direct instruction)以结构化知识的直接呈现为特征,教师通过讲授与指导进行教学。在直接教学中,学生清楚教学的目标,分配给教学的时间是充足和连续的,所包含的内容是广泛的,给学生的反馈是及时的,并且主要是学业性的,学生的表现受到监控。在直接教学中,教师设定教学目标、选择适合学生能力的材料、控制教学的进度。交互作用是结构化了的,但并非是权威性的。学习在欢乐的气氛中进行。

直接教学为新材料的学习提供了结构性的环境以及多个练习和教师反馈的机会(Rosenshine,1985)。

(二) 典型的直接教学过程

其一,教师回顾和检查过去的学习,并纠正学生出错的概念或技能。与掌握性学习以个人为基础的再次教学相反,直接教学的复习和再次教学是全班一起完成的。所有的学生以同样的速度学习内容。

其二,教师通过讨论本课的学习目标或者本课的概要,激活先前知识从而导入新的内容(Joyce et al.,2004;Rosenshine,1985)。以这些方式阐明本课的目的、程序和内容可提高学生的成绩(Fisher et al.,1980;Medley,Soar,&Coker,1984)。这种教学鼓励教师以每次可掌握一小步的方式呈现材料、提供各种例子、示范并重复解释难点(Rosenshine,1985)。在教学期间,教师通过提出只有一个正确答案的聚合性问题或者要求学生解释答案的问题来核查学生的理解(Rosenshine,1985)。

其三,教师通过例子来引导学生进入控制性练习。教师必须仔细监控这一阶段的练习并提供即时的纠正性反馈,防止学生学到不正确的程序或者概念。富有成效的教师提供反馈来告诉学生他们所做的什么是正确的,促使学生澄清或者改进答案并在必要时重复教学,而不是简单地提供正确答案(Fisher et al.,1980;Rosenshine,1971)。

其四,学生继续进行指导性练习,即他们独自练习而教师提供强化和纠正性反馈。

其五,当学生练习知识或技能的正确率能够达到85%～90%时,学生进入独立练习阶段。家庭作业就是独立练习的一个例子。

教师提供每周和每月的复习,并在必要时重教以达到长期学习的目的。学生一旦达到独立练习的掌握水平也必须进行分配的练习。这些短而频繁的练习比少而长的练习机会更为有效,尤其是对小学低年级的儿童来说。

(三) 直接教学的运用

直接教学是小学低年级(1～3年级)的一种很受欢迎的方法,这时大部分的教学集中于基本技能,如阅读、数学、拼写、书写和早期的科学及社会知识。直接教学在以下方面是有效的:布鲁姆分类法中的低级目标和提高学生的阅读以及数学等基本技能;作为对低成就学生的初步教学策略;对障碍学生进行基本技能的教授。

直接教学并非对所有学生和所有情境都有效(Joyce et al.,2004)。直接教学模式尤其适合于教授那些学生必须掌握的、有良好结构的信息或技能。直接教学甚至在某些方面是必不可少的。例如,学生对某些基本事实、规则和动作序列必须达到熟练掌握的程度,或者为了促进后续学习而必须进行过度学习(Dood & Grouws,1987)。当然,如果教学的主要目标是深层的概念转变、探究、发现,或者是开放的教学目标,那就不宜使用直接教学。

二、探究学习

(一)探究学习的含义及其构成

探究学习(inquiry learning)是一种情境学习,即学生在探究活动的背景下建构知识和发展问题解决技能的一种形式。探究学习作为一种符合建构主义思想的重要教学模式和学习方式,包括以下五个方面的活动:

(1)提出问题。学生围绕科学性问题展开探究活动。

(2)收集数据。学生获取可以帮助他们解释和评价科学性问题的证据。

(3)形成解释。学生根据事实证据形成解释,对科学性问题做出回答。

(4)评价结果。学生通过比较其他可能的解释,特别是那些体现出科学性理解的解释,来评价他们自己的解释,使解释和科学知识相联系。

(5)表达结果。学生阐述论证和交流他们提出的解释。

探究学习重视科学概念、科学方法、科学态度三者的结合和对科学研究过程的理解。它传达的意义在于:科学知识不是固定不变的,而是会随着探究方式的更新不断被修正,因此不能被当作绝对的真理教给学生,而应作为有证据的结论。探究获得的知识不仅仅是事实的知识,而且是对事实的解释。此外,教学内容应当包括学科特有的探究方法。

(二)探究学习的过程

乔伊斯(Joyce,2002)将探究训练过程分为五个阶段:面对问题,收集资料,验证资料,形成系统的解释和反思探究。探究学习的关键在于训练学生通过收集事实资料来建立理论的科学思维能力,并教给学生一些学术研究技巧和语言,教会学生调查和解释现象。至于具体的实施程序,教师可以根据自己的需要做适当调整。

三、基于问题的学习

(一) 基于问题的学习的含义与特征

基于问题的学习(problem-based learning,PBL)是一种让学生通过解决不一定具有正确答案的真实性问题来获取知识的教学,是由理解和解决问题的活动构成的一种新的学习方式(Barrows & Tamblyn,1980)。作为一种问题取向的教学思路,PBL 可以追溯到美国教育家杜威的进步教育运动。

PBL 的主要特征包括:问题是课程的关键;以学生为中心;教师是学习的辅导者或引导者;学生通过小组合作共同提出解决问题的多种方法,共同学习;问题是解决问题技能发展的载体;通过自主学习获得新信息。

以问题为中心进行学习是各种探究性学习活动的核心思路。对于 PBL 的效果,学者做了大量研究,发现 PBL 虽然在短期里不能让学生学到更多的知识,却能让学生在短时间里获得解决问题、高层次思维等能力,对学习过程保持更高的满意感(Norman & Schmidt,2000;Dochy,et al.,2003)。从长期看,PBL 方式下的学习保持程度更好。

刘儒德(2002)认为 PBL 对教学有着重要的启示:

(1) 有利于对灵活的知识基础与高层次思维能力及自主学习能力的学习;

(2) 能够不断深化对知识的理解并提高对知识的灵活应用能力;

(3) 能切实发挥学生的自主性和教师的促进者作用。

(二) 基于问题学习的环节

虽然 PBL 在不同的情境中表现出不同的形式,但是都具有相似的环节,这些环节包括:

1. 呈现问题情境

在呈现问题之前,教师必须创造出一种舒适的氛围,学生们在这种氛围中能够自由地提出建议并表达思想。不是所有的疑问都能成为好的问题情境,教师选择的问题应该考虑到以下几个特点:问题来自学生的先前经验;问题具有真实性;与教学目标相结合;鼓励结构不良问题;问题需要合作解决。

在 PBL 过程中,教师的角色主要是设计者、支持者与评价者(刘儒德,2002)。除此之外,一次给学生提供的信息不能过多,学生必须通过设问来获得更多的信息和资料。

2. 研究问题

确定问题后,就要开始对问题进行研究。工作"白板"(whiteboard)就是一个非常好的思考工具,它包括问题中的事实信息(facts)、学生们的想法和假设

(ideas)、所确定的学习议题(learning issues)和行动计划(action plan)。从学生中挑选一个人做记录员,负责在白板上记录解决问题的过程。师生一同来填写这个白板,进一步澄清学生的思想。

3. 重新研究问题

当学生做完独立研究以后,全班重新聚集在一起,对问题进行再次考查。教师首先让每个或者每组学生报告他们的工作,与此同时,教师要对学生所使用的资源、时间的利用以及对他们行动计划的整体有效性进行评定。学生们根据其他小组所做的研究又产生了新的疑问,或者又想到了一些新的解决办法。这时教师就要给学生提供额外的研究时间,让他们检验这些新的疑问和解决方法。在第二轮研究中,各小组可能会去研究在第一轮研究中所没有研究的其他解决方法。如果没有新的疑问和解决方法产生,全班或者各小组可以投票决定他们想用哪一个解决方法来完成他们的项目。教师可以根据学生研究的情况补充一些新问题,比如:

大家都知道需要给建筑工人付薪水,我们需要找出每小时工人的报酬是多少,以及他们安装设备需要用多长时间。或者,比如说,我们希望操场上有一块地能玩儿童足球游戏或者跳房子游戏,我们要计算需要多少沥青和花费。学生带着新的问题再去做调查。

4. 交流与汇报

交流和汇报研究成果是整个 PBL 任务所要达到的成果目标,它能反映出学生的学习结果。最后的研究成果既可以包括许多不同的部分,每个或每组学生分别完成各部分,也可以使各组创作出各自的项目。例如:

如果一个班级决定建议他的代表反对"只用英语"的立法,每组各写一封信,为这个立场寻找不同的理由。或者,全班只准备一份顾问委员会报告,各组撰写其中的不同章节。甚至可以加强与社区的联系,请相关的领导和市民来听学生的报告。

5. 反思与评价

为了帮助学生提炼所学到的东西,教师要有意地鼓励学生反思问题解决的过程,思考这个问题与以前所遇到的问题的共同点与不同点,这对帮助学生理解新知识的应用情境非常有帮助。而评价是贯穿在整个研究过程中的,涉及多个主体(教师与学生)、多种方式(形成性评价,诊断性评价,教师评价,学生自评、互评)。教师要鼓励学生评价自己的表现、整个小组的表现以及问题本身的质量。当然开始的时候可能会遇到些困难,教师可能要给他们提供一张自我评价表来帮助学生过渡(见表7-6)。

表7-6 学生自我评价表

学生: 班级: 日期:

活动	一般	好	很好
我贡献了想法/事实			
我提出了一些学习论题			
在做我的研究时,我使用了各种各样的资源			
我帮全组思考了这个问题			
我贡献了新的信息			
我帮小组从事了研究工作			

四、合作学习

(一) 合作学习的含义与基本要素

合作学习(cooperative learning)是一种结构化、系统化的教学策略,由 2~6名能力各异的学生组成一个小组,以合作和互助的方式从事学习活动,共同完成小组的学习目标。在促进每个人的学习水平的前提下,提高整体成绩,并获取小组奖励。合作学习的目的不仅是培养学生主动求知的能力,而且能发展学生合作过程中的人际交流能力。

约翰逊兄弟(D. W. Johnson & R. T. Johnson,1989)认为,合作学习具有五个基本要素:

1. 积极的相互依赖(positive interdependence)

合作学习中,学生们应知道他们不仅要对自己的学习负责,而且要对其所在小组的同伴负责。他们彼此需要"荣辱与共"。

2. 面对面的互动(face-to-face promotive interaction)

面对面的互动指学生之间有机会相互交流、相互帮助和相互激励。只有通过相互作用才能产生所希望的合作效果。通过言语和非言语反应对彼此的学习表现提供反馈,有机会迫使缺乏学习动机的同伴参与学习,相互了解并建立良好的人际关系等。

3. 个人责任(individual accountability)

个人责任指每个组员必须承担并掌握一定的学习任务。为了落实个体责任，每个组员的作业必须受到评估，并且评估结果要返回到个体组员。小组成员们必须知道在完成作业的过程中，谁最需要帮助、支持和鼓励，并保证不能有人"搭便车"。

4. 社会技能(social skills)

这是小组合作是否有效的关键所在。为了协调各种关系，达成共同的目标，学生必须做到：彼此认可和信任；彼此进行准确的交流；彼此接纳和支持；建设性地解决问题。只有这样，组员之间才能进行有效的沟通，学会共同的活动方式，建立并维持组员间的相互信任，以及有效解决组内冲突等。教师必须教学生一些社会技能，以帮助他们进行高效合作。

5. 小组加工(group processing)

亦称"小组自评"，指小组成员对小组在某一活动时期内，哪些组员的活动有益和无益、哪些活动可以继续或需要改进的一种反思。

(二) 合作学习方法

合作学习的方法有许多种，大多以 4 个能力各异的学生为一组，也有以两个学生为一组，还有些使用规模不同的小组。一般来说，学生被指定在一个小组里一起学习几周或几个月。表 7-7 中列举了四种合作学习模式，适于大多数年级和课题。

表 7-7　四种合作学习模式的比较

学生小组—成绩分组(STAD)	团队—竞赛—友谊赛(TGT)	交错搭配(Jigsaw)	团队辅导的个别化(TAI)
1. 教师呈现演讲或讨论的材料	1. 教师呈现演讲或讨论的材料	1. 学生阅读课文的某部分内容，承担独立的主题	1. 由班长对学生进行诊断性测验或练习，从而决定学习材料的水平
2. 团队完成练习本上的问题	2. 团队完成练习本上的问题	2. 在组内承担相同任务的学生在"专家组"中汇合讨论	2. 学生以他们自己的步调工作
3. 教师对所学材料进行测验	3. 组与组间进行知识点的竞赛	3. 学生返回原来的组，同自己的同伴分享该课题的知识	3. 团队的同伴对照课文检查答案，班长进行测验

学生小组—成绩 分组（STAD）	团队—竞赛— 友谊赛（TGT）	交错搭配 （Jigsaw）	团队辅导的个别化 （TAI）
4. 教师判断小组平均分和个人进步分	4. 教师判断四周以来小组得分，评出最佳组和最佳个人	4. 学生对每个讨论的课题进行测验 5. 个人测验得分被用于计算团队得分和个人提高得分	4. 班长对团队测验得分进行平均，盘点完成的单元数，计算出团队得分

资料来源：［美］加里 D. 鲍里奇著，易东平译. 有效教学方法. 江苏：江苏教育出版社，2002.

1. 学生小组—成绩分组（STAD，student team-achievement divisions）

STAD 由罗伯特·斯莱文（Slavin，1994）提出。每四个学生组成一个学习小组，他们的学习成绩、性别、种族各不相同。教师先用常规方法向全班呈现课程信息，然后学生在小组中一起学习。已掌握了课程的学生要帮助掌握较慢的同伴，以保证小组中的所有成员都掌握了课程。小组一起进行操练和练习，学生也可参与讨论和提问。最后所有学生都参加测验。测验时学生不能相互帮助。将学生的测验分数与他们自己过去的平均成绩相比较，根据学生超出他们自己以前的成绩的程度，即进步程度来决定是否给予积分。这些积分汇总起来构成小组的分数。如果小组的分数达到某种标准，则可以获得某一证书或其他奖励。小组每隔 5～6 周改编一次，给每个学生提供一个与其他学生合作学习的机会，并给成绩低的小组的成员提供一个新的机会。这种方法最适合于那些目标明确、有唯一正确答案的科目，如数学计算与应用、语言、地理知识、科学事实和概念等。

2. 团队—竞赛—友谊赛（TGT，teams-games-tounament）

TGT 也由斯莱文提出。小组由三人组成，该小组的学生每周与其他小组举行一次比赛，为自己小组赢得分数，而不是进行测验以获得个人分数。成绩高的小组获得证书或其他形式的小组奖励。为了平衡，根据个人的表现，小组每周改编一次。

3. 交错搭配（Jigsaw）

Jigsaw 由阿容森（E. Aronson）提出。4～5 个学生组成一个小组学习课程材料，要学习的材料被分成几个部分。每个小组成员认真学习其中一部分材料，学习时各个小组中负责相同材料内容的成员汇聚在一起，形成"专家组"，共同学习讨论，并成为这部分材料内容的"专家"。然后大家分别回到各自小组中，轮流给小组成员讲授自己在"专家组"中学习到的那部分内容。最后所有学生都参加测验,同时得到小组分数。

4. 团队辅导的个别化(TAI,team assisted individualization)

TAI 由斯莱文等人提出,适合于 3～6 年级。通过测验,根据能力分组,每一组都由四个能力不同的学生组成。各小组以他们自己的速度学习不同的单元。小组成员相互帮助,并检查彼此的学习。最后一个单元的测验是在没有小组帮助的情况下进行的。根据标准分和单元测试通过的次数来颁发小组奖。由于学生把大量的时间花在他们小组的练习上,所以教师就能指导那些需要额外辅导的小组。

本章小结

教学设计是一门综合性学科,涉及很多领域的理论和技术,也产生了各种模式,同时不同学科的教学设计存在很大差异。本章仅仅介绍了教学设计一般层面的理论,具体的知识还需学习者阅读有关专著和文章(可选择“参考文献”中有关材料)。本章重点放在教学目标的设置和表述以及教学模式上,这些知识需要学习者联系小学教学实例进行探究性学习。

思考与训练

一、思考题

1. 简述教学设计的含义。

2. 教学设计经过哪几个基本心理过程?

3. 什么是教学目标? 教学目标的功能有哪些?

4. 举例说明认知领域教学目标的 6 级水平。

5. 编制和陈述教学目标应注意什么?

6. 探究性学习、基于问题的学习和合作学习有何相同之处和不同之处?

7. 四种合作学习模式有哪些不同?

二、教育案例分析

下面是两则小学教师设计的教学目标,请用有关教学目标设置与表述的要求评价这两则设计。

1. 连乘应用题(数学)

(1) 使学生掌握连乘应用题的基本结构和数量关系,学会列综合算式用两种方法解答连乘应用题。

(2) 培养学生分析解决实际问题和灵活应用所学知识的能力,学会有条理地叙述思维过程。

(3) 培养学生主动探索的学习热情,感受数学与生活的密切联系。

2. 但愿人长久(语文苏教版四年级上册)

(1) 掌握主题文本

① 正确、流利、有感情地朗读课文,背诵第四、五、六自然段。

② 掌握生字新词,重点理解"形影不离"、"悲欢离合"、"心绪不宁"、"埋怨"、"宽慰"等词语。

③ 能够熟读理解《但愿人长久》这首词,并对相关诗词进行积累。

(2) 感悟文本主题

通过朗读课文体会诗人在中秋节的夜晚内心情感的变化,体会诗人思念亲人的纯真感情和豁达人生的积极态度。

(3) 培养语文品质

① 通过删词删句等开展表达方式的比较,培养学生感悟的准确性和分寸感。

② 通过品析词句、展开联想、想象等方式,培养学生感悟的丰富性。

③ 通过苏轼心理活动的变化线索,体会他思念亲人的纯真感情和豁达人生的积极态度,培养学生感悟的深刻性和情感性。

④ 在语言文字的准确而丰富的感悟中掌握想象、对比等读书方法,并学习苏轼"转念想问题"的良好思维品质。

第八章　认知学习的测量与评价

每当可以计数的时候，就计数。

——高尔顿

内容提要

本章介绍了认知学习的测量与评价的基本概念、特点和种类，解释了测量与评价的关系，说明了一个良好的测验应具备的四个指标：效度、信度、区分度和难度，系统阐释了编制测验的全过程以及应注意的地方。

关 键 词

测量；测验；教育评价；能力测验；学绩测验；诊断性评价；形成性评价；终结性评价；常模参照评价；标准参照评价；个体参照评价；效度；内部效度；外部效度；内容效度；信度；重测信度；复本信度；内部一致性信度；区分度；难度

学习目标

1. 理解并记住测量、教育评价、测验、效度、信度、区分度的概念。
2. 能区分各个成对或相近的概念。
3. 能举例说明测量与评价的关系。
4. 能说出各种测验和评价适用的对象与范围。
5. 能结合见实习举例说明各种评价方式。
6. 了解编制测验的主要过程。
7. 能纠正头脑中存在的一些错误或含糊的概念。

学习策略

本章具有较强的技术性，专业术语很多。学习中应注意抓住知识（概念、种类、原理)的要点,仔细分辨概念、种类之间的细微差异。有条件的话,可以以小学试卷为样例,应用本章有关测验的理论分析其质量。

测量与评价是教学活动的重要组成部分,合理地开展测量评价活动是提高教育质量的有效保证。

在为数不多的有关小学学科考试试卷命题研究中,某师范大学学生的教育硕士论文提供了一份颇为详细的研究资料。该资料显示了对××市2015年第二学期小学语文阅读试题的统计分析结果,这份资料对于我们学习本章内容具有一定的参考价值。现将其结果简单介绍如下:

研究者围绕"考什么"和"怎么考"进行研究。从考什么方面看,小学各学段语文试卷包括基础知识、课内外阅读和习作,阅读试题分值一般低于其他两个版块。随着年级上升,基础知识题比例下降,阅读与习作分值略有升高。阅读试题考点分为字、词、句、段、篇和其他六类。不同学段各类知识点考查比重发生变化。研究者将阅读测试的命题目标分为知识积累、理解能力、分析综合和鉴赏评价四类,并按此分类对该市各个区试卷阅读部分各类试题各自所占比例做了统计(见表8-1):

表8-1 四类考查类型在不同学段所占比例的分布

	知识积累	初步理解	分析综合	鉴赏评价
低年级	52.4	36.6	13.7	
中年级	30.8	29.9	39	
高年级	26.1	22.2	43.9	12.5

从这张表中我们能够看出什么?表内数据结构及其变动符合小学语文课程大纲的要求吗?这种要求与教师编制试卷有什么关系?此研究的思路与方法对于我们有何启示?

第一节　测量与评价的含义与种类

一、测量与评价的含义

（一）测量与测验的含义

1. 测量的含义与要素

测量就是根据一定的法则,使用量具用数字对事物的特征加以描述的过程。测量揭示的是事物的数量特征,其结果用数值表示,这是一个定量化工作。

测量需要具备三个要素:

第一,对象。测量必须有测量对象,这个对象具有一定的可被测量的属性。如物体有三维空间的延展性即体积,空气有压力,风有速度,水能流动,人有身高,等等。这些都可以被测量。

第二,量具。测量必须有一定的量具。量具专门用于测量事物数量特征。不同的测量对象和目的需要的量具有很大不同。量具要标准、适当,才能揭示事物的数量特征。比如秤要合乎标准,测度要准确。有些商贩在秤上做手脚,称出来的东西重量必然有差错。测量所用量具也要适当,否则得不到想要得到的数据。比如中药房用的秤一般以钱为单位,如果用磅秤抓中药肯定不合适;同样,人要测量体重的话,用磅秤是合适的,但如果用地秤肯定不行。

第三,法则。测量法则指测量所遵循的规则和方法。例如用秤称鱼的重量,得把秤盘里的水倒掉,称的时候手指不能压住秤杆;测身高的时候必须赤脚,脚不能踮起;用尺子测物体的长度,要将尺子的零点对准物体的一端,看物体的另一端所对着的刻度,等等。不遵守法则,得到的结果必然不真实。

2. 测验的含义

目前关于测验有许多定义。如布朗(P. G. Brown)认为:"所谓测验,是对一个行为样组进行测量的系统程序。"安娜斯塔西(A. Anastasi)认为:"心理测验实质上是对行为样组的客观的和标准化的测量。"我们认为,测验是对行为样组的标准化的测量。

首先,测验测量的是人的行为。严格地讲,只是测量了对测题做反应的行为。从这个意义上说,测验即引起某种行为的工具。

其次,一个测验不可能包含所要测量行为的所有可能的题目,它只是一个样本。因此测验题目的取样必须有代表性,而且在用同一领域的另一个等值的样本时,应该得到同样的分数。

第三,测验在编制、施测、评分和解释方面有一套程序,这种按照严格的科学规范编制和使用的测验称为标准化测验。标准化测验的优点是:可以减少无关因素对测验目的的影响,使测量准确、客观;有统一标准,便于对不同人的测验成绩进行比较和交流;同一份测验可用于许多人并可反复使用,较为经济。

3. 心理测验的特点

心理测验就是依据心理学理论、按照一定法则、使用一定工具描述人的行为的数量化特征。心理测验与物理测量有相同的地方,也有不同之处。心理测验有以下特征:

(1) 间接性

有人会问:既然是心理测验,为什么描述的是人的行为?因为心理具有内隐性,不可观察和直接测度,只能通过测题引发人的反应,由这一反应来推论他的心理状况或特质。

例如智力是人用以顺利完成活动的心理结构,但智力是看不见的,只能通过"智力"活动的表现进行推测。心理学家在建立一定的智力理论模型后,选择出那些他们认为可以代表或反映人的智力水平和种类的活动项目交给被试去完成,然后根据他们完成的情况按照一定的评分标准进行评判,最后得出有关被试智力状况的结论。但所有这些——从理论模型到结论——都是假设,只不过有些假设可能更"逼真",也就是更接近心理学家所认为的那个"智力"。

(2) 相对性

对心理和行为做测量时,没有绝对的标准,也没有绝对零点。实际上我们测量的是一个很长的连续的序列,不同的人处在这一序列的不同位置。比如每个人的知识量、学业成就、反应灵敏性、解决问题能力等的水平、大小、高低都是这个序列中的某个点,其意义都是相对的。就如一个中国男子身高 1.78 米,这个身高究竟怎么样?要看跟谁比。

测量结果的相对性是相对于一定测题和一定的可供参照的人而言的。正如我们前面说过,测验总是指用一个样本对人的某一特性进行测量,其结果仅仅对于这一测验有意义。例如用某一智力测验测量某一儿童智力,得到的分数为 0,那么是不是说这个孩子智力就是 0?显然不能下这个结论。他只是在这个测验中得分为 0,如果换一种智力测验,他很可能得到另一种分数。再愚笨的孩子智力都不可能为 0。相对性还表现在用什么作为参照。同样的测量结果在不同参照系中得到的结论会有很大差异。

（3）客观性

尽管心理测量的对象是隐蔽在人的身体之内的心理现象,要做到客观十分不易,但心理学家经过一百多年的探索,利用各种技术和方法,已经使心理测验达到较高的客观水平。

测验的客观性实际上就是测验工具、测量程序、记分与评分的标准化问题。现在国际通用的标准化心理测验都已达到这样的水准。

首先,测验用的题目或作业、施测说明、施测者的言语态度及施测时的物理环境等均经过标准化,特别是测验项目的选择经过一道道程序、通过统计分析得以确定。

其次,记分与评分的原则和手续经过了标准化。不过评分的客观性因测验种类和题目类型而异。一般说来,投射测验的客观性稍差,选择题的客观性较好。

最后,分数的转换和解释经过了标准化。标准化测验一般都建立了常模,而常模是通过对总体的代表性样本的预测确定的。测验的信度和效度也经过严格检验,因此对结果的推论基本能够做到客观。随着各种统计和测量技术日趋完善,心理测验的客观性也会越来越好。

(二) 评价与教育评价的含义

评价是评价主体依据一定标准与事实材料对评价对象做出价值判断。评价是涉及很广的工作,如环境评价、项目评价、服务态度评价、科研成果评价、实验室建设评价等。与小学教师联系最紧密的是教育评价。

教育评价即评价主体依据一定标准与教育活动的有关事实材料对教育活动的某一或某几方面做出价值判断。教育评价涉及教育目的、教育目标、教育内容、教育过程、教育结果、教育条件、教育环境等诸多方面。

(三) 测量与评价的关系

1. 测量与评价的联系

评价以测量为基础,测量为评价提供客观依据。评价决定于两个要素:一是评价标准,二是有关评价对象的材料。显然,没有测量提供的材料,评价将无从入手。就像有些班主任给学生写评语时,最为犯难的就是对学生不了解,不知如何描述。即使写出了评语,也是千人一面,苍白无趣。对评价对象的客观情况掌握得越全面、越丰富,评价就会越真实、越深刻。所以在评价之前应尽可能多地获得测量资料。

另一方面,测量结果只是提供了一个客观情况,这种情况究竟属于什么性质、具有何种价值和意义,这要通过评价才能得出结论。测量结果如果不放在一个评价体系或者放在一个不恰当的评价体系之中,那它便毫无意义或者说失去了应有的意义。

2. 测量与评价的区别

尽管测量与评价存在密切联系,但两者毕竟有所不同。首先它们的性质不同。测量是对事物数量特征的探取,要求尽量排除主观因素的参与,去获得纯客观的材料,而且测量力求排除带有价值判断性质的成分,令其符合事物原貌。评价则是对评价对象的价值进行判断,而关涉价值的问题总是与人有关系。人作为判断标准的制订者,总是站在一定的角度和立场赋予对象以价值。因此,虽然我们强调评价也应当客观,但评价本身的性质决定了它兼有主观性。比如一个孩子语文期中考试考了93分,那么93分究竟意味着什么? 在不同家长眼里,93分具有不同的意义。有的家长认为不错,而有的家长认为太差。在不同的班级里,93分也可能具有不同的意义。如果一个班级平均分为83分,那么93分是一个好成绩,而如果一个班级平均分为94分,那么93分就是一个不太好的成绩。在教师眼里,93分也可能有不同意义。如果一个平常考试只能考到80多分的学生,这次考试考了93分,那就是一个好成绩;如果一个平常总是考95分以上的学生,这次考了93分,那就不是一个坏成绩。所以测量得到的分数本身没有意义,是评价赋予其意义。

另一方面,测量属于定量的工作,而评价属于定性的工作,后者常常需要做出决断:合格还是不合格、给过还是不给过、算是完成还是不算完成,等等。59分与60分虽然只有1分之差,但性质上完全不同。评价标准给出的是60分算及格,59分算不及格。这就是差别。

二、测验与评价的种类

(一) 测验的种类

1. 按测量对象的性质分类

(1) 能力测验

能力可分为实际能力与潜在能力。有人把测量实际能力的测验称作能力测验,而把测量潜在能力的测验称作能力倾向测验。能力测验又可分为普通能力测验与特殊能力测验,前者即通常说的智力测验,后者多用于测量个人在音乐、美术、体育、机械、飞行等方面的特殊才能。

(2) 学绩测验

学绩测验又叫作学业成就测验,是学校最常见的测验,主要用于测量个人(或团体)经过某种正式教育或训练之后对知识和技能的掌握情况。平常的单元测验、期中考试、期末考试等都属于学绩测验。

学绩测验一般由任课教师自主命题,而教师命题的测验在正规化和标准化程度上相对比较低,未经过测量学指标的检验。从这个角度说,由这样的测验所取得的分数并不一定可靠,更不能作为学生学业成就的唯一依据。

无论学绩测验还是能力测验(包括能力倾向测验),所测得的都是个人在其先天条件下经由后天学习的结果。不过学习成绩测验多是测量有计划的或比较确知的情境(如学校)下学习的结果,而能力测验,特别是能力倾向测验则是测量较少控制的或不大确知的情境中学得的结果,也就是在个人生活中经验累积的结果。

2. 按测量的组织方式分类

(1) 个别测验

每次仅以一位受测者为对象,通常由一位主测者与一位受测者在面对面的情形下进行。此类测验的优点在于主测者对受测者的行为反应有较多的观察与控制机会。对那些不能使用文字而只能由主测者记录其反应的人,如幼儿、盲人等,就得采用个别测验。个别测验的主要缺点是时间不经济,不能在短时间内经由测验收集到大量的资料,而且个别测验手续复杂,主测者需要较高的训练与素养,一般人不易掌握。

(2) 团体测验

团体测验是在同一时间内由一位主测者(必要时可配几名助手)对大量受测者进行测量。团体测验的好处是能在短时间内收集到大量资料,因此在教育上被广泛采用,而它的缺点是受测者的行为不易控制,容易产生测量误差。

3. 按测验材料的特点分类

(1) 文字测验

文字测验所用的是文字材料,受测者用文字作答。文字测验相对于非文字材料来说意义比较明确,但容易受被测者文化水平以及文化背景的影响。因而对不同受教育程度的被试使用时,其有效性有差异。

(2) 非文字测验

非文字测验也称操作测验。非文字测验的测题一般有图形、实物、工具、模型等。被试的任务主要是辨认、推理、匹配、组合和操作。此类测验可用于学前儿童和不识字的成人以及不适用文字材料的测量。此类测验的缺点是不宜团体实施,在时间上不经济,而且测题意义不够明确,有时需要主试做解释。

4. 按测验的目的分类

(1) 描述性测验

目的在于对个人或团体的能力、性格、兴趣、知识水平等进行描述。

（2）诊断性测验

目的在于对个人或团体的某种心理或行为问题进行测查和判断。

（3）预示性测验

目的在于从测验分数预测一个人将来的表现和所能达到的水平。

5. 按测验的难度和时限分类

（1）速度测验

速度测验的题目数量多且严格限制时间，主要测量反应速度和熟练程度。此类测验题目难度一般不大，但因时限较短，几乎每个被试都不能做完所有题目。在纯粹的速度测验中，分数完全依赖于工作的速度。

（2）难度测验

难度测验包含不同难度的题目，由易到难排列，其中有一些极难的题目，几乎所有被试都解答不了。但此类测验作答时间较为充裕，每个受测者都有机会去尝试所有题目，并且有可能在规定时间内做完会做的题目。因此，此测验测量的是解答难题的最高能力。

其他种类还有：最高行为测验与典型行为测验、构造性测验与投射性测验、教育测验与职业测验以及临床测验等。

（二）教育评价的种类

1. 根据评价内容的复杂程度分类

（1）单项性教育评价

单项性评价是对评价对象某方面表现进行的评价。例如，口头表达能力评价、心算能力评价、多媒体应用技能水平评价、学校设施评价等。当然，"单项"这个词是相对的。例如学校设施评价相对于学校整体评价就是单项评价，但学校设施本身又包含很多方面。

（2）综合性教育评价

综合性评价是对评价对象各方面表现进行的整体评价。例如语文期末考试就是对学生一学期的语文综合能力的发展进行测量和评价，它包含词汇、修辞、阅读理解、写作等。再如评"三好生"要求从学生德、智、体几方面综合考量。综合性评价的特点是多方面性和均衡性。多方面不一定是面面俱到，但必定包含主要方面。均衡也不等于平均，而是不同方面按其重要性分配权重，适当的权重才是均衡。如前面所说的语文考试分为几大项，每一项所占分值不同。这需要考虑各项题目的分量和数量以及题目所测内容在教学目标中的地位。

2. 根据评价的功能与用途分类

（1）诊断性评价

诊断性评价是为了解学生适合于怎样的教育或了解教育适合于什么样的学生而进行的评价。诊断性评价一般用于教学初对学生已有水平和能力的测查和评估，目的是确定教学起点，并为下一步的教学内容与教学方式提供依据。例如开学初进行的摸底考试就属于诊断性评价。

（2）形成性评价

形成性评价又叫过程性评价，一般用于教育过程之中，为了解教育活动状况和学生学习情况，特别是学习中存在的问题而进行的评价，其根本目的是为了及时调整教学活动进程和策略以使学习和教学更进一步契合和适配。形成性评价贯穿教学过程始终而且表现为不同的形式，如作业、小测验、单元测验、期中考试等。

（3）终结性评价

终结性评价也叫总结性评价，是为了判断教育活动的最终效果进行的评价。如期末考试与评价、结业考试与评价。此类评价需要对学生的学习和教育的结果给出一个结论，如属于等级评定"优良中差"中的哪一等。需要指出的是，很多学校或教师习惯于将平时成绩和期末考试成绩按一定比例进行加权，得出总评成绩。这种方法实际上是不恰当的，因为它们是两种目的不同的评价，不具有可加性。

3. 根据确定与解释评价结果所参照的标准分类

（1）相对评价

相对评价分为常模参照评价和个体参照评价。常模参照即对个体评价的标准来自常模。所谓常模（norm）指反映被评群体总体情况的一组指标，一般用 m ±s 表示。m 指平均数，s 指标准差。常模参照评价就是以常模为标准进行的评价。考察某个学生在班级中的实际位置也可以班级的平均分和标准差为常模。如果一个学生考试分数为 79 分，班级平均成绩为 68 分，标准差为 2.16，我们很直观地就可以看出这个学生的成绩还是相当不错的。

个体参照评价又叫个体内差异评价，即以个体过去某个时期的水平作为衡量当前水平的标准，据此确定与解释个体的成绩。这种评价实质上反映的是个体的实际进步状况。例如中小学普遍设置的"最快进步奖"就包含个体参照的成分。

应该注意的是，相对评价一般只能用于选拔与评优活动，不能用于形成性评价，因为它不能对教育活动策略的改进提供实际反馈信息。

（2）绝对评价

绝对评价又称为标准参照评价或目标参照评价，即根据预先设定的标准或目标来确定与解释个体的成绩。例如我国有很多评选的"硬杠杠"，这些"硬杠杠"就是评选的硬性条件，这些条件就是标准；再如我们经常听到"一票否决"这样的说法，这也是绝对标准和条件。在教育教学中课程标准或课程大纲所规定的"课程教学目标"、"内容标准"都可以成为绝对评价标准。这种评价结果反映的是个体是否达标或合格。

4. 根据评价的主体分类

（1）他人评价

他人评价指由被评价者以外的个体或群体做出的评价，如教师对学生的评价、学生对学生的评价、家长对教师的评价、学生对教师的评价。他人评价可以为评价对象了解自身提供更丰富的信息、更宽阔的视角与思路。

（2）自我评价

自我评价即被评价者对自己的评价。实际评价工作中经常有自查自评自纠的说法，即自我评价。自我评价意味着"反思"，而反思对于学生自我意识和自我效能感的形成与提高、内在动机的激发与维持具有重要意义。当然自我评价也会出现夸大或贬低这些偏差的情况，因此实际评价中一般将自我评价和他人评价按一定权重加以综合，以得出较为客观的评价结果。

其他的评价种类还有定性评价和定量评价，等等。

第二节　有效测验的特征

一、效度

（一）效度的含义

效度（Validity）即测验的有效性，指测验工具或手段能够测出所要测量的事物的程度。从测量学角度说，效度是在一系列测验中，与测验目的有关的真实变异数与总变异数（实得变异数）的比率。测验结果与要测验的内容越吻合，则效度越高。简单地说，效度指的是测验的准度。例如要检验某步枪瞄准具的质量如何，可以让一个枪法很准的枪手试射。如果试射 10 发子弹的弹着点都落在 7 环左右，说明此瞄准具有问题，也就是效度不够，没有反映该枪手的真实水平。

效度是科学的测量工具必须具备的条件。

当然,效度是一个相对概念,是测量的随机误差和系统误差的综合反映。判断一个测验效度如何不能仅从一次测验中得出结论。

(二) 效度的特点

1. 连续性

效度通常用相关系数表示,它是一个连续变量,存在程度上的不同,而非"全或无"的区别。任何测验都不可能绝对有效或绝对无效。

2. 相对性

任何测验的效度都是相对于测量目标来说的,也就是说,只有在与测验目标一致的场合才能谈效度问题。因此决定效度的因素之一就是测验目标的明确性和精细化。如果目标本身含糊不清,那么效度就无法检验。

(三) 效度的类型

1. 内部效度与外部效度

(1) 内部效度

内部效度指研究的自变量与因变量之间关系的明确程度,即对测验的反应的确是由测题以及被试现已存在的心理特质而不是由其他因素引起。这意味着被试没有对测题产生误读误判、被试不是靠猜测或其他非正当方式答题、被试没有受到身体状况或情绪的干扰,否则被试产生的反应就不真实,测验结果也将会不可靠。如果自变量和因变量之间的关系没有受其他变量的影响,那么该测验就具有内部效度。当然,就像前面所说,内部效度也只是程度上的问题。说没有受到其他因素影响也只是指在多大程度上没有受到其他因素影响,因为从现实角度看,完全控制和彻底消除其他因素的影响是不可能的,但只要将这些因素控制在可接受范围内就可以说测验是可靠的。

(2) 外部效度

外部效度指测验可推广的程度,也指测验结果可推广的程度。心理学家编制测验总希望能够在较广的范围内使用,也希望从某一样本测试中所得到的结果能说明更大范围的情况。外部效度表明测验的普遍适用性。外部效度越高,适用性越普遍。

比如小学经常施行区内统考,那么统考试卷的编制应该注意什么? 首先要注意这份试卷的代表性,既不能太难,也不能太容易。如果一份试卷用于测试全区所有某年级小学生,结果重点学校平均分为 96.6 分,一般学校平均分为 95.8 分,85%的学生都在 90 分以上,那说明这份卷子具有较好的代表性。因此统考试卷应兼顾不同学校学生水平,最好能由不同学校教师共同命题,这样才能保证试卷的普遍适用性。如果同样一份试卷,重点学校学生平均分为92.4分,一般学校学生平均分为71.3分,说明试卷的适用程度可能不高,这样的卷子一般不能作为统考试卷。

外部效度可分为总体效度和生态效度两类。

总体效度指测验结果适用于样本来自的总体的程度与能力,或说对总体的普遍意义。要获得良好的总体效度,就必须从总体中随机选取样本,使样本对总体具有代表性。如果测验所选样本有偏差或数量太小,就不足以代表总体,其结果就难以代表总体特征。

生态效度指测验结果可以被概括化和适应于其他测验条件和情景的程度和能力。比如在某一条件下使用的测验,如果用在自变量与因变量、测验程序、测验背景、测验时间和被试等方面发生一定变化的情况下,照样能获得满意的结果,则说明生态效度高。要得到良好的生态效度就必须特别注意测验所使用的条件与情景的代表性。

(3) 内部效度与外部效度的联系

内部效度是编制测验的基本要求,是测验质量的根本保证,是外部效度的先决条件。没有内部效度便无所谓外部效度。如果一个测验本身目的不明、要测验的行为定义不清、抽样太随意或完全由主观决定样本的构成,其内部效度势必很低,即使其外部效度再高,也不能正确解释问题现象,也不可能产生实际意义。一般来说,内部效度越高,测验的可推广度越大,测验也越有价值。

提高内部效度的目的在于排除另类的解释,使变量关系明确,同时测验能经得起重复和验证。只有这样,最终的测验结果才能被大家所接受,也才能考虑其推广性问题。

2. 内容效度、构想效度与效标关联效度

J. W. 弗伦奇和 W. B. 米歇贝根据测验目标把效度分为内容效度、构想效度和效标关联效度,这种分类为美国心理学会在1974年发行的《教育与心理测验的标准》一书所采纳,成为通行的效度分类方法。

(1) 内容效度

内容效度指测验题目对有关内容或行为范围取样的适当性。学业成就测验和熟练测验特别注重这种效度。在学业成就测验中,测验题目根据课程大纲和教材内容进行编制,内容效度就是判断测验题目的内容和结构是否符合大纲和教材的要求与结构。由于这种衡量效度的方法必须针对课程的目标和内容,以系统的逻辑方法详细分析题目的性能,所以又称课程效度或逻辑效度。

例如大纲要求某单元一类字词要达到会读会写并知道词义的水平,另一类字词只要求达到会读的水平,但教师编制的试卷中却要求学生默写另一类字词,这就不符合大纲的要求,其内容效度就很差。

再如某课程共十章内容,其中第一、三、五、六、七章是重点,考纲要求这几章内容占试卷总分的 60%,但最后教师出的卷子中这几章只占 40%,而不是重点的章节倒考得非常多。很明显试卷的结构与考纲的结构不符,试卷的内容效度不高。

我们平常说的"超纲"、"偏题"、"怪题"或考试内容与要求相比大大缩小等情况都会导致内容效度降低。

确定内容效度的方法主要有两种:① 专家判断,即由有关专家对测验题目与原定内容范围的符合性做出判断;② 统计分析,即以一组被试在取自同样内容范围的两个独立测验上得分的相关做出估计。

（2）构想效度

构想效度指测验结果能够说明某种理论构想、结构或特性的程度,主要适用于心理学研究。构想效度用以表达心理学概念或理论或假设对于说明和分析测验分数的意义,也就是心理学理论对测验结果的解释力。从某种意义上讲,心理学概念,如智力、认知结构、创造性、信念、理想、人格、驱力、成就动机等,基本属于假设性概念,通常需要采用操作定义方式加以界定。所谓操作定义指用能够观察到的行为表现说明概念,并且能够证明这些表现确实反映出概念的真实性、唯一性和不兼容性。一般而言,心理测验须以概念的操作定义为基础,并以一系列相关联的行为表现为指标来测量人的心理。

确定构想效度的逻辑和方法是:先从某一构想的理论出发,导出各项关于心理功能或行为的基本假设,据以设计和编制测验;然后由果求因,以相关、实验和因素分析等方法,审查测验结果是否符合心理学上的理论观点。

（3）效标关联效度

效标关联效度指测验分数与效度标准的一致程度。效度标准简称"效标",是足以反映测验所欲测量或预测的特质的独立量数,并作为估计该测验效度的参照。比如一个学生平常作业、课堂表现、课外各种活动表现都显示很聪明,但在某项智力测验中得到的分数很低,而该生参加测验时并没有其他因素干扰,那么这个分数就会引起老师和家长的怀疑,该智力测验的效标效度可能比较低,因为与该生平常表现不相符。

测验分数与效标的一致程度以二者之间的相关系数表示,这一系数称为效度系数。效度系数越大,测验的效度越高。由于用相关系数这种统计数值表示,所以这种效度又称统计效度。

效标关联效度分为同时效度和预测效度。同时效度指测验分数与当前的效标之间的相关程度,这类测验通常与心理特性的评估和诊断有关。常用的效标资料包括在校学业成绩、教师评定的等级、临床检查、其他同性质测验的结果等。预测效度指测验分数与将来的效标之间的相关程度,此类测验对人员的甄选、分类与安置工作等来说甚为重要。例如人们常用大学生的学业成就或在校表现预测其未来职业与薪酬。现在很多公司招聘员工时都会做一些心理测验,通过这些测验预测员工未来的表现和成就。常用的预测效标资料包括专业训练的成绩和实际工作的成果等。一个心理测验效标的建立通常需要运用追踪法对人的行为表现做长期观察、考核和记录,以累积得到的事实资料衡量测验的预测性。

测量的各种效度的区别在于各自强调的方面不同。一个测验可以有多种效度,每种效度视使用者的目的而定,不存在测验的统一效度。各种效度之间相互联系和补充。内容效度和构想效度既是效标关联效度的保证,又须得到它的支持。考察内容效度和效标关联效度又有助于确定构想效度。

二、信度

(一) 信度的含义

信度(reliability)即可靠性或稳定性,指用某一测验对同一对象重复进行测量时所得结果相一致的程度。如果说效度指测验的准度的话,信度则指测验的稳度。从测量学角度看,就是一组测验分数中真分数方差与实测分数方差的比率。

仍以前面瞄准具测试为例:如果一个优秀射手打 10 发子弹,弹着点分布很散,有 5、6 环,也有 9、10 环,这也说明瞄准具有问题,也就是信度不够。

(二) 信度的类型

1. 重测信度

重测信度(test-retest reliability)也称再测信度,指用相同测验对同一组被试在不同的时间点先后测量两次的测量结果的一致程度。一致程度越高,说明信度越高。

应该注意的是,重测信度受两个因素的影响:一是随机误差的影响。虽然两次测验用的是同一套测题,但仍有随机误差存在。两次测验分数的差异包含这样的误差。二是时间效应的影响。时间效应指随着时间的推移,被试的自然或人为的成长,这种成长对两次测验分数的差异发生作用。时间效应还指第一次测验的经验对第二次测验的影响,这种影响意味着第一次测验实际上起着练习作用。所以两次测验分数的差异或一致性中包含诸多因素,由此得出的结果并不能完全证明或保证测验本身的信度,这也说明重测信度并非绝对可靠。

2. 复本信度

复本信度(parallel-forms reliability)又称为等值性系数,是等值性信度(equivalence reliability)的一种,指测验结果相对另一个非常相似测验的结果的变异程度。具体操作方式是:运用两套内容等价但题目不同的测验进行测量,然后求两组结果的相关程度。相关程度越高,说明测验信度越高。

复本信度的检验比重测信度的检验工作量大,因为复本信度需要编制两套完全等值的测验,即两套测验在测验结构、测题数量和类型、内容和难度方面完全相等。

复本信度的优点有:① 能够避免重测信度的一些问题,比如不需要考虑时间效应的影响;② 适用于进行长期追踪研究或调查某些干涉变量对测验成绩的影响;③ 减少了辅导或作弊的可能性。

复本信度的局限性在于:① 如果说测量的行为易受练习的影响,那么复本信度只能减少而不能消除这种影响;② 有些测验的性质会由于重复而发生改变;③ 两个测验的等值性很难真正实现。

3. 内部一致性信度

内部一致性信度反映测验内部题目之间的信度关系,考察的是测验的各个题目是否测量了相同的内容或特质。内部一致性信度分为分半信度和同质性信度。

(1)分半信度

分半信度指一个测验对半题目的得分结果的变异程度,即将测验按一定规则分成两半,然后计算这两半测题得分之间的相关性。相关性越高,则信度越高。一般来说,一个测验越长、测题越多,其分半信度就越高。

(2)同质性信度

同质性信度指测验内部各题型在多大程度上考察了同一内容或心理特质。同质性信度低时,即使各个类型的测题看起来是测量同一特质,但实际上测量的是不同特质。例如,一套学业成就测验分为几种题型,从理论上说,如果学生学得很好的话,那么他们在各个题型上的得分率应该差不多。也就是说,同一种学习水平在不同的题目形式下表现程度应该一致。如果学生在某一种题型上得分率很高,而在另一些题型上得分率很低,则说明试卷编制有问题。

(三)信度和效度的关系

信度是效度的必要而非充分的条件。信度低,效度不可能高;信度高,效度未必高;效度低,信度很可能高;效度高,信度也必然高。测验的效度受信度制约。

三、区分度

区分度（discrimination）也叫题目的鉴别力（discriminability），指一道题能够把不同水平的人区分开来的程度。简单地说，区分度是关于精度的问题。比如两个身高差不多的人究竟差多少，这就需要使用刻度很细的尺子丈量；两个物体看上去差不多重，但究竟差多少，这也需要用精度很高的秤测量出来。100 米比赛经常出现两个选手同时撞线的情况，那么究竟谁是第一、谁是第二？ 现在的高速摄像机解决了这个问题。越能把被试的水平区分开来，题目的区分度就越高，该题目被采用的价值也就越大。

四、难度

（一）难度的含义

难度（degree of difficulty）即测题的难易程度。难度指标一般用在能力测试中，用以衡量测试题目质量。它和区分度共同影响并决定试卷的鉴别性。难度的计算一般采用某题目的通过率或平均得分率。

（二）难度的定义方法

（1）$P = 1 - \dfrac{x}{w}$

x 为某题得分的平均分数，w 为该题的满分。

在这种定义法中，难度值小时表示试题容易，难度值大时表示试题难。最小值为 0，最大值为 1。

（2）$P = \dfrac{x}{w}$

在这种定义法中，难度值小时表示试题难，难度值大时表示试题容易。最小值为 0，最大值为 1。

（三）不同题型的难度计算

1. 主观性试题的难度计算

（1）基本公式法

$P = 1 - \dfrac{x}{w}$

（2）极端分组法

$P = 1 - \dfrac{XH + XL}{2W}$

XH：高分组的平均得分（前 27%），XL：低分组的平均得分（后 27%）。

2. 客观性试题的难度计算

（1）基本公式法

$$P=1-\frac{R}{N}$$

R 为答对人数，N 为全体人数。

（2）极端分组法

$$P=1-\frac{PH+PL}{2}$$

$PH=\dfrac{RH}{n}$ 即高分组通过率，RH：高分组答对人数，n：总人数的前 27%。

$PL=\dfrac{RL}{n}$ 即低分组通过率，RL：低分组答对人数，n：总人数的后 27%。

（四）难度对测验分数的影响

测验难度影响测验分数的分布形态和测验分数的离散程度。测验难度取决于测试的目的、项目的形式和测试的性质。

（五）区分度与难度的关系

区分度与难度的关系表现为当题目的难度为中等时，区分度最高。不同难度的题目对于不同水平的人来说区分度是不同的。鉴于全体受测者的能力往往呈正态分布，测验中题目难度的分布也基本为正态分布，即难、中、易都有分布，中等难度题目最多。只有这样才能保证整个测验有较高的鉴别力。

第三节 测验编制的基本环节与测题形式

一、测验编制的基本环节

（一）确定测验目的

1. 测量目标

明确测验测的是什么，并将要测的心理现象或品质转换成可操作的行为术语。

2. 测验用途

确定测验是用于描述还是诊断，抑或是选拔和预测。

3. 测量对象

在编制测验前首先要明确测量对象，也就是该测验编成后要用于何种年龄、智力水平、文化背景以及阅读水平的人群。

（二）拟定编制计划

属于测验的总体设计，须设计出测验的内容结构和项目形式以及每一内容和目标的权重。不同测验有不同编制计划。

如学业成就测验的编制计划通常是一个双向细目表，其中一个维度是内容，即教材中的各个课题，另一维度是在教学中要达到的行为目标。

（三）设计测试项目

1. 搜集有关资料

应注意资料要丰富、要有普遍性。

2. 选择项目形式

在选择项目形式时要考虑测验的目的、材料的性质、受测团体的特点以及各种实际因素。

3. 编写和修订项目

制订项目的过程包括写出、编辑、预试和修改等一系列过程。在获得一个令人满意的项目之前，这些步骤是不断重复的。在这个过程中，编制者和有关方面的专家要对项目反复审查修订，改正意义不明确的词语，取消一些重复的和不适用的项目，然后将初步选定的项目汇集起来组成一个预备测验。

编写项目要注意：

（1）项目范围要与测验计划一致；

（2）项目数量要比最后所需的数目多一倍至几倍，以备筛选和编制复本；

（3）项目难度必须符合测验目的的需要；

（4）项目说明必须清楚。

（四）项目的试测和分析

初步筛选出的项目虽然在内容和形式上符合要求，但是否具有适当的难度与鉴别作用，必须通过预测进行项目分析，为进一步筛选项目提供客观依据。

1. 试测

项目性能之优劣不能仅凭编制者主观臆测来决定，必须将初步筛选出的项目组合成一种或几种预备测验，经过实际的试测而获得客观性资料。

试测应注意以下问题：

（1）试测对象应取自将来正式测验准备应用的群体，取样时应注意其代表性，人数不必太多，也不可过少；

（2）试测过程与情境应与正式测试时的情况相似；

（3）预测的时限可稍放宽，最好使每个被试都能将项目做完，以搜集较充分的反应资料，使统计分析的结果更为可靠；

（4）在预测过程中，应随时记录被试的反应情形，如在不同时限内一般被试所完成的题数、题意不清之处及其他有关问题。

2. 项目分析

项目分析包括质的分析和量的分析，前者从内容取样的适当性、题目的思想性以及表达是否清楚等方面加以分析，后者对试测结果进行统计分析，确定项目的难度、区分度、备选答案的适宜性等。

编制测验只依据一次试测结果所做的项目分析是不够的。为检验所选出的项目性能是否真正符合要求，须选取来自同一总体的另一样本再测一次，并进行第二次项目分析，检查两次结果是否一致。如果某个项目的测试结果前后相差较大，说明该项目的性能值得怀疑。这种在两个独立样本中进行项目分析的过程叫作复核。

（五）合成测验

经过试测和项目分析，对各个项目的性能已有可靠的资料作为评价的根据，下一步就可以选出性能优良的项目，加以适当的编排，组合成测验。

1. 项目的选择

在选择项目时，不但要考虑项目分析所提供的资料，还要考虑测验的目的、性质与功能。最好的项目，就是只测定所需要的特征并能对该特征加以有效区分的难度合适的项目。

一般说来，项目的区分度越高越好，这是选择项目的一条重要标准。特别是对于选拔测验，此标准尤为重要。

选择项目的另一个指标是难度。难度多大为合适并无绝对标准，这要根据测验目的来确定。有的要求难一些，有的则要求容易一些，有的可不考虑难度。即使是同一张试卷，题目难度也可以不同，只要整个测验的难度分布符合要求即可。

根据项目分析资料选出的项目，还要与测验计划再次对照，看看材料内容以及所测量的行为目标是否与计划相符，必要时加以适当调整。此外，项目的数量还必须适合于所限定的时间。

2. 项目的编排

项目选出之后,必须根据测验的目的与性质并考虑被试作答时的心理反应,加以合理安排。如有的测验会设置测谎题,而测谎题通常和一般性问题穿插在一起,这样不易引起注意。

在学业能力测验中开头应该有一两个十分容易的项目,以使被试熟悉作答程序,解除紧张情绪,建立信心,进入测验情境。对项目总的编排原则是由易到难,这样可以避免被试在难题上耽搁时间太多,而影响对后面问题的解答。在测验最后可有少数难度较大的项目,以测出被试的最高水平。

3. 编制复本

为增加实际的效用,一种测验有时需要有两个以上的等值型,称作复本。复本越多,使用起来越便利。例如,如果考察一个班级学生在一学期中的进步,必须测量两次:一次在开学初,一次在学期末,两次结果的差别代表一学期中成绩的提高。如果测验只有一份,用两次就难免有练习的影响,两次测验结果的差异就不能完全代表进步的大小。如果这个测验有几个复本替换使用,就可以避免这种问题。

测验的各份复本必须等值,等值须满足以下条件:各份测验测量的是同一种心理特质;各份测验包含相同的内容范围,但题目不应有重复;各份测验题型相同,题目数量相等,并且有大体相同的难度分布。

(六) 测验使用的标准化

测验使用的标准化包括施测过程标准化、评分计分标准化、分数解释标准化三个方面:

1. 施测过程

尽管对所有的被试使用了相同的题目,但如果施测者在施测时各行其是,那么测量所得的分数就会存在误差,也就不能进行比较。为了使测验条件相同,必须有统一的指导语和时间限制。

2. 评分和计分

只有评分客观时,才能把分数的差异完全归于被试的差异。一般说来,对于自由反应的题目如问答题、论文题等,评分者之间很难取得完全一致,而选择题、是非题的评分较为客观,因此有人将由此类题目组成的测验称作客观性测验。

无论采用何种评分方法,都必须符合客观、准确、经济、实用四项原则。

分数评出后还要进行合成计算,即将各题目分数合成分测验分数,再将分测验分数合成测验总分数。准确无误是对计分的基本要求。

3. 分数解释

测验分数必须与某种参照系统比较,方能显示它的意义。常模是很多测验使用的参照系统和解释标准。建立常模的方法是:在将来要使用测验的全体对象中,选择有代表性的一部分人组成"标准化样本"。对此样本施测并将所得的分数加以统计整理,得出一个具有代表性的分数分布,此即该测验的常模。

(七) 收集信度与效度资料

测验编好后,必须对其测量的可靠性和有效性加以评估。为此就要进行测量学方面的分析,搜集信度和效度资料。

(八) 编写测验手册

为使测验能够合理地实施与应用,在正式测验编制完成后,需要编写一本手册。手册内容包括:测验的目的和功用;测验的理论背景及选择项目的根据;测验的实施方法、时限及注意事项;测验的标准答案和记分方法;常模表或其他有助于分数转化与解释的资料;测验的信度、效度资料及来源。

二、测题形式及其心理效应

(一) 客观题

客观题是让考生从事先拟定的答案中辨认出正确答案。客观题分为完成式和选择式两种方式。完成式包括填空、改错等题型,选择式包括选择、判断、匹配等题型。

客观题具有灵活性大、知识覆盖面广、考查内容的偶然性小以及采分的客观性强和速度快等特点,得到广泛采用,并且所占分数比例已大大超过主观试题。

一次考试能否及格或能否获得高分,客观题的得分起着决定性的作用。因此,探索客观题的答题规律,已经引起了越来越多教育工作者的关注。

客观题对知识点考查划分得很细,因此审题也必须特别细致,应注意一些关键字词。理科考试中有些计算性的选择题一般采用简便的估算和心算求解,因此平时应多做不同形式的估算题。

选择题通常有几种类型:一种是一看便知道正确选项的题目,一种是须运用已学过的知识综合分析或进行计算才能找出正确答案的题目,再就是采用上述方法都无法确定答案的题目。对此可采用排除法求解,即将明显错误的选项划掉,再比较剩下的选项,从中确定把握最大的选项。

解答匹配题应迅速通读两栏中的短语,以求得到大概的印象,然后在左栏中先选择你最熟知的短语来与右栏中与之含义相对应的短语匹配。假若到最后你仍然有几条短语匹配不上,不妨采取猜答的办法。

猜测是应试的方法,但应掌握一些基本规律,如两个相互矛盾的答案中存在一个正确答案的可能性较大、单选题中不可能出现两个本质相同的答案,等等。

在其他相关的题目中去寻求答案,这一点特别适合于英语考试中的阅读理解题。尽量不要空题。客观题中每个小题一般应在 1 分钟内完成,如果遇上棘手题目不要过久停留。复查和改错须慎重。

(二) 主观题

主观题指那些需要学生用文字阐述的题目。这类题目能较全面地考查学生对某个较大知识点的掌握情况,如学生的记忆和理解情况、灵活组织材料和清楚表达意义的能力等。这类题目常称为"发挥性题目",是测验中最基本的题型。

不过小学学业测验中客观题与主观题的区分不是很明显,主观题主要集中在文科类学科测试,特别是作文。

本章小结

本章涉及很多小学教师平常很少接触到的技术指标。这些知识是教师专业知识的一部分,对于提高教师专业化水平起一定作用。由本章内容可以看到,认知学习的测量与评价是一项系统、复杂而充满技术性的工作,这种工作为小学教育实践增添了另一种色彩。

思考与训练

一、思考题

1. 测量由哪些要素构成?
2. 测验的特征是什么?
3. 测量与评价的关系是什么?
4. 测量的种类有哪些?
5. 评价的种类有哪些?
6. 什么是效度、信度、区分度?
7. 效度有哪几种? 其基本含义与检验方式是什么?
8. 如何检验测验的信度?

二、实训题

试以小学某一学科某段教学内容为课题,按照测验的基本要求编制一份试卷。如果有可能将其投入使用并尝试对测试结果做信效度、区分度和难度检验和分析。

第九章　影响小学生认知学习的因素

人是一个出生的孩子，他的力量，就是生长的力量。

——泰戈尔

内容提要

本章概要地介绍了影响小学生认知学习的因素，包括学生自身的因素（学习动机、智力、认知风格和自我意识）、家庭因素（家庭结构、家庭经济条件、家长受教育程度和教养方式等）和学校因素（学校教育内容和方式、教师、学校同伴等）。本章涉及心理学的一些基本概念，如学习动机、智力、认知风格、自我意识、教养方式等，以及与这些概念相关的一般原理。

关键词

学习动机；智力；认知风格；场独立型；场依存型；冲动型；反思型；自我意识；自我概念；自尊；家庭结构；教养方式；教师期待效应；课堂氛围；同伴

学习目标

1. 能用自己的话说明本章基本概念的含义，能结合自己的经验说明这些概念的行为表现。

2. 能举例说明学习动机的种类，能简要说明耶克斯—多德森定律。

3. 能解释"学习结果＝动机＋经验＋智力"这一公式的含义。

4. 能说出几种认知风格类型的表现。

5. 能联系自己说明自我概念和自尊对学习的影响。

6. 能结合自己的情况说明家庭对于学生认知学习的影响。

7. 能阐述学校教育内容和方式对学生认知结构、认知能力和认知方式的影响。

8. 能结合自己的体会说出教师和学校同伴对学生认知学习的影响。

9. 通过本章学习能产生对自身学习经历的反省倾向和感受,以形成较完整的学业自我概念并使学习动机有所提高。

学习策略

本章内容较多且与实际,特别是与我们自己的实际联系紧密,因此学习本章应注意时时提取自己的经历和感受以形成丰富而清晰的表象,并且要对自己进行反思,通过反思与本章内容进行对照,这样才能更好地理解本章概念和原理。

[课例]

小学六年级科学课讲到达尔文进化论。老师提出一个问题:两只白羊生下来的是白羊还是黑羊? 小强很快回答道:"白羊!"有的学生认为"不一定"。小强修正了自己的说法:很大概率是白羊。其他学生又反驳道:很大概率? 那就是说,也有是黑羊的概率。课堂上有点乱,形成了小强单打独斗、"舌战群儒"的局面。小强招架不住,大声喊道:我看出来了,你们就是想"搞"我。他气得踹桌子、拍桌子,还哭了起来。老师赶紧把小强带到教室外,让他冷静冷静。据老师反映,小强对科学课程很感兴趣,表现出远远高出别的同学的知识广度和深度,往往别的孩子不知道的,他都能说出个 1、2、3、4。但他脾气比较暴躁,经常和同学发生冲突,而且特别爱哭。

由上面的课例可以看出,小强是一个有自己特点的学生:好学、敏感、脾气大。实际上每个学生都有自己的特点,因而课堂上学生表现出极大而广泛的差异。第八章中我们学习了认知学习的测量和评价,这是对学生的认知学习的状况和特点进行描述的工作,但这不是教师工作的全部。教师还应该深入更深的层面,即解释层面去探究造成学生学习状况和特点的原因。如果我们将学生的认知过程及其结果看作因变量,那么就需要去发现和了解影响和决定这一过程和结果的那些自变量,也就是影响和决定小学生认知学习的因素。我们将这些因素分为学生本人的因素、家庭因素和学校因素。

第一节　学习者因素

一、学习动机

(一) 学习动机的含义与作用

学习动机(motivation to learn)是指激励并维持学生朝向某一目的的学习行为的动力倾向。学习动机包含诸多要素:学习兴趣、学习需要、个人价值观、态度、志向水平,等等。这些要素与外在因素,如他人鼓励、学习带来的结果(短期的如升级、在同学和老师以及家长心目中的地位等,长期的如学历、未来职业及社会地位等)以及客观现实环境的要求(如考试、竞赛和升学)等紧密联系,共同作用于学生的学习行为。

学习动机具有引发、定向、维持和调节作用,同时学习动机与学习活动存在辩证关系:学习动机驱动学习,学习又能产生学习动机。正如奥苏伯尔所说:"动机与学习之间的关系是典型的相辅相成的关系,绝非一种单向性的关系。"一般来说,学习动机并不直接卷入认知过程,而是以学习情绪状态的唤醒、学习准备状态的增强、学习注意力的集中和学习意志的提高为中介发挥作用。

(二) 学习动机与学习效果的关系

总体上讲,学习动机能够提高学习效果。尤古罗格卢和华尔伯格(Uguroglu & Walberg, 1984)考查了大量关于动机与成就的关系的研究报告,分析了其中232项动机测量和学业成就之间的相关系数,发现其中98%是正相关。这一研究表明:高动机水平的学生,其成就也高;反之,高成就水平也能促进高的动机水平。有研究发现,成就动机强的被试比成就动机弱的被试更能坚持学习,学习更有成效(邵瑞珍、皮连生,1988)。

但是学习动机强度与学习效率并不是线性关系。学习动机存在一个最佳范围。在此范围内,学习效率随学习动机强度增大而提高,直至达到学习的最佳状态,之后学习动机强度的提高并不能产生学习的增益。另外,学习动机强度与学习效果之间的关系因课题性质、课题材料难易程度、学习者的个性等因素而异。一般地说,从事比较容易的学习活动,动机强度的最佳水平点会高些,而从事比较困难的学习活动,动机强度的最佳水平点会低些,这就是耶克斯—多德森定律(Yerkes-Dodson's law,1908)(见图 9 - 1)。不仅如此,动机强度的最佳点还会因人而异。进行同样难度的学习活动,对有的学生来说,动机强度高些更为有利,但对于另一些学生,可能动机强度低些更为有利。

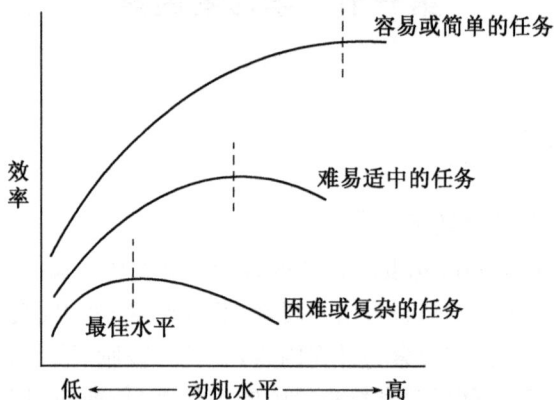

图 9 - 1 耶克斯—多德森定律

资料来源:Kantrowitz B. H., Sorkin R. I., *Human factors*: *Understanding people system relationships*. new york: John Wiley & sons. 1983:606.

(三) 学习动机的分类

学生的学习动机复杂而多样,教师对此应系统了解,以鉴别和培养不同的学习动机。

1. 内部动机与外部动机

我们按照学习动机的来源将其划分为内部动机和外部动机。内部动机(intrinsic motivation)指由学习活动本身引起的动机。内部动机指向学习过程,从学习过程而不是从学习所带来的结果——如分数、奖励、赞许等之中获得满足。学习兴趣是典型的内部动机。如学生对数学感兴趣,他便会在课上认真听讲,课下刻苦钻研。他想获得的是对数学问题的解决和对数学知识渴求的满足。

外部动机(extrinsic motivation)指由外部诱因引起的动机。外部动机指向学习结果,从学习结果中获得满足。外部动机推动学生努力学习以获得好成绩,通过成绩获取奖励、赞许、社会地位、荣誉、在人们心目中的地位等。

不同动机的学生在学习的持续性和坚持性上表现出差异。具有内部动机的学生较少受学习结果和他人评价左右。他们具有好奇心,喜欢挑战,解决问题具有独立性,而且达到目标后会自发地产生新的目标。具有外部动机的学生一旦达到了目的,学习动机便会下降,而且容易为学习结果和外部评价左右。另外,具有外部动机的学生为达到目标,往往采取避免失败的做法,即选择没有挑战性的任务。如果他们遭遇失败，便可能一蹶不振。由此看出，教师应努力培养学生的内部动机。

2. 认知内驱力、自我提高内驱力和附属内驱力

这是由奥苏伯尔提出的分类。他指出："一般称之为学校情境中的成就动机至少应包括三方面的内驱力决定成分，即认知内驱力、自我提高的内驱力以及附属内驱力。"西方心理学家常使用"驱力"或"内驱力"代替动机。所谓内驱力指由需要引起的身体或心理的紧张状态，这种状态驱使人产生消除这一状态的动力。当需要逐步得到满足时，这种状态会渐渐缓和直至消失。美国心理学家赫尔（C. L. Hull）将此现象称为驱力还原（drive reduction）。

认知内驱力（cognitive drive）即一种要求了解、理解和掌握的需要。这种内驱力多由好奇倾向派生，但又超越好奇心，被赋予特定内容和方向。就像内部动机一样，这种内驱力指向学习活动本身，从活动和好奇心得到满足中获得强化。认知内驱力是认知学习中最重要和最稳定的动机。

自我提高内驱力（ego-enhancement drive）是个体因自己的胜任能力或工作能力（由学习结果得到证明）而赢得相应地位的需要，这种需要的本质是成就需要，而成就是赢得地位与自尊的根源。这种需要从儿童入学开始，日益显得重要，成为成就动机的主要组成部分。与认知内驱力不同，自我提高内驱力指向于成功的学习结果。因此，努力获得学习的成功或尽力避免学习的失败成为自我提高内驱力的外在表现。

附属内驱力（affiliated drive）产生于重要他人（家长、老师或其他的人）的期望，是学生为了成为他人期待中的人而努力学习的需要。附属内驱力的形成需要三个条件：第一，学生对重要他人在感情上具有依附性；第二，学生以满足重要他人的期待为前提获得派生地位，而派生地位由学生自居和效法某个或某些人而获得；第三，学生获得和享受到派生地位及其乐趣，便会有意识地使自己的行为更符合重要他人的标准和期望，进而使其地位更确定、更巩固。

学生在学习中表现出来的这三种内驱力的构成比重通常随年龄、性别、社会阶层地位以及人格结构等变量的不同而有所不同。

二、智力

（一）智力理论

智力因素往往是我们解释学生学习时首先想到的因素，也是心理学研究的重要领域。一百多年来心理学家在此领域进行了深入的探讨，积累了很多成果，形成了诸多理论，也编制出一些成套的标准化智力测验。我们根据时间的线索

将这些理论分为传统理论和现当代理论。

对于"什么是智力"这个问题,心理学家存在很多争议。在争执不下的情况下,有人提出了智力的操作定义:智力,即通过智力测验测出的那个东西。因此,智力的定义与智力测验具有不可分离的关系。最早进行智力测验研究的是比奈(Binet)和西蒙(Simon),他们开发出人类第一套智力测验量表,称为比奈—西蒙量表。通过该量表测试被试可以获得被称为"智商"(IQ)的数据,以此代表其智力水平。

智商的传统公式为:

$$IQ = \frac{\text{心理年龄(MA)}}{\text{实际年龄(CA)}} \times 100$$

斯皮尔曼(Spearman,1904)提出智力的二因素论,将智力分为一般因素(general factor,G 因素)和特殊因素(special factor,S 因素)。他认为,一般因素是造成智力活动个体差异的关键因素。1963 年,卡特尔(R. B. Cattell)以及后来的霍尔恩(J. Hom,1998)将智力分为流体智力和晶体智力。流体智力(fluid intelligence)包括理解复杂关系和解决问题的能力,如在处理数字系列、空间视觉感和图形矩阵项目时所需的能力。这种智力需要较少的专业知识,与文化和教育的关系不甚密切。流体智力在青少年之前一直在增长,在 30 岁左右达到顶峰(Horn & Donaldson,1980),随后逐渐衰退。晶体智力(crystallized intelligence)指从社会文化中习得的解决问题的方法和进行应用的能力,它在实践(学习、生活和劳动)中形成,与文化、教育和经验有着密切关系。晶体智力在人的整个一生中都在增长(见图 9 - 2)。

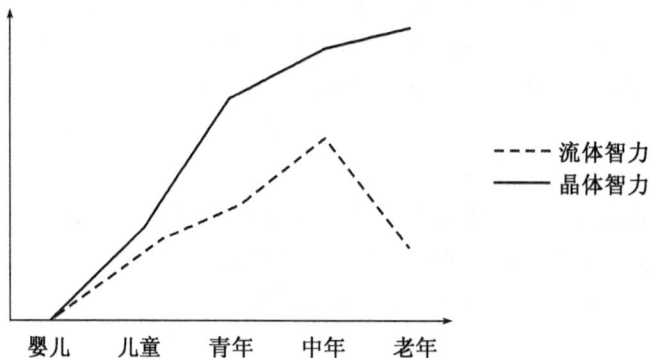

图 9 - 2　流体智力与晶体智力的变化

这一理论把人与生俱来的素质与后天通过学习而获得的东西区分开来,向人们提示:生活中的许多任务(如实际工作中的数学计算与推理)同时需要流体智力和晶体智力。这意味着,学生解决问题既需要那种不太受教育影响而产生的智力资源,也需要那种随教育而发生变化的智力经验。

当代心理学家加德纳（H. Gardner）和斯腾伯格（R. Sternberg）提出了多元智力理论（theory of multiple intelligences）和三元智力理论（triarchic theory of intelligence）。

加德纳认为人具有9种智力，即语言智力、逻辑数学智力、空间智力、身体运动智力、音乐智力、人际智力、内省智力、自然智力和生存智力。这9种智力相互独立，但也相互影响或在活动中共同起作用（Gardner & Moran，2006）。例如，打篮球同时需要身体运动智力和空间智力，而芭蕾舞则包含身体运动智力、空间智力和音乐智力。

多元智力理论克服了传统智力理论只看到数理逻辑和语言智力的弊端，扩展了人们对智力范围和内涵的认识，使学生身上的许多重要潜能得到确认和开发。加德纳提出了一种新的教育观——"以个人为中心的教育"，从课程、活动、评估方法和教学方法上都进行了深入探索，对美国各级学校产生了深远影响。目前我国学前教育和小学教育领域非常普遍地宣传和推广多元智力理论，并且在教育实践中做了不少有益的尝试。

斯腾伯格的三元智力理论将智力分为分析性能力（analytical ability）、创造性能力（creative ability）和应用性能力（practical ability）。由于多数人在这三种能力上发展不均衡，因此学生的智力差异主要表现在这三种能力的不同组合上。

斯腾伯格的三元智力理论为教学提供了很多启示（Sternberg & Williams，2003）。一方面，教师需要关注每一种学习行为对发展智力的三个方面的作用，使所有学生都能得到智力的全面发展。成功的个体可以通过有效地适应、塑造和选择环境来平衡自己的能力（Sternberg，2002）。例如，一名小学生可能会通过在家里的阅读来改善他在学校里的朗诵技巧（适应环境）；一名优秀的中学生可能会要求教师布置一些更具挑战性的作业（塑造环境）；一名青少年可能会决定参加高中艺术课程，因为这与他的兴趣及他在音乐和艺术方面的能力相吻合（选择环境）。有些学生所处的文化重视实践能力与社会技能，而课堂教学重视分析能力，教师应鼓励学生在两种环境中都努力做到最好。另一方面，教师需要帮助学生认识、利用并发挥自己的智力优势。教师可以让每个学生明白自己擅长的是什么、不擅长的是什么，从而充分地利用、改进或回避它们。教师还可以让学生在学校中进行合理选择，以充分利用自己的智力，最终实现自己的目标。

（二）智力对于认知学习的影响

智力对于认知学习的影响是不言而喻的，就像我们在认知技能学习那一章所说，认知活动实际上就是智力活动。既然是智力活动，也就意味着智力本身就是认知活动的承载者和实际运作者。从这个角度说，一个人的智力特性就等于认知学习的特性。认知活动或智力活动具有多方面的特性，本文仅列举几种：

1. 对刺激的敏感性

对刺激的敏感性包括绝对敏感性和相对敏感性，后者指对刺激的分辨力。敏感性包括敏感性的强弱和特异性。对于同样的刺激，不同人的敏感性有所不同。同时同一个人对不同的刺激具有不同的敏感性。例如，有的人对语言敏感，有的人对乐音敏感，有的人对身体姿态和运动敏感，有的人对物理形态敏感，有的人对有生命的物体敏感，有的人对气味敏感，等等。这就是敏感性的特异性。对刺激的敏感性影响学生的兴趣和对学习内容的某些方面的接受能力，这种接受能力也叫可教育性（educability）。

2. 注意的广度

注意广度指一个人在极短的时间内注意到的事物的数量和范围。注意广度影响学生的观察力，同时影响认知学习的速度，进而影响认知学习的效率。

3. 短时记忆能力

认知学习中时刻进行着短时记忆（工作记忆）。短时记忆力的强弱影响学生听课、记笔记、阅读、计算、序列学习等一系列认知过程的流畅性和逻辑性，进而影响认知过程的速度和结果。

4. 形象再造和创造能力

认知学习需要对学习材料的意义进行形象再造和形象创造，这关系到对材料意义的理解。实际上这是对意义的表征能力。事实证明，缺乏形象再造和创造能力的学生在知识理解的深度和广度上存在缺陷。

5. 抽象能力

抽象指从具体材料中找到一般的共同的特征。抽象能力是构建个体认知结构，特别是使个体知识结构化、层次化的主要工具。缺乏抽象能力的人，其个人的知识是零散琐碎的，而零散琐碎的知识不可能使人具有预见性和洞察力。

6. 认知活动的灵活性和发散性

认知的灵活性和发散性是一个人认知结构的重要特征。认知结构不仅是知识的储存器，而且是认知活动的平台和操作系统。灵活性和发散性体现了认知活动角度和方式的变化，体现了人的认知结构在功能上的适应性。越是具有灵活性和发散性的认知活动，其对环境的适应性越强，其赖以存在的认知结构的生命力也就越强。

但由于智力概念的模糊性，我们考察智力对认知学习的影响显得较为棘手。在一种认知活动中，有哪些主要的个体因素会影响这一活动的效果？我们认为人的智力（姑且叫作纯智力）、经验和动机共同作用于人的认知活动，影响其结果。这一观点可用下面的式子表示：

$$学习结果＝动机＋经验＋智力$$

首先，动机的大小会影响认知活动。想学和不想学的学生在学习过程和结果上会有很大区别。其次，经验在认知活动中具有不可忽视的作用。学习过的和没有学习过的、有相关学习经验和缺乏相关学习经验的学生在学习过程和结果上也表现出很大差异。如果将这两种因素控制住，使之平衡，那么我们就能够得出这样的结论：如果不同的学生在动机和经验上相等，那么他们在认知活动过程和结果上的差异就可以归结为智力的差异，这种智力就是纯智力。具体地说，如果两个学生学习动机强度相等、经验相当，那么这两个学生最后学习结果的差异就是智力上的差异。我们可以将上面的公式改成：

$$智力＝学习结果－动机－经验$$

当然，这仅仅是从理论上所做的推论，在实际教学和学习中我们很难找到动机和经验完全相等的两个学生。这里只是提供一种分析问题的思路。

从研究的角度说，智力与认知、智力活动与认知活动几乎同义，认知活动中的感知、观察、记忆、想象、思维活动以感知能力、观察力、记忆力、想象力和思维能力为基础，因此将智力看作影响认知学习的因素似乎存在学术上的悖论。

三、认知风格

认知风格（cognitive style）指人们在认知学习中形成并表现出的认知偏好和稳定方式，也就是学生在信息加工方面的稳定特征。认知风格经由长期学习而成为学生人格的一部分。认知风格主要表现在以下几方面：

（一）感觉通道

在学习过程中，有些人善于通过读（看）来学习，有些人善于通过听来学习，有些人善于通过做来学习（Riesman，1966）。还有些人善于通过说来对概念性的材料进行分类、组织和比较。这就是感觉通道的差别。所谓感觉通道的差别是指学习者对于视觉、听觉和动觉刺激的偏好程度。学习者在感觉通道偏好上存在三种典型类型。

1. 视觉型学习者

这类学习者对于视觉刺激较为敏感，习惯于通过视觉接受学习材料，如景色、相貌、书籍、图片等。他们适合于自己看书和做笔记进行学习，而不适合于教师的讲授和灌输。

2. 听觉型学习者

这类学习者偏重听觉刺激，他们对于语言、声响和音乐的接受力和理解力较强,甚至喜欢一边学习,一边戴着耳机听音乐。当学习外语时,他们喜欢多听多说,而不太关心具体单词的拼写或者句型结构。

3. 动觉型学习者

这类学习者喜欢接触和操作物体,对于自己能够动手参与的认知活动更感兴趣。因此,教师用手轻拍他们的头表示赞赏要比口头表扬产生的效果更好。

(二) 场依存性和场独立性

美国心理学家赫尔曼·威特金(H. Witkin,1916—1979)研究发现,某些人的知觉较多地依赖于他们周围的环境信息,而另外一些人的知觉则较多地依赖于他们身体内部的线索。威特金将前者称为场依存型(field dependence),将后者称为场独立型(field independence)。场独立型是"内部定向者",基本上依赖内在的参照,场依存型是"外部定向者",基本上依赖外在参照。

这两种风格与学习有着密切关系。一般而言,场依存者对人文学科和社会学科更感兴趣,而场独立者在数学与自然科学方面更为擅长。这两种风格的学生对社会性线索会产生不同的反应。场依存者注重学习环境的社会性,对于具有社会内容的材料更感兴趣。他人,特别是那些他们喜欢的人的出现对他们产生积极的影响。场依存者较易于接受别人的暗示,他们学习的努力程度往往受外来因素的影响,因而他们在存在外部诱因时学得更好。场独立者在内在动机作用下学习时,常常会产生更好的学习效果,在数学成绩上的表现尤其明显。这两种学生对不同强化的喜爱和反应程度具有很大差异,场依存性的人比场独立性的人更需要外部反馈信息。

在学习中,凡是与学生的认知风格相符合的学科,学生的成绩一般会好些。但应注意的是,这些差异并不是学习能力上的差异,而是学习过程和学习方式上的差异。

(三) 反思型和冲动型

反思型(reflective)和冲动型(impulsive)是认知风格研究的重点之一。杰罗姆·卡根(Jerome Kagan,1964)通过一系列实验发现,有些学生的知觉与思维方式以冲动为特征,而另外一些学生则以反思为特征。冲动型思维的学生倾向于根据几个线索做出很大的直觉的跃进,往往以很快的速度形成自己的看法,在回答问题时很快就做出反应;反思型思维的学生则在做出回答之前倾向于进行计算的、分析性的和逻辑的思考,往往先评估各种可替代的答案,然后给予较有把握的回答。

反思型儿童表现出更为成熟的解决问题的策略,而且与冲动型儿童相比,他们更有可能提出不同的假设。有人(McKinney,1975)指出,在 9 岁儿童中,反思型和冲动型儿童的作业结果没有什么差别,但是在11岁儿童中,反思型儿童在加工任务信息方面比冲动型儿童更有效,并且能够采用更为系统的和更为成熟的策略。但有人发现,虽然反思型儿童解决较少维度的问题时比冲动型儿童要快得多,但是冲动型儿童解决具有许多维度的问题时则比反思型儿童要快。还有人发现,反思型学生在完成需要对细节做分析的学习任务时,学习成绩较好些;冲动型学生在完成需要做整体性解释的学习任务时,成绩要好些。因此,冲动型学生解决问题能力并不一定比反思型学生差。一般人认为冲动型学生学业成绩差,主要是因为学校里的测验往往注重对细节的分析,而他们擅长的则是从整体上分析问题。这两类学生在决策的质量和内容上没有实质差别。由这些研究得出的结论是:两种认知风格可能适于不同类型的学习任务。

四、自我意识

(一)自我意识概述

俗话说:师傅领进门,修行在个人。在影响认知学习的学习者因素中,自我意识是一个具有重大意义的因素。如果说学生的发展决定于多种因素的话,那么可以这样说:在人的生命诞生的一刹那,遗传便开始发挥作用;人出生之后到青春期之前,环境,特别是社会环境的作用显得尤为重要,决定一个人发展的基础;而青春期之后自我意识开始发挥独特的动力作用,而其他因素的作用逐步减弱。我们可以用公式表示这种关系:

$$儿童成长＝遗传×环境×自我意识$$

自我意识(self-consciousness)简称自我,指个体对自己的个性、思维及行为活动的内容、过程及结果的认识、体验、控制和调节。自我意识的本质是个体将其自身作为对象加以认识、塑造和改造。这一系列的活动以一定的标准进行。如果说青春期之前儿童主要以社会和他人的想法为标准的话,青春期之后儿童主要以自己的想法为标准,其中最引人关注的是理想自我的确立。理想自我即儿童想成为的那个"我",他是儿童成长的强大动力和方向,具有引导、激励和评价功能。小学生的自我意识主要体现在自我概念和自尊上。

(二)自我概念

自我概念(self-concept)指"由个体对自身的观念、情感和态度组成的混合物"(Hilgard,Atkinson & Atkinson,1979),是个体对自己的综合看法。从层次上讲,自我概念包括自我认识和自我评价。自我认识是对自己的相对客观的描述,自我评价是对自我描述内容的概括性看法和价值判断,属于定性的认识。从内容上讲,自我概念包括对自己的身体特征(如相貌、身材等)、自己的能力、自己的性格和气质、自己的思想等的认识。从层次上讲，自我概念分一般或总体的自我概念和特定领域的自我概念。从现实性和未来性看，自我概念包括现实的我和理想的我。

小学生的自我概念是在过去与环境相互作用而形成的经验的基础上建立起来的，主要受他人强化和评价的影响。

自我概念与学习之间相互影响。教育干预对总体的自我概念产生效果需要较长时间，而对于特定领域的自我概念则可能在较短时间里就能取得效果。刚入学的儿童在阅读方面的自我概念差异已经开始显现。进入学校时已经在语音和文字方面有较好发展的儿童学习更加容易，更易形成积极的阅读自我概念。随着时间的推移，这种差异更加明显。因此，与学校重要阅读任务有关的早期经验极大地影响着自我概念（Chapman, Tuner & Prochnow, 2000）。进入中年级后，学生会根据自己的标准进行比较。例如，如果数学被认为是重要学科，他们的数学自我概念会是最积极的，即使他们自己的数学成绩实际上并不好。普通学校中数学成绩比较好的学生比好的学校中同等能力的学生对自己数学能力的感觉要好。

小学生的自我概念，特别是与学业有关的自我概念结构与教育体系有关，因为它包括了个体对许多活动领域的知识和能力的知觉，如数学、科学、阅读、体育等。自我概念也与小学生在那些领域的成就有关。马什（H. W. Marsh）和他的同事发现学业自我概念和学业成就之间的关系是相互的：积极的自我概念会导致更高的学业成就，而更高的学业成就也促进更积极的自我概念。学业自我概念和学业成就之间的关系在小学、初中和高中以及特定学科领域里，如数学、科学、英语等都存在。

理想自我对学习具有至关重要的作用，它是学生学习动力的主要来源，也是学习行为评价的标准。理想自我意味着学生在学习上有目标、有要求。目标的诱因值越大，要求也就越细、越严。从动机的角度说，高层次目标往往伴随着较高的抱负水平，后者带来自我要求的提高。实际上奥苏伯尔提出的自我提高内驱力中包含着这种高抱负水平的内驱力，它通常表现为学生要成为自己心目中那个"理想的人"的非功利性动机。这种动机具有一定的完美主义倾向，但不失为一种很重要、也很可贵的动机。学生可能对所学知识本身并不感兴趣，但他们为了成为自己理想中的那个人，也会努力学习，并提高对自己学习行为上的各种要求。一般情况下，抱负水平高的学生所取得的学业成就要比抱负水平低的学生高，而且前者更能表现出一定的独立思考意识和能力以及较高的创造性。认知学习中普遍存在这种现象。

（三）自尊

自尊（self-esteem）又称自我价值感，指个体对自己的价值感受。自尊涉及以下问题：自己是否有价值？哪些方面有价值？有多大价值？是否要求别人承认和尊重自己的价值？要求别人在多大程度上承认和尊重自己的价值？自尊不仅表现为个体对自己价值的肯定，更表现在别人承认自己价值的要求上。自尊是一种社会性需要，在社会中产生和表现。没有对别人尊重自己的要求就谈不上自尊。

自尊作为人格动力全方位地影响小学生的学习。本章"课例"中小强就表现出高度的自尊。为自尊而学是普遍的学习心理现象。高自尊会促使个体尝试较难的任务，获得成功后进一步强化个体自尊。个体自尊与学校生活存在着相互作用。自尊影响个体对自己的评价及情绪，从而影响学生在学校中的行为表现。有研究（Marsh，1990）表明，高自尊的学生在学校里的某些方面表现得更成功。高自尊的学生常常与学校中较多的赞许性态度、班级中的积极行为和学生之间的广泛交往紧密联系。同时，学校环境也影响学生的自尊。学生对学校是否产生满足感，直接影响到学生对课堂教学是否产生兴趣。

教师的教学过程、评价以及对学生的关爱都会影响学生的自尊。教学组织形式和学习风格的不同可能会对学生的自尊产生积极或消极的影响。探究、合作的方式有利于学生加强相互联系、树立自信、维持高自尊。个体对所属群体的认同形成集体自尊，所产生的集体自豪感有利于稳定的自我同一性的建立。

第二节 家庭因素

每个小学生都带着一定的家庭背景走进学校，投入到学习之中。他们的家庭结构、家庭条件、家长文化水平和教养方式、家长与学校的互动等从各方面对小学生施加影响，使其形成各自的学习状况和学习水平。

一、家庭结构

（一）独生子女家庭

研究发现，独生子女并不像人们想象的那样娇生惯养、自私任性。相反，他们与其他孩子一样在心理调适和社会交往能力方面发展得很好，而且在某些领域还体现出优势。研究者认为，独生与非独生子女在整体适应与社会能力上，包括成就动机、同伴威望、社会参与、个性、社交性、个人控制等方面没有差别，唯一有差别的是独生子女的个人调整与成就动机比非独生子女更高（Mancillas，2006）。因此，他们在学校中的成绩通常更为优异，能接受更高层次的教育（Falbo，1992）。这其中的主要原因可能是独生子女与他们的父母有更亲密的关系,父母对他们的要求更严格、期望更高(Falbo & Polit,1986)。然而独生子女家庭也有其两面性。一项针对美国独生子女家庭的调查显示(Hawke & Knox,1978),独生子女与其父母对于生活在独生子女家庭中有满意的地方,也有不满意的地方。他们认为独生子女家庭固然有优势可言,同时也存在着缺陷。

实际上,中国的独生子女与其他孩子在社会交往能力和同龄认可方面没有多少差异。综合国内多年来这方面的研究(缪小春,2001),其结论及共识是:在认知方面,独生子女具有优势;在个性方面,独生子女内部差异很明显。

风笑天(2004)在对大量有关独生子女的研究做了分析与总结以后提出,年龄变量在决定独生子女与非独生子女之间的差异上具有十分关键的作用。幼年独生子女与非独生子女显示出较大的差异,独生子女的发展的确表现得不如非独生子女,但对青少年及成年人的研究却没有显示出这种差异。相反,在少数差异的方面,也都是独生子女优于非独生子女。

(二) 离异和再婚家庭

当离婚和再婚成为一种社会常态,势必有不少儿童会经历单亲家庭和重组家庭生活。有些孩子会遇到困难,但并不是所有的孩子都一直处在不适应状态。事实上,在父母离异前后几年孩子会经历最为严重的困难,学业成绩很差(Sun & Li,2002)。离异所带来的困难被认为是家庭功能改变而不是家庭结构改变产生的结果(Demo & Acock,1996)。家庭功能改变包括以下可能产生的问题:

其一,因离异而产生的家庭冲突是与儿童和青少年心理调适有关的家庭功能的一个重要方面(Amato & Keith,1991)。尽管婚姻冲突发生在离异之前,但冲突水平通常会在离异这段时间增加,这就导致儿童和青少年产生更高水平的行为和情绪紊乱。生活在高冲突的完整家庭中的儿童也存在与离异家庭儿童类似的困难(Vandewater & Lansford,1998)。

其二,在离异期间由于父母忙于应付他们自己的痛苦,他们紊乱的养育方式对评定儿童的社会性和认知功能都产生了影响(Forehand,Thomas,Wierson,Brody,& Sauber,1990)。一度是权威型的父母也会由于他们自己的问题而很少给孩子提供有用的认知资源,放松对孩子的激励和监控(Hetherington,1991;Nair & Murray,2005)。如果父母在家中的训导一致,儿童伴随父母离异而产生的困难就会减少。

其三,家庭经济水平下滑也对家庭功能有消极的影响(mato & Keith,1991;Pong,1997,1998)。失业的父母或许需要获得一份工作,在职的父母则可能需要工作更长的时间或赚取第二份收入来维持家庭的经济水平。离异后的经济状况也许会导致搬家,这也可能使孩子学业成绩下降。

来自离异和再婚家庭的儿童比来自完整家庭的儿童更可能出现学业成就降

低和更多的学校问题行为(Jeynes,1999;Kurdek & Sinclair,1988)。既然了解了家庭功能可能是这些困难的原因,也知道了某些特定儿童更有可能经历这些困难,这就要求教育者提供必要的支持来帮助这些处在家庭变迁中的孩子。儿童和青少年若有家庭以外的成人关系的支持,如与特定教师良好的关系,他们经历困难的可能性会更小(Dornbusch et al.,1985;Hetherington,1993)。另一方面,教师也可能会基于学生个体的特点和家庭环境,不自觉地形成消极期待,这会导致自我应验预言(self-fulfilling prophecy)。例如,一位教师了解到离异和学业成就之间的关系,可能就会对离异家庭的儿童产生较低期待,这可能引发学生在学校中的较少的成就行为。教师对这一点应该有足够的警觉:家庭环境不应该是被用来形成对学生的低期待,相反,它会告诉教师谁更需要教师的额外关注。

二、家庭经济水平

家庭经济水平主要以家庭收入(家庭年总收入、人均年收入等)为指标。经济水平直接制约家庭的教育投入。家庭教育投入分绝对投入和相对投入。绝对投入往往表现在极端值上,即投入的绝对低和绝对高上。有的家庭只能满足子女最基本的与学习有关的需要,有的家庭在满足最基本需要的基础上,能增加其他的投入,而有的家庭不仅能够提供量大质优的基本投入,而且在其他与子女学习有关的投入上远远超过多数家庭。最后一种家庭的小学生能够享受和拥有超过一般家庭的书籍、与学习有关的电子产品、旅游条件以及其他可以增广见识的条件,能够参加所有想参加的校外辅导班、竞赛或活动等。家庭经济水平直接制约小学生需要的满足程度和学习资源的数量与质量。一般来说,家庭经济条件越好,家庭所能提供的学习资源就可能越多,小学生与学习有关的需要越有可能得到满足。

心理学家对家庭经济水平对小学生认知学习的影响进行了广泛研究,这些研究集中在收入相对较低的家庭。一些研究得出较直接的结论:贫穷、父母受教育程度低与以后儿童期的低学业成绩和低智商相关(刘浩强、张庆林,2004),较低的家庭社会经济地位对子女的身心健康、学业成就、认知能力发展、行为问题等方面都会产生许多负面影响(程利娜,2016)。研究者认为,来自家庭经济状况较差的儿童缺少认知刺激和相关的经历。这不仅限制了他们的认知发展,也减少了他们从学校收益的机会。据美国研究人员的调查显示,来自贫穷家庭的儿童从小开始就很少有机会接近各种不同的娱乐和学习材料,他们很少旅游,很少去图书馆、博物馆和影剧院,也很少学习提供技巧的课程,这可能间接影响了家庭经济状况与儿童智力和学业成绩的关系(刘浩强、张庆林,2004)。邹为诚、石涛阳、张少林和陈思祎(2005)研究了家庭背景对上海市义务教育阶段英语学习的影响,结果表明:家庭经济状况决定孩子能够上什么样的学校。家庭在孩子英语学习上的支出和孩子的英语学习成绩呈正相关。

有的研究则关注经济水平对小学生产生作用的临界点,如刘守义、王春禄、刘佳君、韩惠鹏(2009)对河北某县农户家庭的抽样调查显示:在中低收入家庭,家庭收入与教育的直接投资没有多大关系,只有在中上等以上收入的家庭,才会有直接的关系,家庭才会随着收入的增加而适当地增加教育的直接投入。李勇、王亚峰、张艳红(1998)研究表明,家庭极端困难、不能为子女提供正常或必要的学习条件,就会严重影响子女的教育和身心发展;超过满足其子女正常学习需求的家庭经济条件在任何幅度上的增长额,对于子女的学习和教育而言,就不再产生有益的影响或发生积极的作用。研究者的结论是:家庭经济状况对教育所发生的实际差异影响并不显著。此类研究的核心观点是:只有当家庭经济水平低于临界值才会对子女学习产生负面影响,而超出临界值的家庭经济水平与子女学习并非呈现线性关系。这里面存在边际效应。

还有一些研究认为,家庭经济状况和认知成绩的关系可能十分复杂,家庭经济状况的不同成分在不同的方面上影响特定的认知技能,一些家庭经济状况成分只是调节了其他成分的效应(刘浩强,张庆林,2004)。

我们认为家庭经济条件只在一定范围和一定程度上对学生的学习造成影响,这一影响还受到家长的儿童观、儿童教育观、学习价值观、知识价值观的作用。富裕的家庭不一定在子女的教育投入上高于一般家庭,反之,一般家庭的教育投入也不一定低于富裕家庭。总之,家庭经济条件和教育投入的关系中存在很多中介变量。

三、家长受教育程度与教养方式

"人民政协报"2015年4月15日第10版刊载题为"家长受教育程度制约家庭教育"(张敬培、楼晓悦、赵凌云)的调查报告。报告显示,小学生家长在以下六个问题的困扰感急剧增加:自身缺乏育儿知识和方法、孩子的学习、遇到教子困惑不知向谁求助、不知如何与孩子沟通、为升学担忧、教育花费过大。这些问题大多与家长知识水平有关,反映了家长提升自己教子水平的需求。值得注意的是,家长的受困程度随其受教育程度而变化。作者将以上问题分为三类:第一,家长现有的知识储备量低带来的困扰。受教育程度低的家长"担心自身缺乏育儿知识和方法"的占36.22%,研究生以上学历的家长为16.51%。第二,缺乏相应的教育技能。受教育程度低的家长"遇到教子困惑不知向谁求助"和"不知如何与孩子沟通"的比例分别为18.60%和20.71%,比受教育程度高的家长高出6.83%和10.84%。第三,受教育程度低致使社会资源贫乏而带来困扰。受教育程度低的家长"为教育花费过大"和"为子女升学担忧"的比例比受教育程度高的家长高。高学历家长主要担心的是孩子缺少同伴。在此问题上,大学文化程度以上的家长比例为 39.25%,高中、中专及以下家长比例为 19.01%。另外,受教育程度低的家长更为认同"知识就能改变命运"。由此看出,家长受教育程度不同,对子女教育的知识和技能储备、所思考和担忧的问题也不一样。

关于家长受教育程度与小学生智力和学习的关系,不同研究者得出的结论有差异:大多数结论认为家长受教育程度与其子女智力发展和学业成绩存在线性相关,不同受教育程度家长的子女的学业成绩存在显著差异(朱金富、祁富生、贾福军,1998;韦晓、窦刚、宋志一、张峰,2000;吴国平、何金华、何萍、董青,2013),但也有人(李俊扬,1989)认为家长文化程度对其子女数学成绩没有决定性影响。另外,有研究(任佳,2009)表明,在小学低年级阶段父母文化程度与学生的学业成绩有显著相关,但随着学生年龄的增长,这种相关逐步减小,甚至消失。

在此类研究中,大多数结论显示:母亲受教育程度与子女智力和学业成绩的相关高于父亲与子女的相关。

四、父母教养方式

父母教养方式即父母的养育活动,也即父母对孩子实施管教和情感的模式。父母教养方式对儿童和青少年的发展具有重要影响。戴安娜·鲍姆令特(Diana Baumrind,1966)认为,典型的父母教养方式包括两个维度:控制和反应性。控制(control)表现的是教养行为,指父母给予儿童限制与约束的方式和严厉性,反应性(responsiveness)表现的是教养的情绪特征,包括教养中的情感、接受和关心。鲍姆令特将这两个维度各分出两种水平,提出了四种教养类型(见表 9-1)。

表 9-1 父母教养方式的四种风格

		反应性	
		高	低
控制	高	权威型 父母设定权限或规则让儿童执行,但必要时父母也是很灵活的。父母和儿童表现出高水平的情感联系。	专制型 父母设定权限或规则让儿童执行,但缺少情感联系。这种父母很不灵活,不能按照特殊情况通融一下。
	低	放任型 父母既不给孩子设定权限,也不要他们执行规则,却与孩子有亲密的联系。	忽视型 父母既缺少控制也缺乏关心。父母通常没有意识到孩子的行为、朋友、困难或成绩。

1. 权威型教养

权威型教养(authoritative parenting)指父母给儿童设定权限或规则让他们执行。亲子之间表现出高水平的情感联系,不过在必要时,父母也是很灵活的。

例如,当父母知道孩子在学校里与同伴相处出现困难而伤心时,他们的严厉程度或许就比平时小。

2. 专制型教养

专制型教养(authoritarian parenting)指父母对孩子高控制水平地设置权限、要求执行规则,但缺少情感联系。这种父母被认为是"独裁者",很不灵活,不能按照特殊情况通融。例如,当父母看到其他所有孩子的分数都是 A,而自己孩子的成绩报告单上是 B 时就做出消极评价。

3. 放任型教养

放任型教养(permissive parenting)指父母对孩子无控制力,既不给孩子设定权限,也不要他们执行规则。但父母却与孩子有亲密的联系,以致观察者认为这样的父母比其他父母更像孩子的"朋友"。例如,父母会通过向商店柜前发脾气的孩子妥协,给他们买糖果,或是不管正处青春期的孩子是否在家都不监控他们的方式来表达情感。

4. 忽视型教养

忽视型教养(uninvolved parenting)指父母对孩子既缺少控制力也缺乏情感。父母通常没有意识到孩子的行为、朋友、困难或成绩。例如,父母不知道成绩报告单什么时候从学校寄到家中,也说不出孩子朋友的姓名。

研究结果一致地将权威型教养与学生的积极发展联系起来。拥有权威型父母的学龄儿童和青少年健康调适的水平高,心理健康问题或问题行为较少(Kaufmann et al., 2000;Shek,2005)。

父母教养与学校系统如何产生相互作用?家庭和学校之间的相互作用是明显的,因为权威型教养方式与不同种族的学龄儿童的学业成就有关(Mandara,2006;Tam & Lam,2003)。拥有权威型父母的学生倾向于拥有较高的学业成就以及对学校更好的态度,他们在家庭作业上花更多的时间,更愿意接触老师和同学,课堂上的不适当行为水平更低(kaufmann et al., 2000;Walker & Hoover Dempsey,2006)。

第三节　学校因素

一、学校教育

学校是专供学生学习的社会机构和场所。学校配备了师资、组建了班级、提供了各种学习材料,使学生能够在教师的教授与指导下以及集体环境中学习。这样的环境对学生的认知发展具有重要意义。

(一) 从认知结构内容看

学生认知结构的内容与形式总体上决定于学校教育所教授的知识结构。奥苏伯尔用三个变量描述人的认知结构特征:可利用性(utilizability)、可辨别性(distinguishability)和稳定性(stability)。可利用性是关于"有没有"的问题;可辨别性是关于"懂不懂"的问题,即知识能否分辨;稳定性是关于"能不能想起来"的问题。显然,学生认知结构的三个变量都与教学有关。从可利用性上讲,学生头脑中的知识很大一部分是学校通过课程和学科教学给予的。正是在教师一节课一节课精雕细琢的讲授中学生的认知结构得以形成、丰富和改变。通过正规的学校教育,学生的科学概念和观念得以建立,日常生活中的一些错误或模糊的观念和概念得以澄清,日常生活中产生的一些疑问得到解答,日常生活中发现的一些现象获得解释。学生认知结构的层次性和逻辑性与学校学科课程有着不可分离的关系。从这个角度说,学校和教师是学生认知结构的重要构筑者。

(二) 从认知能力看

学校教育内容是人类文化的精华。小学生在学校学习的知识比日常经验更加抽象和系统,这一方面促进学生产生思考和钻研的动力,因为只有努力钻研才能弄懂这些知识,就像婴儿学习爬起、站立、行走一样,总是要有挣扎,需要顽强。王国维曾引用三首词句形容学习的三种境界:"昨夜西风凋碧树,独上高楼,望尽天涯路",此为第一境;"衣带渐宽终不悔,为伊消得人憔悴",此为第二境;"众里寻他千百度,蓦然回首,那人却在,灯火阑珊处",此为第三境。这三种境界提示我们:学习绝不是一帆风顺的。因此学校教育情境是学生产生学习动力的源泉之一。

另一方面,随着小学生学习内容越来越抽象、越来越系统,他们的抽象逻辑思维能力得以逐步发展。心理学界一致公认,抽象逻辑思维能力的发展是小学生智力发展的核心。正是借助于抽象逻辑思维能力,小学生才能逐步接触和学习理论知识,并为升入更高一级学校学习打下基础。

从奥苏伯尔所说的可辨别性上讲,教师通过教学指导学生进行各种辨别学习和理解学习,这样才使得小学生的认知结构一步步扩展和分化,使得他们的新知识与旧知识联系起来,形成更大更细的"知识团",从而获得进一步与环境相互作用的心理条件。小学生认知能力从形象到抽象、从直观到推论、从现实到虚构的发展,尽管有遗传和生理成熟的因素影响,但不得不承认学校教育起到的不可替代作用。正是通过学校教育教学中的各种思维训练,如解题训练、实验训练、言语与写作训练等,小学生开始形成抽象思维能力,懂得如何去分析事物、解决问题,开始用规范的科学的眼光打量、审视这个世界,学会如何去表示这个世界,开始知道应该多角度、多层次地看待事物,等等。尽管学生在学习过程中由于学习压力大会产生各种各样的厌倦,但在日积月累之中多多少少形成了一定的"功夫"。

同样,小学生所参与的课堂教学的各种活动,特别是解决问题的活动,有利于他们梳理知识和思路,寻找有效而独特的思维方法,这对抽象逻辑思维能力的发展具有极大促进作用。

二、教师

教师是学校教育的具体实施者,是与学生直接接触并直接影响学生的教育者。教师的教育素养直接关系到学生所接受的教育的质量。教师的教育素养包括职业道德、专业知识、教育技能及相关的人格特征。我国关于教师素质及其结构的研究自 20 世纪 90 年代至 21 世纪初形成过一段高潮,产生了丰富的研究成果。我们在第七章对教师应具备的知识做了介绍,很显然,教师的知识结构与水平对小学生的认知发展起着至关重要的作用。教师如果没有足够扎实的知识功底是很难胜任这一职业的。

教师的认知风格对教学方法具有一定的影响。场独立性强的教师喜欢数学和自然科学学科。他们喜欢讲演。在讲课时,注意教材的结构和逻辑,偏向于使用较正规的教学方式;而场依存性强的教师不太讲究结构,喜欢与学生相互作用,喜欢采用讨论的方法。一般说来,场依存性的教师趋向于采用非指导性的和以学生为定向的教学,而场独立性的教师则趋向于采用指导性的和以任务为定向的教学(Watkins,1977)。如果教师与学生的风格相同,教学效果就会好些。有人(Saracho,1980)按照二年级和五年级师生之间场定向的匹配或不匹配来考查教师与学生的关系。结果发现,学生更倾向于接受与自己的场定向相匹配的教师。在不匹配的情况下,场依存性的学生所受的不利影响比较大。

三、学校同伴

同伴是指儿童与之相处的具有相同或相近社会认知能力的人。年龄相同或相近的儿童,由某种共同活动引发并在活动中体现出相互协作的关系,就构成了儿童的同伴关系(peer relation)。同伴关系为儿童学习技能、交流经验、宣泄情绪、习得社会规则、完善人格提供了充分的机会。

一般认为在儿童和青少年时期拥有朋友与许多积极的结果有关,因此友谊非常重要。例如,有亲密友谊关系的儿童显示出拥有更好的社会能力、更加自信、有更高的自尊,同时也更少有转学困难,有更高的学业成就(Hartup,1996)。因此,父母和老师应该促进儿童友谊关系的发展。

学龄前儿童的友谊与青少年时期的友谊有本质上的区别。在儿童早期和中期,他们的友谊是建立在某一时段的互动基础上的。例如,两个学前儿童在一起玩得很好,会认为他们是最要好的朋友,但一会儿会因为没有分享或不愿屈服于对方的要求而生气,并宣称他们再也不是朋友了。在几分钟之内,他们会再产生互动,又宣称他们是好朋友了。儿童后期和青春早期的友谊建立在更稳固、更具相似品质的基础上,如特定的爱好(都喜欢芭比娃娃或电子游戏)或特定的分享和友好的特性。到了青春期,友谊则建立在共同的价值观和更复杂兴趣的基础上,如对学校的态度、职业抱负以及成就(Hartup,1996)。其结果是,独立的同伴团体开始在青春期产生。

如果说同伴关系对小学生社会认知和社会能力起重要作用的话,那么对于他们的认知学习的作用在于分享经验。这里的"经验"既指知识经验,也指学习经验,还指通过观摩所获得的行为经验。"独学而无友,则孤陋而寡闻"。缺少友伴的小学生在学习上一般走得不会很远。

同伴和学校系统的互动是布朗芬布伦纳生态系统模型中中间系统的另一个例子。拥有朋友的儿童比缺少友谊的儿童更可能有较好的学业成绩、能更好地处理学校转变的问题,如从小学进入中学。同样的,在青春期加入小帮派或团体会促进社会技能和同一性的形成,这两者都与高水平的学业成绩相关(Denham et al.,2003;Streitmatter,1989)。因此,教师应努力促进学生在早期发展中的同伴间友谊并继续支持整个青春期同伴团体的形成。

本章小结

本章从学习者自身、家庭、学校几方面分析了影响小学生认知学习的各种因素,由此看出不仅小学生在学习状况和学习水平上表现出各种差异,而且造成差异的原因多种多样,呈现错综复杂的关系。教育,永远都不能低估它的复杂性和多变性,但这也是教育的魅力所在。教育,对教师来说是一种挑战,也是一种乐趣。乐在其中,其乐无穷。

思考与训练

一、思考题

1. 结合实例说明学习动机的含义。

2. 举例说明耶克斯—多德森定律。

3. 举例说明奥苏伯尔所说的三种内驱力并用这三种内驱力分析自己的学习动机。

4. 用自己的话说明流体智力和晶体智力的含义。

5. 谈谈你对"学习结果＝动机＋经验＋智力"和"智力＝学习结果—动机—经验"的理解。

6. 谈谈你对"儿童成长＝遗传×环境×自我意识"这一公式的理解。

7. 结合自己的学习经历谈谈对你的学习产生影响的家庭因素、学校因素和自身的因素。

二、教学案例分析

一年级，第一节数学课，老师根据教材的第一幅图（小动物们背着书包上学校）创设了一个美好的情境，声情并茂地开了口："同学们，森林里的动物学校开学了……"话音未落，一名小女孩充分发挥了她响亮的童声："老师是骗人的，我妈妈说森林里没有动物学校的。"于是，老师傻了眼，分寸有些乱，接下来草草带过。当老师回到办公室将事情告诉我们后，大家的第一反应就是哈哈大笑，没想到一年级的学生还真是实话实说，有啥说啥，一点也不给老师面子。我讪讪而笑，因为呀，这孩子就是我班里的。心想：惨啦，以后我上课还怎么"情境教学"呀？一假设一起去哪儿，这孩子岂不是会说：我们不是在教室里吗？没有去那儿呀！先想想，如果是你遇到这样"拆老师台"的学生，你会怎么办？我会把这"烫手山芋"扔回给她："哦，森林里没有动物学校？那么老师请你来给大家说一说这图上的故事，好吗？"看着课本上的图，不管孩子讲什么样的故事，只要她能讲出来个头绪，我们就顺着她的故事继续编好了。让她有表现的机会，也让孩子们沉浸在她们自己创设的情境中。这样的孩子，通常反应挺快，属于较为"理性"的孩子。果然，在接下来的日子里，印证了我的看法。这孩子，数学学得真是棒！不过，她却也挺"配合"我的教学，在语文课上，编故事，读课文，演节目，样样精通。难道她为我精心设计的"情境"折服了？不免有些庆幸啊！再想想，为什么这么小的孩子竟会有如此直白的话？……想当年，如果自己听到"动物学校"的故事，是多么向往，想一头扎进去。可现在童话故事般的美好意境，孩子却说这是不真实的。给孩子们设计好的美妙情节，孩子却不"享受"。唉，到底是谁偷走了孩子的童心？[①]

请回答以下问题：

1. 为什么这个小学生会认为"不存在动物学校"？她对老师的反驳反映了什么问题？

2. 学生的课堂学习受哪些方面的影响？

3. 这位老师用什么方法激发了学生参与课堂的热情？如果你是老师，你将怎样应对这些"不配合"的学生？

4. 你从这个案例中还发现了哪些问题？

---

① 林高明. 课堂观察——顿悟的艺术[M]. 福州：福建教育出版社，2011：108.

参考文献

[1] 施良方著. 学习论——学习心理学的理论与原理[M]. 人民教育出版社,1994

[2] 李维主编. 小学儿童教育心理学[M]. 高等教育出版社,2000

[3] 爱德华·桑戴克著,刘万伦译. 教育心理学[M]. 商务印书馆,2015

[4] 皮连生,王小明,王映学编著. 现代认知学习心理学——打开有效学习之门的钥匙[M]. 警官教育出版社,1998

[5] 高觉敷,叶浩生主编. 西方教育心理学发展史[M]. 福建教育出版社,2005

[6] 杨鑫辉主编. 什么是真正的心理学——50位现当代心理学家思想选粹[M]. 福建教育出版社,2012

[7] 郭本禹主编. 心理学经典人物及其理论[M]. 安徽人民出版社,2005.

[8] 罗杰·霍克著,白学军等译. 改变心理学的40项研究(第五版)[M]. 人民邮电出版社,2010

[9] 赫根汉著,郭本禹译. 心理学史导论(第4版)[M]. 华东师范大学出版社,2006

[10] 珍妮 E. 奥姆罗德著. 教育心理学:开发学习者(第7版)(英文影印版)[M]. 中国人民大学出版社,2011

[11] 吴庆麟等编著. 认知教学心理学[M]. 上海科学技术出版社,2000

[12] 皮连生主编. 教育心理学(第四版)[M]. 上海教育出版社,2011

[13] 安德烈·焦尔当著,杭零译. 学习的本质[M]. 华东师范大学出版社,2015

[14] 简妮·爱丽丝·奥姆罗德著,汪玲等译. 学习心理学[M]. 中国人民大学出版社,2015

[15] 理查德 E. 梅耶著,盛群力等译. 应用学习心理学:心理学大师给教师的建议[M]. 中国轻工业出版社,2016

[16] 约翰 D. 布兰恩福特著,程可拉等译. 人是如何学习的:大脑、心理、经验及学校(扩展版)[M]. 华东师范大学出版社,2013

[17] 岑国桢主编. 教育心理学(第二版)[M]. 中国人民大学出版社,2011

[18] 沈德立主编. 小学儿童发展与教育心理学[M]. 华东师范大学出版社,2003

[19] 罗伯特·斯莱文著,姚梅林等译. 教育心理学[M]. 人民邮电出版社,2004

[20] M. P. 德里斯科尔著,王小明等译. 学习心理学——面向教学的取向[M]. 华东师范大学出版社,2008

[21] 张景焕主编. 教育心理学[M]. 山东人民出版社,2010

[22] 吴庆麟著. 教育心理学[M]. 人民教育出版社,1999

[23] 约翰·安德森著,秦裕林等译. 认知心理学及其启示(第7版)[M]. 人民邮电出版社,2012

[24] Robert J. Sternberg 著,杨炳钧等译.认知心理学(第三版)[M].中国轻工业出版社,2006

[25] 罗姆·哈瑞著,魏屹东译.认知科学哲学导论[M].上海科技教育出版社,2006

[26] 郑毓信,梁贯成编著.认知科学建构主义与数学教育——数学学习心理学的现代研究[M].上海教育出版社,1998

[27] 朱跃著.语义论[M].北京大学出版社,2006

[28] A. J. 格雷斯马著,吴泓缈、冯学俊译.论意义——符号学论文集[M].百花文艺出版社,2005

[29] 玛格丽特 A. 博登编著,刘西瑞、王汉奇译.人工智能哲学[M].上海译文出版社,2006

[30] 斯图尔特·霍尔编,徐亮、陆兴华译.表征——文化表象与意指实践[M].商务印书馆,2005

[31] 张必隐著.阅读心理学(修订版)[M].北京师范大学出版社,2004

[32] S. Lan Robertson 著,张奇等译.问题解决心理学[M].中国轻工业出版社,2004

[33] 张庆林主编.当代认知心理学在教学中的应用——如何教学生学会学习[M].西南师范大学出版社,1995

[34] 蒯超英著.学习策略[M].湖北教育出版社,1999

[35] 连榕著.现代学习心理辅导[M].福建教育出版社,2001

[36] 刘晓明,管延华编著.现代学习论与学习指导[M].东北师范大学出版社,1999

[37] R. M. 加涅著,皮连生、王映学、郑葳等译.学习的条件和教学论[M].华东师范大学出版社,2004

[38] 皮连生主编.教学设计——心理学的理论与技术[M].高等教育出版社,2000

[39] Cecil R. Reynolds 等著,霍黎、霍舟译.教育测量与评估(原书第 2 版)[M].科学出版社,2015

[40] 戴海崎,张锋,陈雪枫.心理与教育测量(第 3 版)[M].暨南大学出版社,2011

[41] 胡中锋.教育测量与评价[M].广东高等教育出版社,2006

[42] 黄光扬.教育测量与评价(第 2 版)[M].华东师范大学出版社,2012

[43] 史晓燕.教育测量与评价[M].北京师范大学出版社,2016

[44] 郑日昌,吴九君.心理与教育测量(第三版)[M].人民教育出版社,2015

[45] 朱德全.教育测量学[M].中国人民大学出版社,2016

[46] J. W. Santrock. Educational Psychology. McGraw-Hill companies,Inc. ,2006

[47] Guy R. Lefran? ois. Theories of Human Learning：What the Old Man Said (Fourth Edition). Thomson Learning Asia Pte Lid,2000

[48] 邹兆国,郝泳涛. (2011).基于行为流知识库的概念设计框架.电脑知识与技术,7(19),4695 - 4697

[49] 李恒威,黄华新. (2006).表征与认知发展[J].中国社会科学,(2),34 - 44

[50] 王秀珍等. (2014).数学学习过程中的表征系统[J].保定学院学报,27(4),114 - 118

[51] 安军,杨烨阳. (2012).知识表征的概念图表理论[J].科学技术哲学研究,29(6),29 - 34

[52] 魏屹东. (2012).表征概念的起源、理论演变及本质特征[J].哲学分析,3(3),96 - 118